新准则·新税制财会类规划教材

CONSTRUCTION
ENTERPRISE ACCOUNTING

施工企业会计 第五版

李志远◎编著

中国市场出版社
China Market Press
·北京·

图书在版编目（CIP）数据

施工企业会计/李志远编著. —5 版. —北京：中国市场出版社，2019.2（2021.1 重印）
ISBN 978-7-5092-1779-5

Ⅰ. ①施… Ⅱ. ①李… Ⅲ. ①施工企业-会计 Ⅳ. ①F407.967.2

中国版本图书馆 CIP 数据核字（2019）第 003170 号

施工企业会计（第五版）
SHIGONG QIYE KUAIJI

作　　者　李志远
责任编辑　张　瑶
出版发行　中国市场出版社 China Market Press
社　　址　北京月坛北小街 2 号院 3 号楼　　邮政编码　100837
电　　话　编 辑 部（010）68032104　读者服务部（010）68022950
　　　　　发 行 部（010）68021338　68020340　68053489
　　　　　　　　　　　68024335　68033577　68033539
　　　　　总 编 室（010）68020336
　　　　　盗版举报（010）68020336
邮　　箱　474885818@qq. com
经　　销　新华书店
印　　刷　河北鑫兆源印刷有限公司
规　　格　170 mm×240 mm　16 开本　　版　　次　2019 年 2 月第 5 版
印　　张　17. 75　　印　　次　2021 年 1 月第 3 次印刷
字　　数　350 千字　　定　　价　39. 80 元
书　　号　ISBN 978-7-5092-1779-5

PREFACE

序　言

时光荏苒，从2010年《施工企业会计》初版问世到现在，已经过去八年多了。2013年、2016年和2017年，我们曾经对教材做过三次修订。随着《企业会计准则第14号——收入》《企业会计准则第16号——政府补助》《企业会计准则第22号——金融工具确认和计量》等准则的修订，2018年6月15日，财政部又发布了《关于修订印发2018年度一般企业财务报表格式的通知》（财会〔2018〕15号）。在此背景下，我们根据最新的政策变化，结合建筑施工企业会计实践的发展，对书中所有涉及变动的章节段落进行了细致的修改完善；我们还根据新形势的需要，对部分习题和答案进行了更新和修订；对之前版本中的部分行文措辞也进行了修饰和凝练，使本书更严谨。希望本书能够成为青年学子打开施工企业会计之门、成就人生理想的一把钥匙。

与其他施工企业会计教材相比，本书具有以下特点：

一、解决了施工企业会计与前导课的矛盾

自20世纪90年代会计制度转轨以来，我国的会计教育基本上形成了以基础会计学、中级财务会计和高级财务会计为主线，辅以财务管理、审计学、成本管理会计等课程的新课程体系。施工企业会计作为一门行业会计，既有与其他行业相同的共性，又有其特色内容。我们在教材编写中专注于施工企业会计的特色内容，尽量少涉及共性的内容，从而有效解决了教材与现有课程体系内容重复、特色不突出的问题。

二、强调了以施工项目为对象的会计核算

施工企业生产具有生产流动性大、资金占用额多、生产周期长等特点，一般

采用分级核算、分级管理的办法。自项目法施工在我国建筑业推广以来，施工项目部（工区）会计核算已经成为施工企业会计的重要内容。在建筑施工企业，有90%以上的会计工作量集中在施工项目部（工区）的会计核算上。可以说，解决了施工项目的会计核算问题，也就解决了施工企业会计核算的主要问题。然而，目前市场上的施工企业会计教材多倾向于以公司总部为主体的会计核算，不能有效解决施工企业会计核算的实际问题。本书以施工项目为会计对象，只讲述施工企业会计的特色内容，没有将公司总部业务纳入进来，基本形成了施工项目会计核算的体系，使读者能够更快地学到施工企业会计的真谛。

三、体现了会计准则的最新变化与发展趋势

自 2006 年《企业会计准则》颁布以来，根据准则在企业的执行情况，财政部 先后颁布了一系列配套文件，尤其是近几年对多项具体会计准则进行了修订。比如新修订的《企业会计准则第 14 号——收入》，以控制权转移替代风险报酬转移作为收入确认时点的判断标准，按照履约进度对工程承包合同进行收入的确认和计量。为了全面体现这些新变化，本书通过 20 多个实务案例分析讲解了收入核算的原理与方法。根据《企业会计准则第 22 号——金融工具确认和计量》等准则的变化，相应调整了会计科目表，增加了合同履约成本、合同取得成本、合同资产、合同负债、合同结算、信用减值损失、债权投资、资产处置损益、其他收益等科目；根据《关于修订印发 2018 年度一般企业财务报表格式的通知》（财会〔2018〕15 号）修改了教材中的报表格式；对资产处置损益等新内容进行了相应的补充添加。

本书既适合会计学、财务管理专业作为专业教学用书，也适合初涉建筑业的财务人员学习施工企业会计知识和专业技能。

这次修订由李志远负责完成。本书的撰写与修订先后得到了中国铁建股份公司、中国中铁股份公司、中国建筑股份公司、中国交通建设股份有限公司、中国电力建设集团有限公司、中国能源建设集团有限公司等企业或其下属企业相关领导和财务人员的大力支持，他们为本书提供或审阅了大量的案例，使本书更加贴近企业实际，在此谨致谢意。

“纸上得来终觉浅，绝知此事要躬行。”实践出真知，我们将继续保持与各院校任课教师、各企业会计实务工作者的密切联系，完善我们的知识结构，提高自身的业务水平，确保教材内容的正确性和先进性。同时，热忱欢迎各位教师、读

者通过各种方式就本书的内容与我们进行沟通交流。联系电子邮箱为 124823032@qq.com，微信公众号为 YJ13810383845，联系电话号码为 138 1038 3845。

本书配备有教学用 PPT 课件，订购本书的教师可登录中国市场出版社官网(http://www.scpress.cn)，注册后点击首页左侧的“下载 DOWNLOAD”，在“实用财会类”项目下点击下载本书课件；也可通过发送邮件至邮箱 zhangyao9903@126.com 免费获取本书课件。

李志远

2019 年 1 月

CONTENTS

目　录

1 CHAPTER 第一章 总论

第一节 施工企业概述

施工企业（也称建筑业企业、建筑施工企业）是指从事建筑施工、设备安装和其他专门工程施工的企业，包括各种土木建筑公司、设备安装公司、基础设施公司、冶金工程公司、电力建设公司、市政工程公司、装修和装饰工程公司，等等。施工企业是我国工程建设领域的重要组成部分，它对于提高人民的物质文化生活水平，促进国民经济的发展，具有非常重要的作用。

一、施工企业的分类

施工企业既担负着各物质生产部门所需房屋和构筑物的建造、改造和各种设备的安装工作，也承担着非物质生产部门所需房屋、公共设施和民用住宅等的施工任务。按照经营组织形式不同划分，施工企业可以分为有限责任公司、股份有限公司、合伙企业、个人独资企业等；按照组织规模不同划分，施工企业可以分为大型施工企业、中型施工企业和小型施工企业。

根据住房和城乡建设部印发的《建筑业企业资质标准》（建市〔2014〕159号）的规定，建筑业企业资质分为施工总承包、专业承包和施工劳务三个序列。其中施工总承包序列设有 12 个类别，一般分为 4 个等级（特级、一级、二级、三级）；专业承包序列设有 36 个类别，一般分为 3 个等级（一级、二级、三级）；施工劳务序列不分类别和等级。

按照这一规定，我们可以根据所具备资质的不同，把施工企业分为具有施工总承包资质的企业、具有专业承包资质的企业和具有施工劳务资质的企业。

施工总承包工程应由具有相应施工总承包资质的企业承担。具有施工总承包资质的企业可以对所承接的施工总承包工程内各专业工程全部自行施工，也可以将专业工程依法进行分包。将有资质要求的专业工程进行分包时，应分包给具有相应专业承包资质的企业。施工总承包企业将劳务作业进行分包时，应分包给具有施工劳务资质或专业作业资质的企业。

有资质要求的专业工程单独发包时，应由具有相应专业承包资质的企业承接。具有专业承包资质的企业可以承接具有施工总承包资质的企业依法分包的专业工程或建设单位依法发包的专业工程。具有专业承包资质的企业应对所承接的专业工程全部自行组织施工，劳务作业可以分包，但应分包给具有施工劳务资质或专业作业资质的企业。

具有施工劳务资质或专业作业资质的企业，可以承接具有施工总承包资质或专业承包资质的企业分包的劳务作业。

具有施工总承包资质的企业，可以从事资质证书许可范围内的相应工程总承包、工程项目管理等业务。

具有施工总承包资质的企业数量不多但能量较大，其经营范围广，营业额大，是建筑业中的“龙头”企业；具有专业承包资质的企业数量大、门类多，一般属于劳动密集型企业，是建筑业中的主体骨干企业；具有施工劳务资质的企业规模小、数量多，属于劳动密集型企业。

在市场经济环境下，很多施工企业不再是过去那种所有制形式单一、单纯从事建筑安装工程施工的企业，已发展成为以建筑施工和其他专门工程作业为主，实行多种经营的集团型企业。

二、施工企业的经营方式

施工企业的经营方式，是指施工企业向建设工程的投资者或者说施工服务的对象（即建设单位）提供建筑产品或服务的方式，也是施工企业获得工程任务并组织其建设所采取的经营管理方式。根据《中华人民共和国招标投标法》的规定，在我国境内建设的大型基础设施、公用事业等关系社会公共利益、公众安全的项目，全部或者部分使用国有资金投资或者国家融资的项目，使用国际组织或者外国政府贷款、援助资金的项目，都必须进行招标。招投标方式是一种竞争性的经营方式，它符合市场经济的要求，是施工企业承揽工程任务的一种主要方式。在这种方式下，施工企业的具体经营方式多种多样，可以从不同的角度进行分类。

（一）按照合同取费方式分类

按照合同取费方式的不同，施工企业的具体经营方式可以分为总价承包、单价承包和成本加成承包三种。

总价承包是指施工企业按照与建设单位商定的总造价承包工程。它是以设计图纸和工程说明书为依据，根据工程量计算出工程总造价后进行承包。即把全部工程费用计入合同总价，一次包死，多不退、少不补。在承包合同执行过程中，不论工程量、设备及材料价格、人工费等是否发生了较大变动，除非建设单位要求变更原定的承包内容，否则承包企业一般不得对合同价格进行调整和改变。采用这种方式，对建设单位来说，有利于控制和节约投资，也比较简便。对施工企业来说，如果设计图纸和工程说明书足够详细，对施工现场情况预测得细致详尽，能据以精确地估算工程造价，签订合同时考虑得比较周全，一般不会有太大的风险，也是一种比较简便的承包方式；如果设计图纸和工程说明书不够详细，由于存在不可预见的费用，材料价格、人工费升降以及不可抗拒的自然灾害等因素的影响，施工企业需要承担较大的风险。这种经营方式一般适用于结构不太复杂、技术要求和质量标准明确、工程变更较少、工程规模适中、管理难度较低的中、小型工程。

单价承包是指施工企业与建设单位按照工程的一定计量单位议定固定单价，然后根据实际完成的工程量汇总计算工程总造价，并据以结算工程价款。这种方式一般适用于工程总量事前难以准确计算或变动较大的工程，如土石方工程、管道工程等。采用这种方式，对建设单位来说，可以简化招标工作，但不易控制投资总额；对施工企业来说，不需要承担工程量变化风险，只要能提高生产效率、降低单位成本，就能增加盈利。

成本加成承包是指施工企业按照工程实际成本加上一定数额的酬金作为工程总造价，与建设单位签订工程承包合同，并据以结算工程价款。其中的酬金一般由管理费、利润和奖金组成，它既可以按照工程实际成本的一定百分比计算，也可以按照商定的一笔固定数额计算。这种方式一般适用于施工条件不正常的情况，如扩建工程、修复工程、灾后清理及恢复工程或发生市场因素难以预测的情况等。采用这种方式，对建设单位来说，不易控制投资总额；对施工企业来说，可以确保其利润。

（二）按照承包者所处的地位分类

按照承包者在经营中所处地位的不同，施工企业的具体经营方式可以分为独立承包、总分包和联合承包等三种。

独立承包是指某个施工企业完全利用自有的能力承包一项工程的全部施工生产任务。独立承包一般要求承包工程的施工企业规模较大，或者工程的规模较小，如技术要求比较简单的工程和修缮工程等。

总分包是指通过总承包和分包方式完成工程施工任务。总承包是指建设单位将全部建筑安装工程的施工生产任务委托给一个施工企业总负责，以明确责任和便于施工现场的统一领导。负责工程总承包的施工企业对承包的全部工程必须按照总承包合同的约定直接向建设单位负法律责任和经济责任，统一向建设单位办理工程价款结算。分包是指总承包单位根据施工需要，在征得建设单位同意的前提下，将一部分工程分给具有相应资质条件的施工企业承担。分包出去的工程，通常是某些分部、分项工程或专业工程，如土石方工程、打桩工程、基础工程、结构件吊装工程、设备安装工程、装饰工程等，但建筑工程主体结构的施工必须由总承包单位自行完成。分包单位按照分包合同的约定对总承包单位负责，一般不与建设单位发生直接的经济关系。根据《中华人民共和国建筑法》的规定，在工程的总包与分包过程中，禁止承包单位将其承包的全部建筑工程转包给他人；禁止承包单位将其承包的全部建筑工程肢解以后以分包的名义分别转包给他人；禁止总承包单位将工程分包给不具备相应资质条件的单位；禁止分包单位将其承包的工程再分包。

联合承包是指由两个或两个以上的施工企业联合起来承包一项工程，共同对建设单位负责。在这种方式下，各施工企业仍是各自独立经营、独立核算的企业，只是在共同承包的工程项目上，根据预先达成的协议，承担各自的义务，分享各自的收益，包括投入资金的数额、工人和管理人员的派遣、机械设备和临时设施的费用分摊、利润的分享以及风险的分担等。一般情况下，联合承包各方应签订联合承包合同，明确各方在承包过程中的权利、义务以及相互协作、违约责任的承担等，并推选出承包代表人，与建设单位签订工程承包合同。对工程承包合同的履行，各承包方共同对建设单位承担连带责任。根据《中华人民共和国建筑法》的规定，大型建筑工程或者结构复杂的建筑工程，可以由两个以上的承包单位联合共同承包，一般的中、小型建筑工程或结构不复杂的工程无须采用联合承包的方式，这样可有效避免由于联合承包方式过多而造成管理上的混乱。

（三）按照材料供应方式分类

按照建筑材料提供方式的不同，施工企业的具体经营方式可以分为包工包料、包工不包料和包工部分包料等三种。

包工包料是指承包单位既负责所承包工程的施工又负责采购工程所需的全部建筑材料。包工包料实际上是全面地负责所承包工程的施工生产全过程，这是一种较为普遍采用的施工承包方式。包工不包料是指工程所需的建筑材料全部由发包单位（建设单位）负责供应，承包单位只负责所承包工程的施工。包工不包料实际上是建筑劳务承包，承包单位投入的主要是劳务以及必要的施工机械设备，只对建筑劳务负责，风险较小，这种方式一般适用于综合管理力量相对较弱的施工企业。包工部分包料是指承包单位只负责所承包工程的施工并采购工程施工所需的一部分建筑材料，其余的建筑材料则由建设单位或总包单位负责供应。

三、建筑产品与施工生产的特点

施工企业是为工农业生产和人民生活提供各种生产性和非生产性建筑产品的物质生产部门，房屋、建筑物的建设和设备的安装是施工企业的主要生产活动，其产品一般为不动产。建筑业作为国民经济中一个特殊的行业，其产品本身具有不同于其他行业企业产品的特点，而这一特点也决定了施工生产的特殊性。

（一）建筑产品的特点

1. 固定性

所有的建筑产品，不论规模大小、坐落何处，它的基础部分都是与土地相连的，始终与土地不可分割，其位置一经确定，就只能始终在那里发挥作用，不能移动。如厂房、车间建造在固定的厂址，铁道修筑在固定的路基，高楼大厦奠基于平地。有些建筑产品，如人防工程、涵洞、隧道、石油井、煤井、地下铁道、水库、窑洞住宅等，本身就是土地不可分割的一部分。这种固定性，正是建筑产品与其他生产部门的物质产品相区别的一个重要特点。

2. 多样性

建筑产品的功能是根据社会生产发展和人民生活水平提高的需要而决定的，它不仅要满足社会生产和使用功能的要求，还要满足人们对建筑产品美观的要求，同时受建筑性质、地理条件、民族特征、风俗习惯、社会条件等因素的影响。每项建筑产品事先都有明确的特定用途，按建设单位对建筑物和构筑物以及工艺流程的特定要求来兴建。建筑产品的功能不同，其建设规模、结构、内容、标准、式样等也各不相同。即使建筑产品的使用功能和建筑类型相同，但在不同的地点建造，也会因建造地点的自然条件、资源条件和社会条件的不同而表现出差异。

3. 形体大

一个工程项目，往往是按照一个总体设计建造出来的，它是由许多单项工程组成的工程配套、项目衔接的固定资产体系。即使是单一项目的建设工程，由于功能复杂，建设起来也是工程量浩大，必须占用广阔的空间，消耗大量的物质资源和人力资源。建筑产品形体庞大的特点，是一般工业产品所无法比拟的。

4. 寿命长

建筑产品一经建成，竣工投产或交付使用后，可以在很长的时间内发挥固定资产的作用。一个建筑物或构筑物，无论是钢结构、钢筋混凝土结构，还是砖木结构，少则可以使用十几年，多则几十年甚至上百年才会丧失其使用价值。

（二）施工生产的特点

建筑产品的特点直接影响到施工生产的组织、工艺和经济等各个方面，决定着施工生产的特点。一般来讲，施工生产主要具有下列特点。

1. 流动性

由于建筑产品的固定性，在施工生产过程中劳动者和施工机具经常处于流动状态。这种流动性主要表现在三个方面：

（1）不同工种的工人要在同一建筑物的不同部位上进行流动施工，即施工人员和机具要随着时间和施工部位的不同而沿着施工对象上下左右前后移动，不断地变换操作场所；

（2）生产工人要在同一工地不同的单位工程之间进行流动施工；

（3）企业的施工队伍要在不同工地、不同地区承包工程，进行区域性流动施工，即工程完工后，生产者和施工机具要随施工对象坐落位置的变化而迁徙流动，从一个工地转移到另一个工地或从一个地区转移到另一个地区。

另外，施工生产一般是顺序施工，基础、结构、屋面、装修等各阶段虽然也可以交叉作业，但相互之间的制约性很大。

随着构配件预制工厂化和现场施工装配化的发展，许多操作可以在空间上同时进行，平行作业或立体交叉作业，大大降低了施工生产的流动程度，但是，这并不能从根本上消除施工生产的流动性。

2. 单件性

建筑产品的固定性和多样性，导致了施工生产的单件性。特别是施工企业是根据用户（建设单位）的需要，按合同组织生产的，建筑产品的功能和形式随建设单位的实际需要不同而各不相同。每项建筑产品都是在特定的地理环境中建造的，几乎每一项建筑产品都有特定的建设目的和用途，有独特的形式和结构，因而就需要有一套单独的设计图纸，在建造时需要根据不同的设计，采用不同的施工方法和施工组织。即使是同一类型的工程或采用标准设计，也会由于建筑产品所在地点的地形、地质、水文、气候等自然条件的差异，能源、交通运输、材料和设备供应等资源条件以及人文、民族、风俗习惯等社会条件的不同，在建造时需要对设计图纸以及施工方法和施工组织等做适当的改变。此外，建筑等级、建筑标准和施工技术水平的不同，也会导致工程建设的差异。因此，施工生产千差万别，很少有全部按照同一模式进行完全重复性质的生产的情况。

3. 长期性

建筑产品的施工生产过程是一个规模大、消耗多、周期长的生产性消费过程。由于建筑产品构造复杂、形体庞大，在施工生产过程中要占用大量的人力、财力、物力，一个大中型建设项目往往要花费几千万、上亿甚至百亿元以上的投资。因此，客观上决定了施工生产的周期相对较长，一般都要跨年度施工，一个大中型建设项目往往需要几年、十几年甚至更长的时间才能建成。另外，由于工程固定在一定的地点，因此施工生产只能相对局限于一定的工作场所，按照一定的施工顺序、施工过程和施工工序组织立体交叉作业和平行流水作业，这就不能不影响到施工生产周期。工业产品大多体积较小、生产周期较短，一般是边投入边产出，而建筑产品必须等到整个施工生产周期终结，才能生产出独立的最终产品。

4. 受自然条件影响大

建筑产品由于位置固定、形体庞大，其生产一般在露天进行，并且高空、地下、水下作业多，直接受到自然气候条件变化的制约。如冬季、雨季以及台风、高温等天气情况，会给组织施工带来许多问题，常常影响施工生产的顺利进行，导致施工生产缺乏连续性、节奏性，较难实现均衡生产。另外，每个建筑物和构筑物所在地点的工程地质和水文地质条件也对施工生产起着很大的制约作用。因此，施工企业必须正确制定施工方案，合理安排施工进度，搞好安全生产，努力创造条件，组织均衡施工，力争把自然条件对施工生产的影响或造成的损失减少到最低限度。

四、施工生产的组织管理与会计核算

由于建筑产品的类型繁多，施工企业要根据建设单位的特定要求，按照专门用途的工程组织施工生产。同时，建筑产品地点的固定性和施工生产的流动性造成施工企业管理环境的变化大，可变因素和不可预见因素多。如果施工企业承担的是国外施工任务，则环境更为复杂和特殊，管理工作的难度更大。管理环境的多变，导致施工生产经营的预见性、可控性比较差。施工生产没有固定不变的施工方案，需根据工程、地点、时间的不同编制施工组织设计来指导施工，并根据施工计划单独组织材料物资的供应。因此，施工生产需要个别组织，单个进行。在此背景下，项目法施工成为施工企业组织生产管理的一种主要方式。

在项目法施工管理模式下，施工企业按工程项目设置施工生产组织机构，组建施工队伍，项目完成后，其组织机构随之撤销。项目法施工要建立以项目经理部为主要组织管理形式的施工生产管理系统，实行项目经理负责制；项目法施工可以实行内部承包制，以便确立项目承包者与企业、职工之间的责、权、利关系。在合同管理方面，企业总经理一般要授予项目经理较大的权力，以便处理与合同各方的关系。

由此可见，项目法施工是以工程项目为对象，以项目经理负责制为中心，以经营承包责任制为基础，以经济合同为手段，按照工程项目的内在规律和施工需要合理配置生产要素，对工程项目的安全、质量、工期、成本等实行全过程的控制和管理，达到全面实现项目目标，提高工程施工效益和企业经济效益的一种科学管理模式。在项目法施工下，施工企业面对规模大小、复杂程度、工期长短各不相同的工程项目，按需配置资源，并在施工过程中根据情况的变化予以调整，对施工过程中的生产要素投入进行动态管理。在这个管理过程中，工程项目成本作为施工企业成本费用的主要部分，一般会占到企业成本的90%以上。

施工生产经营管理的方式，决定了施工企业会计具有不同于其他行业企业会计的特点。为了适应施工生产分散、流动性大的特点，施工企业一般会根据项目管理的需要，形成以施工项目为独立核算单位的财务管理体系，使会计核算与施工生产有机地结合起来，以调动所属各级施工单位的积极性和主动性，并及时满足施工生产管理的需要。因此，正确认识和掌握施工项目会计核算的方法，是学习施工企业会计的关键。

第二节 施工项目会计核算

一、施工项目会计的特征

不同于一般制造企业，施工企业的生产任务获得方式具有独特性，它必须先获得订单，才能组织施工生产。施工生产采用项目管理模式及其独特的经营特点，决定了施工项目会计具有其自身的特征。

1. 施工项目部是独立的会计主体

企业会计工作的组织形式，一般分为集中核算和非集中核算两种。集中核算就是把整个会计核算工作集中在公司总部财会部门，或者企业内部各部门、各生产单位对本部门、本单位所发生的经济业务不进行全面核算，只填制或取得原始凭证，并对原始凭证进行适当汇总，定期将原始凭证和汇总原始凭证送交企业财会部门加以审核，并据以登记有关账簿。非集中核算又称分散核算，就是对企业内部、各生产单位所发生的经济业务，由各单位设置并登记账簿，专门进行比较全面的核算。各生产单位可以单独计算盈亏，编制财务报表，定期报送给财会部门，以便总部汇总编制整个企业的财务报表。由于施工企业施工生产比较分散，一般采用非集中核算方式，以施工项目部为核算单位，对工程项目的成本及相关费用与收入进行核算。

施工项目部是公司在工程项目所在地设立的代表公司从事生产经营活动的机构。施工项目部不具有法人资格，但它代表企业法人对具体的工程项目进行经营和管理，是公司的派出机构，在实行项目法施工的情况下，可以作为会计主体进行独立的会计核算。施工项目部可根据本公司内部会计制度的要求，设置会计科目，组织会计核算，全面连续地记录施工项目的资产、负债、收入和费用的变化，并定期计算施工项目的损益，编制财务报表。公司总部也可以对施工项目的部分资产、负债等业务进行统一核算，以加强公司总部对施工项目的控制。

2. 成本核算是施工项目会计的中心任务

尽管施工项目部一般都会涉及货币资金、存货、固定资产、负债等业务的核算，但是成本核算是施工项目会计的中心任务。施工生产的单件性，决定了其不能根据一定时期内所发生的全部施工生产费用和完成的工程数量来计算各项工程的单位成本，而必须按照订单分别归集施工生产费用，单独计算每项工程的成本。同时，由于不同建筑产品之间的差异大、可比性差，其实际成本不便进行比较，因此施工项目工程成本的分析、控制和考核不是以可比产品成本为依据，而是以工程预算成本为依据。即施工项目只能将工程的实际成本和预算成本进行比较，以考核工程成本的升降情况。

施工企业一般以单个合同作为会计核算对象。按照企业会计准则的规定，两份或多份合同，在满足特定条件时，应当合并为一份合同进行会计处理；一份合同包含多个单项履约义务，在履行了各单项履约义务时分别确认收入，即需要按照单项履约义务作为会计核算对象。

3. 施工项目需要分段进行工程价款结算、确认合同收入与费用

由于建筑产品的施工生产周期一般都比较长，要占用大量的资金，因此，施工项目部有必要将已完成预算定额所规定的全部工序或工程内容的分部工程或分项工程作为“已完工程”，及时与建设单位办理工程价款的中间结算，待工程全部竣工后再进行清算。这就要求施工项目部必须加强工程价款结算的会计核算工作，正确计算已完工程的结算价款，及时收回工程价款。同时，还应加强对预收工程款的核算和管理，并定期与建设单位（或发包单位）进行清算。另外，由于施工生产周期长，施工项目部还需要按照企业会计准则规定，根据工程项目的履约进度分别计量和确认各年度的工程合同收入和费用，以确定各年度的经营成果。

4. 施工项目会计方法的选择需要考虑自然环境

施工项目部所使用的固定资产、周转材料等资产一般都露天存放，而建筑安装工程本身体积庞大，一般也都处于露天作业状态，受气候条件影响自然侵蚀特别大，尤其是在施工条件比较恶劣的情况下，资产耗损更为明显。施工项目会计要选择合理的固定资产折旧方法和周转材料的摊销方法，使价值补偿能够符合其实际磨损情况。

5. 施工项目与公司总部内部往来事项频繁

公司总部与施工项目部之间业务往来频繁，包括资金、材料、设备的调拨，也包括成本费用的结转等，各方均需正确及时地记录反映往来事项。在公司总部与施工项目部会计核算中，可以设置“内部往来”或类似科目，用于记录反映内部往来业务引起的公司总部与施工项目部之间债权和债务的变化。

二、施工项目会计核算的对象

施工项目会计核算是指一个施工项目从投标到项目完工的全部生产经营过程，以及该工程竣工后至工程保修期结束，相关会计事项与交易的确认与计量。施工项目部应根据工程项目规模的大小、施工组织的特点、财务人员的能力以及工程项目的地理位置等诸多因素，成立相应的会计机构，配备会计人员，对施工项目进行会计核算。尽管不同企业施工项目部的组织形式不一样，但通常情况下，都要对施工项目进行独立核算。施工项目部是企业的一个派出单位，会计核算内容主要涉及工程施工的相关资产、负债、收入、费用、利润等项目。

为了完成各项施工生产任务，施工项目部必须拥有或控制一定数量的房屋、建筑物、施工机械、生产设备、材料、货币资金等财产物资。在会计上，这些财产物资叫资产。施工项目上的资产主要包括货币资金、应收款项、存货、固定资产等。其中，货币资金是指以货币形态存在于企业，用于购买材料物资、支付工资，以及支付各种开支的款项，包括库存现金、银行存款、其他货币资金等。应收款项是指企业在日常生产经营过程中发生的各项债权，包括应收票据、应收账款、其他应收款和预付账款等。存货是指施工项目部在提供建筑服务过程中将消耗的材料物资，已经形成施工成本但尚未结算的在建合同成本等，包括各类材料、在建的工程承包合同工程等，如果项目部存在辅助生产部门，辅助生产部门的在产品、半成品、完工产品也属于存货。建筑施工生产中用到的施工机械、运输设备等都属于固定资产，与原材料将自身物质直接投入生产过程形成工程成本不同，固定资产一般能够在较长时间内保持自己的物质形态，而不是把本身物质直接加入到工程项目上，它的价值是随着使用逐渐转移到工程项目成本中去的。在施工过程中，为了保证施工生产的正常进行，还会建造各种临时建筑及设施，如临时办公用房、临时道路、临时给排水设施等，这些临时设施按照《企业会计准则》的规定，也作为企业的固定资产。长期待摊费用是指企业已经支出，但摊销期限在 1 年以上（不含 1 年）的各项费用，包括固定资产大修理支出、租入固定资产的改良支出等。施工项目部的负债包括短期借款、应付及预收款项等短期负债以及长期借款、长期应付款等长期负债。施工项目部的所有者权益主要包括未分配利润。

在施工生产过程中，随着生产资金的不断循环和周转，资金占用形式也将发生变化，并同样呈现不断循环和周转的态势。在物资采购阶段，项目部需要用货币资金购买各种材料物资、购置机械设备、建造办公用房等，从而使货币资金转化为储备资金；在施工生产阶段，施工项目一方面要消耗各种材料物资，占用或使用各种机械设备等固定资产，另一方面还需要支付工资薪金以及其他费用，这时，储备资金和货币资金就转化为生产资金，进而形成合同费用；随着施工项目生产完工，生产资金还会转化为结算资金，进而形成企业的合同收入，最后又转化为货币资金。这样，施工项目部的资金随着物资供应、施工生产、工程结算的不断进行，由货币资金依次转化为储备资金、生产资金、结算资金，最后又回到货币资金。上述各环节都会涉及资金的收支，这个过程既是施工生产经营活动中的资金运动，又反映了工程承包合同收入与费用的形成。

施工项目会计核算的对象就是施工项目部在生产经营中的各种资金运动，它们既决定了与项目部相关的资产、负债、所有者权益的变动结果，又通过工程承包合同收入、费用的确认与计量反映了相应资产、负债、所有者权益的变化过程。

三、施工项目会计核算的任务

会计核算的任务是根据会计信息使用者的客观需要和要求确定的，它受会计对象的制约。施工项目会计核算的任务是对会计对象进行确认和计量所要达到的目的和要求。在市场经济条件下，施工项目会计的任务主要包括以下两方面：

1. 正确、及时、完整地记录和反映施工项目部的经济活动、财务状况和经营成果情况，为内部经营决策提供准确可靠的会计信息

市场经济条件下，每个施工企业都必须根据自身的施工生产能力和建筑市场的需求，向社会揽取施工任务，充分利用生产潜力，合理安排施工生产。为了不断提高施工项目部施工生产管理水平，增强企业在建筑市场的竞争能力，施工项目部一方面要接受公司总部职能部门的指导，使自己的施工生产活动符合企业经营管理的要求；另一方面要针对具体施工项目的情况，采取有效措施提高施工项目生产经营的管理水平，为企业提供扩大再生产所需的资金和利润。这就要求每个施工项目部都要根据施工生产任务和项目管理水平以及市场供求情况，及时制定年度施工生产计划和财务计划，作为项目部生产经营活动的依据。同时，在施工生产过程中，必须切实做好会计管理工作，加强经济核算，如实地反映项目部的经济活动情况，并经常进行检查和分析，揭示经营管理中存在的问题及其产生的原因，以便及时采取措施解决矛盾，保证施工生产计划和财务计划的顺利完成。为此，施工项目部会计必须正确、及时、完整地核算项目部相关资产、负债、收入、费用和利润，做到账实相符、账证相符、账账相符、账表相符；正确地计算材料物资的采购成本和建筑安装工程成本；正确地确定项目部的经营成果，并正确、及时地编制各种财务报表，从而为企业内部各管理部门采取措施改进经营管理、提高经济效益提供准确可靠的会计数据和经济信息。

2. 反映和监督财产物资的保管、使用情况，做好施工成本核算，节约使用资金，提高经济效益

为了提高企业经济效益，施工项目部必须讲求效率，多快好省地进行施工生产。一方面，要做好财产物资的保管工作，保证财产物资的安全完整；另一方面，要合理使用财产物资，不断减少资金耗用，节约使用资金，降低工程成本。要做好会计工作，全面反映和监督各项财产物资的结余和变动情况。对于一切货币资金的收支，财产物资的收入、发出和转移，要据实填制凭证，认真进行审

核，及时登记账簿。要做好固定资产的核算，反映施工生产过程中对固定资产的利用情况。要定期进行财产清查，查明账实不符的原因，明确管理人员的经济责任。

工程成本是工程施工过程中耗费的各项生产费用的综合反映，它能反映材料的消耗情况、人工费、施工机械使用费等各项费用的开支情况。如果提高了施工管理水平，节约了材料的消耗，提高了劳动生产率和机械利用率，减少了各项费用的开支，那么最终必然反映为工程成本的降低。因此，通过工程成本的计算和分析，可使项目部及时发现施工管理中存在的问题，采取降低工程成本的有效措施，提高施工项目的经济效益。

四、施工项目的会计组织与人员配备

会计机构是直接从事和组织领导会计工作的职能部门，建立和健全会计机构，是加强会计工作、保证工作顺利进行的重要条件。《中华人民共和国会计法》(以下简称《会计法》)第三十六条第一款规定：各单位应当根据会计业务的需要，设置会计机构，或者在有关机构中设置会计人员并指定会计主管人员；不具备设置条件的，应当委托经批准设立从事会计代理记账业务的中介机构代理记账。

由于不同的施工企业在单位性质、规模及经营管理等方面差别很大，因此，施工项目会计机构设置也不可能千篇一律。各施工项目是否设置会计机构，应当根据会计业务的需要来决定，即各企业可以根据施工项目会计业务繁简情况决定是否设置会计机构。从有效发挥会计职能作用的角度看，大、中型施工项目一般都应当设置会计机构；而那些规模很小、投资和人员都不多的施工项目，可以不单独设置会计机构，但应当设置会计人员并指定会计主管人员，或者通过代理记账完成会计核算。会计主管人员是指负责组织管理会计事务、行使会计机构负责人职权的负责人。

会计工作岗位一般包括：会计机构负责人或者会计主管、出纳、财产物资核算、工资核算、成本费用核算、财务成果核算、资金核算、往来结算、总账、报表、稽核等。施工项目部应按照不相容职务相分离的原则，根据需要设置会计工作岗位，明确职责权限，形成相互制衡机制。会计工作岗位可以一人一岗、一人多岗或者一岗多人，但一项业务必须由两个及以上人员处理，不能由一个人负责办理。尤其是出纳人员不得兼管稽核、会计档案保管和收入、费用、债权债务账目的登记入账工作。

我国对会计人员的专业技术资格实行考试制度，并且实行全国统一考试后，除了对高级资格（高级会计师资格）实行考试与评审结合的评价制度外，不再开展其他任职资格的相应评审工作。

会计档案是指会计凭证、会计账簿和财务会计报告以及其他会计资料等会计核算的专业资料，它是记录和反映经济业务的重要历史资料和证据，是企业的重要档案之一。施工项目部每年的会计凭证、账簿、报表都应由财会部门按照归档的要求，负责整理立卷或装订成册，并保管一年后，由财会部门编造清册，移交本单位的档案部门保管。没有专门档案管理机构的单位，应由财会部门指定专门人员继续保管，但出纳人员不得监管会计档案。档案部门接受保管的会计档案，原则上应当保持原卷册的封存状态，个别需要拆封重新整理的，应当由财会部门和经办人共同拆封整理，以明确责任。会计档案原件原则上不得借出，如有特殊需要，须经本单位负责人批准，可以提供查阅或复制，并应履行借出手续和期限归还。未经本单位负责人批准，调阅人员不得擅自摘录有关数字。

根据《会计档案管理办法》的规定，会计档案保管期限分为永久和定期两类。永久保管的会计档案一般是具有长期使用价值，并对以后会计、审计工作具有重要影响和直接作用的档案，比如年度财务报告等。定期保管的会计档案一般是只供当期使用或供以后参考或没有永久保管价值的档案。定期保管期限分为10年和30年，保管期限从会计年度终了后第一天算起。

会计档案保管期满后，需要销毁的，必须严格执行规定的程序予以销毁，任何人不得随意销毁。

五、施工项目会计工作的相关环节

（一）会计科目的设置与使用

会计为了记录经济业务，提供会计信息，需要按照一定标准将会计对象划分为若干要素，这是对会计对象的第一次分类，也是最基本的分类。会计科目就是在对会计对象划分会计要素的基础上，按照具体内容进一步分类，并以此为依据设置账户，分类、连续地记录经济业务增减变动情况，再通过整理和汇总等方法，反映会计要素的增减变动及其结果，从而提供各种有用的数据和信息。例如，为了反映和监督各项资产的增减变动，设置“库存现金”“原材料”“固定资产”等科目；为了反映和监督负债和所有者权益的增减变动，设置“短期借款”、“应付账款”和“实收资本”、“资本公积”、“盈余公积”等科目；为了反映和监督收入、费用和利润的增减变动，设置“主营业务收入”、“主营业务成本”和“本年利润”、“利润分配”等科目。

在实际工作中，会计科目是企业通过内部会计核算制度预先制定的，它是设置账户、进行账务处理必须遵守的规则和依据，是正确组织会计核算的一个重要条件。财政部颁布的《〈企业会计准则〉应用指南》中，为企业提供了一套会计科目表。同时规定，企业在不违反会计准则中确认、计量和报告规定的前提下，可以根据本单位的实际情况自行增设、分拆、合并会计科目。企业不存在的交易或者事项，可不设置相关会计科目。对于明细科目，企业可以自行设置。《〈企业会计准则〉应用指南》中的会计科目编号供企业填制会计凭证、登记会计账簿、查阅会计账目、采用会计软件系统参考，企业可结合实际情况，自行确定会计科目编号。

按照《企业财务会计报告条例》的规定，企业对外提供财务会计报告，实质上是以法人单位为基础的。因此，企业在设置会计科目时，一般是以法人单位作为基本单元的，即施工项目一般无权制定会计科目，而是直接按照公司总部的统一规定，组织施工项目的会计核算工作。

结合施工企业会计的特点，实行《企业会计准则》之后，施工企业主要应用的会计科目如表 1-1 所示。

表 1-1　　施工企业常用会计科目表

顺序号	科目编号	一级科目	顺序号	科目编号	一级科目
（一）资产类科目			20	1 411	周转材料
1	1 001	库存现金	21	****	合同资产
2	1 002	银行存款	22	****	合同资产减值准备
3	1 012	其他货币资金	23	****	应收退货成本
4	1 101	交易性金融资产	24	1 471	存货跌价准备
5	1 121	应收票据	25	1 501	债权投资
6	1 122	应收账款	26	1 502	债权投资减值准备
7	1 123	预付账款	27	1 503	其他债权投资
8	1 131	应收股利	28	1 504	其他权益工具投资
9	1 132	应收利息	29	1 511	长期股权投资
10	1 221	其他应收款	30	1 512	长期股权投资减值准备
11	12 **	内部往来	31	1 521	投资性房地产
12	12 **	备用金	32	1 522	投资性房地产累计折旧
13	1 231	坏账准备	33	1 523	投资性房地产累计摊销
14	1 401	材料采购	34	1 524	投资性房地产减值准备
15	1 402	在途物资	35	1 531	长期应收款
16	1 403	原材料	36	1 541	未实现融资收益
17	1 404	材料成本差异	37	1 601	固定资产
18	1 405	库存商品	38	1 602	累计折旧
19	1 408	委托加工物资	39	1 603	固定资产减值准备

续表

顺序号	科目编号	一级科目	顺序号	科目编号	一级科目
40	1 604	在建工程	73	3 201	套期工具
41	1 605	工程物资	74	3 202	被套期项目
42	1 606	固定资产清理	（四）所有者权益类科目		
43	1 607	在建工程减值准备	75	4 001	实收资本
44	1 608	工程物资减值准备	76	4 002	资本公积
45	1 701	无形资产	77	4 003	其他综合收益
46	1 702	累计摊销	78	4 101	盈余公积
47	1 703	无形资产减值准备	79	4 103	本年利润
48	1 711	商誉	80	4 104	利润分配
49	1 712	商誉减值准备	81	4 201	库存股
50	1 801	长期待摊费用	（五）成本费用类科目		
51	1 811	递延所得税资产	82	****	合同取得成本
52	1 901	待处理财产损溢	83	****	合同取得成本减值准备
（二）负债类科目			84	****	合同履约成本
53	2 001	短期借款	85	****	合同履约成本减值准备
54	2 101	交易性金融负债	86	5 301	研发支出
55	2 201	应付票据	（六）损益类科目		
56	2 202	应付账款	87	6 001	主营业务收入
57	2 203	预收账款	88	6 051	其他业务收入
58	****	合同负债	89	6 101	公允价值变动损益
59	2 211	应付职工薪酬	90	6 111	投资收益
60	2 221	应交税费	91	6 115	资产处置损益
61	2 231	应付利息	92	6 117	其他收益
62	2 232	应付股利	93	6 301	营业外收入
63	2 241	其他应付款	94	6 401	主营业务成本
64	2 401	递延收益	95	6 402	其他业务成本
65	2 501	长期借款	96	6 403	税金及附加
66	2 502	应付债券	97	6 601	销售费用
67	2 701	长期应付款	98	6 602	管理费用
68	2 702	未确认融资费用	99	6 603	财务费用
69	2 711	专项应付款	100	6 701	资产减值损失
70	2 801	预计负债	101	6 702	信用减值损失
71	2 901	递延所得税负债	102	6 711	营业外支出
（三）共同类			103	6 801	所得税费用
72	3 101	衍生工具	104	6 901	以前年度损益调整

注：表中科目编号中的＊号由企业结合企业会计准则的进一步要求和企业会计核算的需要自行设置。

表 1-1 中，“内部往来”科目是根据施工企业的特点设置的一个科目。该科目核算企业与所属内部独立核算单位（如施工项目部）之间，或各内部独立核算单位之间，由于工程价款结算、材料销售、提供劳务等业务所发生的各种应收、应付、暂收、暂付往来款项。

“备用金”科目核算企业拨付给非独立核算的内部单位（如职能部门、施工单位等）或个人备作差旅费、零星采购或零星开支等使用的款项。企业也可以不设置该科目，而将相应内容放在“其他应收款”科目中核算。

《企业会计准则第 14 号——收入》应用指南建议企业设置“合同履约成本”科目，核算企业为履行当前或预期取得的合同所发生的、不属于其他企业会计准则规范范围且按照收入准则应当确认为一项资产的成本。同时，企业可按合同，分别“服务成本”“工程施工”等进行明细核算。为了更为准确详细地核算施工生产成本，建议施工企业在“合同履约成本”科目下，设置“工程施工”“机械作业”“辅助生产”等明细科目，核算中间产品、服务成本及工程施工成本。

《〈企业会计准则〉应用指南》“固定资产”科目使用说明中规定，“固定资产”科目核算企业持有的固定资产原价，建造承包商的临时设施，企业购置计算机硬件所附带的、未单独计价的软件，也通过该科目核算。这意味着会计准则鼓励企业将临时设施作为固定资产来管理和核算，如果企业自行设置了“临时设施”等相关科目，则在资产负债表中，应将其合并到“固定资产”项目中列示。

（二）施工项目的建账建制

建账就是根据《会计法》和《企业会计准则》的规定，以及公司总部的具体要求，确定施工项目账簿种类、格式、内容及登记方法。

一般情况下，施工项目部至少应该设置四类账册：现金日记账、银行存款日记账、总分类账、活页明细账。其中，活页明细账主要包括：应收账款明细账、原材料分类账（收、发、存数量金额式）或原材料多栏式分类账（收、发、存数量金额式）、周转材料明细分类账、材料采购明细账、委托加工物资明细账、机械作业明细账、固定资产明细分类账、工程施工明细账、应付职工薪酬明细账、应付账款明细账等。

新建项目部在项目成立时，会计人员均应根据核算工作的需要设置应用账簿，即平常所说的“建账”。手工记账建账的基本程序是：

（1）按照需用的各种账簿的格式要求，预备各种账页，并将活页的账页用账夹装订成册。

（2）在账簿的“启用表”上，写明单位名称、账簿名称、册数、编号、起止页数、启用日期以及记账人员和会计主管人员姓名，并加盖名章和单位公章。记账人员或会计主管人员在本年度调动工作时，应注明交接日期、接办人员和监交人员姓名，并由交接双方签名或盖章，以明确责任。

（3）按照施工项目会计核算的需要，根据公司会计科目表的顺序、名称，在总账账页上建立总账账户；并根据总账账户明细核算的要求，在各个所属明细账户上建立二级、三级明细账户。

（4）启用订本式账簿，应从第一页起到最后一页止顺序编定号码，不得跳页、缺号；使用活页式账簿，应按账户顺序编本户页次号码。各账户编列号码后，应填“账户目录”，将账户名称、页次登入目录内，并黏贴索引纸（账户标签），写明账户名称，以利检索。

随着企业管理技术手段的不断创新，越来越多的施工企业采用了财务集中管理信息系统，甚至建立了财务共享服务中心。这种管理系统实现了会计集中核算、资金集中管理、全面预算管理和集中财务分析，有利于加强对施工项目的财务会计监控和资金管理，防范和规避财务风险。在实施中，公司总部及下属单位的财务数据可以集中存放在总部服务器上，由总部统一制定财务核算和管理制度，统一制定会计科目体系、编码原则、核算币种、会计期间等基础设置和报表格式，成员单位建账时，可以自动继承总部制定的基础设置信息，并可根据自身特点，个性化地使用会计科目。

各施工企业依据会计法律法规和企业会计准则，结合本单位实际情况，建立内部财务会计管理制度之后，施工项目部可沿用公司总部的有关财务会计管理制度，也可以根据施工项目的具体情况，制定施工项目部的有关内部制度，但不得违背公司的基本财务管理制度。一般情况下，施工项目部涉及的内部财务会计管理制度包括：会计人员岗位责任制度、账务处理程序制度、财务收支审批制度、内部牵制制度、稽核制度、原始记录管理制度、成本费用定额管理制度、财产清查制度、成本核算制度等。

（三）施工项目会计工作的交接

由于施工项目的临时性以及会计人员管理的需要，会计工作交接是施工项目会计工作中的一项重要内容。

《会计法》第四十一条规定：会计人员调动工作或者离职，必须与接管人员办理交接手续。一般会计人员办理交接手续，由会计机构负责人（会计主管人员）监交；会计机构负责人（会计主管人员）办理交接手续，由单位负责人监交，必要时主管单位可以派人会同监交。这是对会计人员工作交接问题做出的法律规定，可以使会计工作前后衔接，保证施工项目会计工作连续进行；可以防止施工项目因会计人员的更换出现账目不清、财务混乱等现象；也是分清移交人员和接管人员责任的有效措施。

除《会计法》规定的会计人员在调动工作或离职时必须办理会计工作交接的情形之外，会计人员在临时离职或其他原因暂时不能工作时，也应办理会计工作交接。《会计基础工作规范》对此做了进一步的规定：

（1）临时离职或因病不能工作、需要接替或代理的，会计机构负责人（会计主管人员）或单位负责人必须指定专人接替或者代理，并办理会计工作交接手续。

（2）临时离职或因病不能工作的会计人员恢复工作时，应当与接替或代理人员办理交接手续。

（3）移交人员因病或其他特殊原因不能亲自办理移交手续的，经单位负责人批准，可由移交人委托他人代办交接，但委托人应当对所移交的会计凭证、会计账簿、财务会计报告和其他有关资料的真实性、完整性承担法律责任。

在施工企业，施工项目在撤销、合并、分立时，必须留有必要的会计人员办理清理工作，编制移交决算资料。未移交前，会计人员不得离职。

会计人员在办理会计工作交接前，必须做好以下准备工作：

（1）已经受理的经济业务，尚未填制会计凭证的，应当填制完毕。

（2）尚未登记的账目应当登记完毕，结出余额，并在最后一笔余额后加盖经办人印章。

（3）整理好应该移交的各项资料，对未了事项和遗留问题，要写出书面说明。

（4）编制移交清册，列明应该移交的会计凭证、会计账簿、财务会计报告、公章、现金、有价证券、支票簿、发票、文件、其他会计资料和物品等内容；实行会计电算化的单位，从事该项工作的移交人员应在移交清册上列明会计软件及密码、会计软件数据等内容。

（5）会计机构负责人（会计主管人员）移交时，应将财务会计工作、重大财务收支问题和会计人员的情况等向接替人员介绍清楚。

移交人员离职前，必须将本人经管的会计工作，在规定的期限内，全部向接管人员移交清楚。接管人员应认真按照移交清册逐项点收。具体要求是：

（1）现金要根据会计账簿记录余额进行当面点交，不得短缺，接替人员发现不一致或“白条抵库”现象时，移交人员在规定期限内负责查清处理。

（2）有价证券的数量要与会计账簿记录一致，有价证券面额与发行价不一致时，按照会计账簿余额交接。

（3）会计凭证、会计账簿、财务会计报告和其他会计资料必须完整无缺，不得遗漏。如有短缺，必须查清原因，并在移交清册中加以说明，由移交人负责。

（4）银行存款账户余额要与银行对账单核对相符，如有未达账项，应编制银行存款余额调节表调节相符；各种财产物资和债权债务的明细账户余额，要与总账有关账户的余额核对相符；对重要实物要实地盘点，对余额较大的往来账户要与往来单位、个人核对。

（5）公章、收据、空白支票、发票、科目印章以及其他物品等必须交接清楚。

（6）实行会计电算化的单位，交接双方应在电子计算机上对有关数据进行实际操作，确认有关数字正确无误后，方可交接。

为了明确责任，会计人员办理工作交接时，必须有专人负责监交。通过监交，保证双方都按照国家有关规定认真办理交接手续，防止流于形式，保证会计工作不因人员变动而受影响；保证交接双方处在平等的法律地位上享有权利和承担义务，不允许任何一方以大压小、以强凌弱，或采取非法手段进行威胁。移交清册应当经过监交人员审查和签名、盖章，作为交接双方明确责任的证件。移交清册一般应当填制一式三份，交接双方各执一份，存档一份。

会计工作交接完毕后，交接双方和监交人在移交清册上签名或盖章，并应在移交清册上注明单位名称、交接日期、交接双方和监交人的职务及姓名，移交清册页数以及需要说明的问题和意见等。接管人员应继续使用移交前的账簿，不得擅自另立账簿，以保证会计记录前后衔接、内容完整。

会计交接是一项严肃认真的工作，不仅涉及会计工作的连续性，而且关系到有关人员的法律责任。《会计基础工作规范》第三十五条规定：移交人员对移交的会计凭证、会计账簿、会计报表和其他会计资料的合法性、真实性承担法律责任。这就是说，如果移交人员所移交的会计资料是在其经办会计工作期间内发生的，那么他就应当对这些会计资料的合法性、真实性负责，即使接替人员在交接时因疏忽没有发现所接会计资料在合法性、真实性方面的问题，如事后发现，也应由原移交人员负责，原移交人员不应以会计资料已经交接而推卸责任；如果所发现的会计资料真实性、合法性方面的问题不是在原移交人员的经办期间发生，而是在其后发生的，则不应由原移交人员承担责任，而应由接管人员承担责任。

重要概念

施工企业　总价承包　单价承包　成本加成承包　独立承包
总分包　联合承包　包工包料　包工不包料　施工项目部

复习思考题

1. 按照企业资质分类不同，施工企业可分为哪些类别？
2. 施工企业的经营方式有哪些？
3. 建筑产品的特点有哪些？
4. 施工生产的特点有哪些？
5. 施工项目会计的主要特征有哪些？
6. 施工项目会计核算的任务有哪些？

2 CHAPTER 第二章 货币资金

货币资金是企业资产的重要组成部分，是企业资产中流动性较强的一种资产，其实质属于金融资产的范畴。货币资金按其存放地点和用途不同，分为库存现金、银行存款和其他货币资金。

第一节 库存现金

库存现金是存放在财会部门，由出纳员保管的各种货币。它是流动性最强的一种货币性资产，可以随时用以购买所需的物资、支付有关费用、偿还债务，也可随时存入银行。

一、库存现金的管理

由于流动性强，库存现金是企业资产管理的一个重点。同时，为了加强对社会经济活动的监督，国家对企业现金管理与结算都有明确规定。企业收支的各种款项必须按照国务院颁发的《现金管理暂行条例》的规定办理，在规定范围内使用现金。该条例规定，允许企业使用现金结算的范围如下：

(1) 职工工资、津贴；

(2) 个人劳务报酬；

(3) 根据国家规定颁发给个人的科学技术、文化艺术、体育等各种奖金；

(4) 各种劳保、福利费用以及国家规定的对个人的其他支出；

(5) 向个人收购农副产品和其他物资的价款；

(6) 出差人员必须随身携带的差旅费；

(7) 零星支出；

(8) 中国人民银行确定需要支付现金的其他支出。

按照上述规定，施工项目部属于上述现金结算范围的支出，可根据需要向银行提取现金支付；不属于上述现金结算范围的款项支付，一律通过银行进行转账结算。

为了加强现金管理，满足企业日常零星开支的需要，减少现金的使用，国家采取了核定库存现金限额的管理办法。库存现金限额一般应由企业提出计划，报开户银行审批。开户银行根据施工项目规模的大小、日常零星开支的多少、距离银行的远近和交通方便与否等实际情况，原则上按照不超过施工项目 3～5 天的日常零星开支的正常需要量，核定施工项目的库存现金限额。边远地区和交通不发达地区的施工项目，其库存现金限额可以适当放宽，即可以多于 5 天的日常零星开支需要量，但最多不得超过 15 天的日常零星开支需要量。施工项目部每日的现金结存数不得超过核定的限额，超过部分应及时送存开户银行。当库存现金低于限额时，可以签发现金支票，从开户银行提取现金，补足库存现金限额。如果一个施工项目部在几家银行开户，只能在一家银行开立现金结算户，支取现金，并由该家银行负责核定库存现金限额以及管理和监督企业的现金收支业务。

施工项目部向开户银行提取现金时，应如实写明用途，由本单位财会部门负责人签字盖章，并经开户银行审查批准，方可提取现金。因采购地点不确定、交通不便、生产或市场急需、抢险救灾以及其他特殊情况，办理转账结算不够方便，必须使用现金的，企业应向开户银行提出书面申请，由本单位财会部门负责人签字盖章，经开户银行审查批准后，予以支付现金。同时，企业必须建立和健全现金账目，逐笔记载现金收付，账目要日清月结，做到账款相符。

施工项目部在经营活动中发生的工程结算现金收入，应及时送存银行，不得直接用于支付自己的支出。如因特殊情况需要坐支现金，应事先报经开户银行审查批准，由开户银行核定坐支范围和限额。项目部不得用不符合财务制度的凭证顶替库存现金，即不得“白条抵库”；不准谎报用途套取现金；不准用银行账户代其他单位和个人存入或支取现金；不准将单位收入的现金以个人名义存入储蓄，不准保留账外公款，即不得“公款私存”，不得设置“小金库”等。

在施工项目部的库存现金业务中，比较常见的违规行为有大量使用现金、库存现金支付凭证不合法、将单位现金存入个人账户、白条抵库等。

二、库存现金的核算

库存现金的总分类核算是通过设置“库存现金”账户进行的。该科目属于资产类账户，借方登记现金的收入数额，贷方登记现金的支出数额，期末借方余额反映企业实际持有的库存现金。有外币现金的企业应分别设置“人民币”“外币”明细科目核算。企业内部周转使用的备用金，可以单独设置“备用金”科目或在“其他应收款”科目核算，而不在“库存现金”科目核算。

库存现金的明细分类核算是通过设置现金日记账进行的。现金日记账是记载现金收支业务的订本式序时账，有三栏式（收、付、存）和多栏式两种。现金日记账由出纳人员根据审核后的现金收、付款凭证和银行存款付款凭证，按照现金业务发生顺序，逐日逐笔序时登记。每日终了，应计算当日的现金收入、支出合计数及结余数，并将结余数与现金实际库存数核对，做到日清月结，保证账实相符。如果发现账实不符，应及时查明原因，进行处理。月份终了，现金日记账的余额应与“库存现金”总账的余额核对相符。有外币现金收支业务的企业，应当按照人民币现金、外币现金的币种设置现金日记账进行明细核算。

库存现金清查的基本方法是实地盘点法。现金清查既包括出纳人员每日终了进行的清点核对，也包括清查小组进行的定期或不定期的盘点和核对。在清查中如果发现账实不符，除应及时查明原因外，还需进行相应的账务处理。每日终了结算现金收支、财产清查等发现的有待查明原因的现金短缺或溢余，应通过“待处理财产损溢”科目核算：属于现金短缺的，应按实际短缺的金额，借记“待处理财产损溢”科目，贷记“库存现金”科目；属于现金溢余的，按实际溢余的金额，借记“库存现金”科目，贷记“待处理财产损溢”科目。待查明原因后做如下处理：

（1）如为现金短缺，属于应由责任人赔偿的部分，借记“其他应收款”或“库存现金”等科目，贷记“待处理财产损溢”科目；属于应由保险公司赔偿的部分，借记“其他应收款”科目，贷记“待处理财产损溢”科目；属于无法查明原因的现金短缺，根据管理权限，经批准后，借记“管理费用”科目，贷记“待处理财产损溢”科目。

（2）如为现金溢余，属于应支付给有关人员或单位的，应借记“待处理财产损溢”科目，贷记“其他应付款”科目；属于无法查明原因的现金溢余，经批准后，借记“待处理财产损溢”科目，贷记“营业外收入”科目。

【例 2-1】 大运项目部在现金清查中，发现现金短缺 1 800 元，原因待查。账务处理如下：

借：待处理财产损溢	1 800	
贷：库存现金		1 800

后经查明原因，其中 500 元是由于出纳员工作失职造成的，应由其赔偿；其余 1 300 元不能查清原因，经批准处理。账务处理如下：

借：其他应收款	500	
管理费用	1 300	
贷：待处理财产损溢		1 800

【例 2-2】 广铁项目部在现金清查中，发现现金溢余 900 元，原因待查。账务处理如下：

借：库存现金 900

贷：待处理财产损溢 900

现金溢余原因无法查清，经批准处理。账务处理如下：

借：待处理财产损溢 900

贷：营业外收入 900

在上述业务中，用到了“管理费用”科目。该科目主要核算企业为组织和管理企业生产经营所发生的管理费用，包括企业在筹建期间发生的开办费、董事会和行政管理部门在企业的经营管理中发生的或者应由企业统一负担的公司经费（包括行政管理部门职工工资及福利费、物料消耗、低值易耗品摊销、办公费和差旅费等）、工会经费、董事会费（包括董事会成员津贴、会议费和差旅费等）、聘请中介机构费、咨询费（含顾问费）、诉讼费、业务招待费、技术转让费、矿产资源补偿费、研究费等。

施工项目部发生的业务招待费等，也应该在“管理费用”科目中核算。

第二节 银行存款

一、银行存款账户的管理

银行存款是企业存放在银行或其他金融机构的货币资金。根据中国人民银行发布的《人民币银行结算账户管理办法》的规定，企业在银行开立账户可分为基本存款账户、一般存款账户、临时存款账户和专用存款账户四种。施工企业由于生产经营分散，一般依据施工项目在当地商业银行开立临时存款账户，用于办理施工项目部经营活动发生的资金收付。临时存款账户应根据有关开户证明文件确定的期限或施工项目的需要确定其有效期限。临时存款账户的有效期最长不得超过2年。存款人在账户的使用中需要延长期限的，应在有效期限内向开户银行提出申请，并由开户银行报中国人民银行当地分支行核准后办理展期。项目完工后，及时销户。

为了防范企业财务风险，开户业务一般控制在公司财务部或资金结算中心，由施工项目财务人员代为办理。项目财务人员要合法使用银行账户，不得转借其他单位或个人使用；不得用银行账户进行非法活动；不允许公款私存；不得签发、取得和转让没有真实交易和债权债务的票据，套取银行和他人资金。公司总部要定期进行财务检查，保证施工项目部账户正常使用，避免引发潜在的账户管理风险。

施工项目部在银行开立账户以后，除按核定的限额保留库存现金外，超过限额的现金必须存入银行；除了在规定的范围内可以用现金直接支付的款项外，在经营过程中所发生的一切货币收支业务，都必须通过银行存款账户办理转账结算。

二、银行支付结算方式

支付结算是指单位、个人在社会经济活动中使用票据、信用卡和汇兑、托收承付、委托收款等结算方式进行货币给付及资金清算的行为。银行支付结算方式主要有以下五种。

1. 商业汇票

商业汇票是出票人签发的，委托付款人在指定日期无条件支付确定的金额给收款人或持票人的票据。在银行开户的法人与其他组织之间须具有真实的交易关系或债权债务关系，才能使用商业汇票。商业汇票的付款期限由交易双方商定，但最长不得超过 6 个月。商业汇票可以背书转让。按承兑人不同，商业汇票分为商业承兑汇票和银行承兑汇票两种。符合条件的商业承兑汇票的持票人可持未到期的商业承兑汇票连同贴现凭证，向银行申请贴现。

商业承兑汇票由银行以外的付款人承兑。商业承兑汇票按交易双方约定，由销货企业或购货企业签发，但由购货企业承兑。承兑时，购货企业应在汇票下面记载“承兑”字样、承兑日期并签章。承兑不得附有条件，否则视为拒绝承兑。到期时，购货企业的开户银行凭票将票款划给销货企业或贴现银行。销货企业应在提示付款期限内，通过开户银行委托收款或直接向付款人提示付款。对异地委托收款的，销货企业可匡算邮程，提前通过开户银行委托收款。汇票到期时，如购货企业的存款不足以支付票款，开户银行应将汇票退还销货企业，银行不负责付款，由购销双方自行处理。进行账务处理时，采用商业承兑汇票方式的，收款单位将要到期的商业承兑汇票连同填制的邮划或电划委托收款凭证，一并送交银行办理转账，根据银行的收账通知编制收款凭证；付款单位在收到银行的付款通知时，据以编制付款凭证。

银行承兑汇票由银行承兑，由在承兑银行开立存款账户的存款人签发，承兑银行按票面金额向出票人收取万分之五的手续费。购货企业应于汇票到期前将票款足额交存开户银行，以备承兑银行在汇票到期日或到期日后的见票当日支付票款。销货企业应在汇票到期时将汇票连同进账单送交开户银行以便转账收款。承兑银行凭汇票将承兑款项无条件转给销货企业，如购货企业于汇票到期日未能足额交存票款，承兑银行除凭票向持票人无条件付款外，对出票人尚未支付的汇票金额按每天万分之五计收罚息。采用银行承兑汇票方式的，收款单位与付款单位的账务处理同商业承兑汇票方式。

收款单位将未到期的商业汇票向银行申请贴现时，应按规定填制贴现凭证，连同汇票一并送交银行，根据银行的收账通知编制收款凭证。

2. 支票

支票是单位或个人签发的，委托办理支票存款业务的银行在见票时无条件支付确定的金额给收款人或持票人的票据。

收款单位对于收到的支票，应在收到支票的当日填制进账单并连同支票送交银行，根据银行盖章退回的进账单第一联和有关的原始凭证编制收款凭证，或根据银行转来的由签发人送交银行支票后，经银行审查盖章的进账单第一联和有关的原始凭证编制收款凭证，借记“银行存款”科目，贷记有关科目；付款单位对于付出的支票，应根据支票存根和有关原始凭证及时编制付款凭证，借记有关科目，贷记“银行存款”科目。

3. 汇兑

汇兑是汇款人委托银行将其款项支付给收款人的结算方式。单位和个人的各种款项的结算，均可使用汇兑结算方式。

进行账务处理时，收款单位对于汇入的款项，应在收到银行的收账通知时，据以编制收款凭证，借记“银行存款”科目，贷记有关科目；付款单位对于汇出的款项，应在向银行办理汇款后，根据汇款回单编制付款凭证，借记有关科目，贷记“银行存款”科目。

4. 委托收款

委托收款是收款人委托银行向付款人收取款项的结算方式。

进行账务处理时，收款单位对于托收款项，根据银行的收账通知编制收款凭证，借记“银行存款”科目，贷记“应收账款”等科目；付款单位在收到银行转来的委托收款凭证后，根据委托收款凭证的付款通知和有关的原始凭证，编制付款凭证，借记“应付账款”等科目，贷记“银行存款”科目。如在付款期满前提前付款，应于通知银行付款之日编制付款凭证；拒绝付款的，不做账务处理。

5. 托收承付

托收承付是根据购销合同由收款人发货后委托银行向异地付款人收取款项，

由付款人向银行承认付款的结算方式。办理托收承付结算的款项，必须是商品交易，以及因商品交易而产生的劳务供应的款项。代销、寄销、赊销商品的款项，不得办理托收承付结算。

进行账务处理时，收款单位根据银行收账通知和有关的原始凭证，编制收款凭证，借记“银行存款”科目，贷记“应收账款”等科目；付款单位对于承付的款项，应于承付时根据托收承付结算凭证的承付支款通知和有关发票账单等原始凭证，编制付款凭证，借记“材料采购”等科目，贷记“银行存款”等科目。如拒绝付款，属于全部拒付的，不做账务处理；属于部分拒付的，付款部分按上述规定处理，拒付部分不做账务处理。

三、银行存款的核算

施工项目部通过设置“银行存款”账户对银行存款进行总分类核算，同时，按开户银行、存款种类及货币种类分设银行存款日记账。银行存款日记账由出纳人员根据银行存款收、付款凭证、现金付款凭证，按照银行存款业务发生的先后顺序逐笔登记，每日营业终了应结出余额。银行存款日记账应定期与银行对账单核对，每月至少核对一次。月末，银行存款日记账的余额必须与银行存款总账的余额核对相符。

对于异地托收承付结算的款项和用信用证、汇票、汇兑、支票等各种方式结算的款项，在发生收付时，需根据有关原始凭证编制记账凭证入账。现金存入银行时，应根据银行盖章的回单编制现金付款凭证，据以登记现金日记账和银行存款日记账，不必再编制银行存款收款凭证。提取现金时，根据签发的支票存根编制银行存款付款凭证，并据以登记银行存款日记账和现金日记账，不必再编制现金收款凭证。

施工项目部将款项存入银行或其他金融机构时，借记“银行存款”科目，贷记“库存现金”等科目；提取现金或支用存款时，借记“库存现金”等有关科目，贷记“银行存款”科目。

【例 2-3】 京石项目部采用汇兑结算方式，委托银行将 50 000 元划转给某建材公司，以偿还前欠该公司购货款。根据汇款回单，账务处理如下：

借：应付账款——某建材公司	50 000	
贷：银行存款		50 000

【例 2-4】 京石项目部收到客运公司已结算的工程价款 1 800 000 元，存入银行。根据银行进账单第一联和有关原始凭证，账务处理如下：

借：银行存款	1 800 000	
贷：应收账款——应收工程款		1 800 000

四、银行存款的核对

为了准确掌握银行存款实际金额，防止银行存款账目发生差错，应按期对账。银行存款日记账的核对主要包括三个环节：一是银行存款日记账与银行存款收、付款凭证要互相核对，做到账证相符；二是银行存款日记账与银行存款总账要互相核对，做到账账相符；三是银行存款日记账与银行开出的银行存款对账单要互相核对，以便准确地掌握企业可运用的银行存款实有数。

为了及时了解银行存款的收支情况，避免银行存款账目发生差错，要定期将银行存款日记账的记录与银行的对账单进行逐笔核对。核对时如发现差错，要及时查找原因，属于记账差错的，立即更正。除记账错误外，还可能是由于未达账项引起的。未达账项，是指企业与银行之间，由于凭证传递上的时间差，一方已登记入账，而另一方尚未入账的账项。未达账项具体有四种情况：

（1）银行已记作企业存款增加，而企业尚未接到收款通知，因而尚未记账的款项，如托收货款和银行支付给企业的存款利息等；

（2）银行已记作企业存款减少，而企业尚未收到付款通知，因而尚未记账的款项，如银行代企业支付公用事业费用和向企业收取的借款利息等；

（3）企业已记作银行存款增加，而银行尚未办妥入账手续，如企业存入其他单位的转账支票等；

（4）企业已记作银行存款减少，而银行尚未支付入账的款项，如企业已开出的转账支票、对方尚未到银行办理转账手续的款项等。

以上（1）和（4）未达账项，会使企业银行存款日记账所记余额小于银行对账单所列余额；（2）和（3）未达账项，则会使企业银行存款日记账所记余额大于银行对账单所列余额。

对于未达账项，通常通过编制银行存款余额调节表来进行调整，不需要调整账面记录。

银行存款余额调节表的计算公式为：

$$\begin{array}{c}\text{企业银行存款}\\\text{日记账余额}\end{array}+\begin{array}{c}\text{银行已收}\\\text{企业未收款}\end{array}-\begin{array}{c}\text{银行已付}\\\text{企业未付款}\end{array}$$

$$=\begin{array}{c}\text{银行对账单}\\\text{余额}\end{array}+\begin{array}{c}\text{企业已收}\\\text{银行未收款}\end{array}-\begin{array}{c}\text{企业已付}\\\text{银行未付款}\end{array}$$

出纳人员一般不得同时从事银行对账单的获取、银行存款余额调节表的编制等工作。确需出纳人员办理上述工作的，应当指定其他人员定期进行审核、监督。

【例 2-5】 京石项目部 20×9 年 3 月末收到其开户行转来的对账单一份，对账单上的余额为 41 000 元，京石项目部银行存款日记账的账面余额为 40 000 元。经核对后，发现下列未达账项：

（1）银行已收企业未收的款项：银行收到托收款项一笔，金额 1 000 元。

（2）银行已付企业未付的款项：银行划付电话费 500 元，支付手续费 1 000 元，支付利息 500 元。

（3）企业已收银行未收的款项：在途存款一笔，金额 2 000 元。

（4）企业已付银行未付的款项：企业已开出但银行尚未兑付的支票一张，金额 4 000 元。

根据上述资料，编制银行存款余额调节表，如表 2-1 所示。

表 2-1　　银行存款余额调节表　　单位：元

企业银行存款日记账	金额	银行对账单	金额
账面余额	40 000	对账单余额	41 000
加：收到托收的款项	1 000	加：在途存款	2 000
减：划付电话费	500	减：未兑付支票	4 000
支付手续费	1 000		
划付利息	500		
调节后余额	39 000	调节后余额	39 000

调节后，如果双方账面的余额相等，一般说明双方记账没有错误。如果不相等，应进一步查明原因，进行更正。需要说明的是，银行存款余额调节表主要用来核对企业与银行双方的记账有无差错，不能作为记账的依据。对于因未达账项而使双方账面余额出现的差异，无须做账面调整，待结算凭证到达后再进行账务处理，登记入账。

如有确凿证据表明存在银行或其他金融机构的款项已经部分或全部不能收回时，例如吸收存款的单位已宣布破产，其破产财产不足以清偿或者全部不能清偿的，如果公司总部已经授予相应处置权限，施工项目部应该将其确认为当期损失，冲减银行存款，借记“营业外支出”科目，贷记“银行存款”科目。

第三节　其他货币资金

其他货币资金是除库存现金、银行存款以外的其他各种货币资金。由于存放地点和用途与企业的库存现金和银行存款不同，因此需单独核算。

其他货币资金的总分类核算是通过设置“其他货币资金”账户进行的。该科目为资产类账户，借方登记增加数，贷方登记减少数，期末借方余额反映企业实际持有的货币资金。该科目下设“外埠存款”“银行汇票”“银行本票”“信用卡”“信用证保证金”“存出投资款”“在途资金”等明细科目，并按外埠存款的开户银行，银行汇票或本票、信用证的收款单位等设置明细账。施工项目部常用的其他货币资金主要是银行汇票存款和银行本票存款。

一、银行汇票存款

银行汇票存款是指企业为取得银行汇票按规定存入银行的款项。银行汇票是由单位或个人将款项交存开户银行，由银行签发给其持往异地采购商品时办理结算或支取现金的票据。施工项目部向银行提交银行汇票委托书并将款项交存开户银行，取得汇票后，根据银行盖章的委托书存根联，编制付款凭证，借记“其他货币资金——银行汇票”科目，贷记“银行存款”科目。施工项目部使用银行汇票支付款项后，根据发票账单及开户行转来的银行汇票副联等凭证，借记“材料采购”或“原材料”等科目，贷记“其他货币资金——银行汇票”科目。银行汇票使用完毕，应转销“其他货币资金——银行汇票”账户。如实际采购支付后，银行汇票有多余款或因汇票超过付款期等原因而退回款项时，根据开户行转来的银行汇票第四联（多余款收账通知），借记“银行存款”科目，贷记“其他货币资金——银行汇票”科目。

【例 2-6】　20×9 年 6 月 2 日，京石项目部向银行提交银行汇票申请书并将款项 250 000 元交给银行，已取得银行汇票。6 月 20 日，公司持银行汇票异地采购材料，取得供应单位发票账单等报销凭证金额 175 500 元。采购支付后，银行汇票多余款退回开户行。账务处理如下：

（1）根据银行盖章的委托书存根联，取得汇票。

借：其他货币资金——银行汇票	250 000	
贷：银行存款		250 000

（2）根据发票账单等有关凭证报销。

借：材料采购	150 000	
应交税费——应交增值税（进项税额）	25 500	
贷：其他货币资金——银行汇票		175 500

（3）余额转回，根据开户行转来的银行汇票第四联（多余款收账通知）进行账务处理。

借：银行存款	74 500	
贷：其他货币资金——银行汇票		74 500

二、银行本票存款

银行本票存款是指企业为取得银行本票按规定存入银行的款项。银行本票是银行签发的、承诺自己在见票时无条件支付确定的金额给收款人或持票人的票据。企业向银行提交银行本票申请书并将款项交存银行，取得银行本票后，根据银行盖章退回的申请书存根联，编制付款凭证，借记“其他货币资金——银行本票”科目，贷记“银行存款”科目。施工项目部使用银行本票支付款项后，根据发票账单等有关凭证，借记“材料采购”“原材料”等科目，贷记“其他货币资金——银行本票”科目。如因本票超过付款期限等原因未曾使用而要求银行退款时，应填制进账单一式二联，连同本票一并送交银行，根据银行收回本票时盖章退回的一联进账单，借记“银行存款”科目，贷记“其他货币资金——银行本票”科目。

【例 2-7】 20×9 年 6 月 10 日，京石项目部向银行提交银行本票申请书并将款项 232 000 元交给银行，已取得银行本票。6 月 11 日，持银行本票采购货物，取得供应单位发票账单等报销凭证金额 232 000 元。账务处理如下：

（1）根据银行盖章退回的申请书存根联，取得本票。

借：其他货币资金——银行本票	232 000	
贷：银行存款		232 000

（2）根据发票账单等有关凭证报销。

借：材料采购	200 000	
应交税费——应交增值税（进项税额）	32 000	
贷：其他货币资金——银行汇票		232 000

值得注意的是，由于各类收付款票据能够代表相关资金的收付关系，因此施工项目部也要加强对这些票据的管理，建立相关的票据管理制度。例如，领用收据、发票时，必须登记领用数量和起讫编号，由领用人员签字；收回收据和发票存根时，应由保管人员办理签收手续，清点后封存，并妥善保管；对于已领未用的空白收据和发票，应定期检查，以防止短缺；对于写错作废的收据和发票，应收回并黏贴在存根联上，以备检查。

重要概念

货币资金　支付结算　商业汇票　支票　汇兑　委托收款
托收承付　未达账项

复习思考题

一、简答题

1. 根据《现金管理暂行条例》的规定，允许企业使用现金结算的范围是什么？
2. 库存现金清查的基本方法是什么？清查中发现账实不符，通过什么科目核算？
3. 银行支付结算方式包括哪些？
4. 导致未达账项的原因有哪些？
5. 其他货币资金主要包括哪些内容？

二、单项选择题

1. 下列各项中，不属于“其他货币资金”科目核算内容的是（　　）。

A. 信用证存款　　B. 存出投资款
C. 备用金　　D. 银行汇票存款

2. 下列结算方式中，只能用于同城结算的是（　　）。

A. 银行本票　　B. 托收承付
C. 汇兑　　D. 银行汇票

3. 下列各项中，出纳人员不得办理的业务是（　　）。

A. 现金收付　　B. 登记银行存款日记账
C. 稽核　　D. 登记固定资产明细账

4. 企业现金清查中，无法查明原因的现金短款，经批准后应计入（　　）。

A. 管理费用　　B. 财务费用
C. 冲减营业外收入　　D. 营业外支出

5. 对于银行已经收款而企业尚未入账的未达账项，施工企业应做的处理为（　　）。

A. 以“银行对账单”为原始记录将该业务入账
B. 根据“银行存款余额调节表”和“银行对账单”自制原始凭证入账
C. 在编制“银行存款余额调节表”的同时入账
D. 待有关结算凭证到达后入账

6. 根据《现金管理暂行条例》的规定，下列经济业务中，不能用现金支付的是（　　）。

A. 支付职工奖金 5 000 元　　B. 支付零星办公用品购置费 800 元
C. 支付物资采购货款 1 200 元　　D. 支付职工差旅费 2 000 元

三、多项选择题

1. 下列选项中，符合现金核算要求的有（　　）。

A. 企业设立现金总账和现金日记账，分别进行企业库存现金的总分类核算和明细分类核算

B. 现金日记账由会计人员根据收付款凭证，按照业务发生顺序逐笔登记

C. 每日终了，在现金日记账上计算出当日的现金收入合计额、现金支出合计额和结余额，并将现金日记账的账面结余额与实际库存现金额相核对，保证账款相符

D. 月度终了，现金日记账的余额与总账的余额核对，做到账账相符

2. 下列各项中，会导致企业银行存款账的余额与银行企业存款账的余额在同一日期不一致的情形有（　　）。

A. 银行已记作企业的存款增加，而企业尚未接到收款通知，尚未记账的款项

B. 银行已记作企业的存款减少，而企业尚未接到付款通知，尚未记账的款项

C. 企业已记作银行存款增加，而银行尚未办妥入账手续的款项

D. 企业已记作银行存款减少，而银行尚未支付入账的款项

3. 下列各项中，符合《现金管理暂行条例》规定可以用现金结算的有（　　）。

A. 向个人收购农副产品支付的价款

B. 向企业购买大宗材料支付的价款

C. 支付给个人的劳务报酬

D. 出差人员随身携带的差旅费

4. 根据承兑人不同，汇票可分为（　　）。

A. 银行承兑汇票　　B. 银行本票存款

C. 银行汇票存款　　D. 商业承兑汇票

5. 下列各项中，属于其他货币资金的有（　　）。

A. 银行承兑汇票　　B. 银行本票

C. 存出投资款　　D. 信用卡存款

6. 企业银行存款日记账与银行对账单不符的主要原因有（　　）。

A. 存在企业已付银行未付的账项

B. 存在企业已收银行未收的账项

C. 存在银行已付企业未付的账项

D. 存在银行已收企业未收的账项

E. 企业或银行记账错误

四、判断题

1. 开户单位收入现金应于当日送存银行，当日送存有困难的，可以另择日

期送存。(　　)

2. 我国的会计核算以人民币为记账本位币，因此，企业的现金是指库存的人民币现金，不包括外币。(　　)

3. 银行存款余额调节表是调整企业银行存款账面余额的原始凭证。(　　)

4. 对于银行已经入账而企业尚未入账的未达账项，企业应当根据“银行对账单”编制自制凭证予以入账。(　　)

5. 库存现金的清查包括出纳人员每日的清点核对和清查小组定期和不定期的清查。(　　)

五、业务核算题

1. 请编写下面货币资金收支业务的会计分录（不考虑增值税）。

(1) 4月2日，项目部从银行提取现金5 500元，以备日常零星开支。

(2) 4月5日，项目部购买办公用品一批，现金支付980元。

(3) 4月9日，项目部处理一批废旧材料，收到现金1 600元。

(4) 4月13日，项目部将超过库存限额的现金10 000元送存银行。

(5) 4月19日，项目部收到客运公司已结算的工程价款170 000元，存入银行。

(6) 4月22日，项目部收到银行付款通知，支付到期的商业承兑汇票8 000元。

2. 请编写下面现金清查业务的会计分录。

(1) 某施工企业对库存现金清查后，发现账款不符，现金短缺900元。后查明，短缺现金中有300元是出纳员责任事故造成的，应由个人赔偿；其余短缺目前无法查明原因，经批准予以转销。

(2) 某施工企业对库存现金清查后，发现账款不符，现金溢余700元。后查明，溢余现金中有420元属于应付给职工张红的差旅津贴，其余280元无法查明原因，经批准转作营业外收入。

3. 请编写下面银行本票、银行汇票存款业务的会计分录（不考虑增值税）。

(1) 20×9年5月9日，项目部向银行提交银行本票申请书并将款项116 000元交给银行，已取得银行本票。5月13日，持银行本票采购材料取得供应单位报销凭证116 000元。

(2) 项目部向开户银行提交“银行汇票委托书”及20 000元的转账支票，办理银行汇票。办妥后，持汇票向外地采购建筑材料16 810元，余款转回企业存款户。

4. 20×9年12月31日，甲公司银行存款日记账余额为432万元，银行转来对账单余额为664万元。经逐笔核对，发现以下未达账项：

(1) 甲公司已将12月28日收到的A公司赔款480万元登记入账，但银行尚未记账。

（2）甲公司12月29日开出转账支票支付B公司咨询费360万元，B公司尚未将支票送存银行。

（3）甲公司委托银行代收C公司购货款384万元，银行已于12月30日收妥并登记入账，但甲公司尚未收到存款通知。

（4）12月份甲公司发生借款利息32万元，银行已减少其存款，但甲公司尚未收到银行的付款通知。

要求：根据上述资料编制甲公司银行存款余额调节表。

3 CHAPTER 第三章 职工薪酬

第一节　职工薪酬概述

一、职工薪酬的概念

职工薪酬是指企业为获得职工提供的服务而给予的各种形式的报酬或因解除劳动关系而给予的补偿。职工薪酬反映了企业和职工之间的经济关系，即职工向企业提供劳动，企业为职工支付薪酬。根据《企业会计准则》的规定，这里所说的“薪酬”包括企业支付给职工个人的各种形式的报酬，也包括企业为职工承担的各种支出。这里所说的“职工”是指与企业订立劳动合同的所有人员，含全职、兼职和临时职工，也包括虽未与企业订立劳动合同但由企业正式任命的人员。未与企业订立劳动合同或未由其正式任命，但向企业所提供服务与职工所提供服务类似的人员，包括通过企业与劳务中介公司签订用工合同而向企业提供服务的人员，也属于职工的范畴。

二、职工薪酬的内容

职工薪酬包括短期薪酬、离职后福利、辞退福利和其他长期职工福利。

短期薪酬，是指企业在职工提供相关服务的年度报告期间结束后 12 个月内需要全部予以支付的职工薪酬，因解除与职工的劳动关系而给予的补偿除外。短期薪酬具体包括：职工工资、奖金、津贴和补贴，职工福利费，医疗保险费、工伤保险费和生育保险费等社会保险费，住房公积金，工会经费和职工教育经费，短期带薪缺勤，短期利润分享计划，非货币性福利以及其他短期薪酬。带薪缺勤，是指企业支付工资或提供补偿的职工缺勤，包括年休假、病假、短期伤残、婚假、产假、丧假、探亲假等。利润分享计划，是指因职工提供服务而与职工达成的基于利润或其他经营成果提供薪酬的协议。

离职后福利，是指企业为获得职工提供的服务而在职工退休或与企业解除劳动关系后，提供的各种形式的报酬和福利，短期薪酬和辞退福利除外。

辞退福利，是指企业在职工劳动合同到期之前解除与职工的劳动关系，或者为鼓励职工自愿接受裁减而给予职工的补偿。

其他长期职工福利，是指除短期薪酬、离职后福利、辞退福利之外所有的职工薪酬，包括长期带薪缺勤、长期残疾福利、长期利润分享计划等。

企业提供给职工本人及其配偶、子女或其他被赡养人的福利，如支付给因公伤亡职工的配偶、子女或其他被赡养人的抚恤金，也属于职工薪酬。

三、职工薪酬的核算原则

施工项目部通过“应付职工薪酬”科目核算应付给职工的各种薪酬，并按照短期职工薪酬的种类设置“工资”“职工福利”“社会保险费”“住房公积金”“工会经费”“职工教育经费”等二级科目进行明细核算。应由工程承包合同负担的直接施工人员及现场管理人员的职工薪酬，借方记入“工程施工——某项目合同成本”“工程施工——间接费用”科目，贷方记入“应付职工薪酬”科目。从事机械作业人员的职工薪酬先记入“机械作业”科目，从事辅助生产人员的职工薪酬先记入“辅助生产”科目，然后再分配转入“工程施工——某项目合同成本”科目。

对于工资、奖金、津贴和补贴，项目部应当根据历史经验数据和自身实际情况，计算确定应付职工薪酬金额和应计入成本费用的薪酬金额。对于医疗保险费、养老保险费、失业保险费、工伤保险费、生育保险费和住房公积金，项目部应当按照国务院、所在地政府或企业年金计划规定的标准，计算应付职工薪酬义务和应相应计入成本费用的薪酬金额。

第二节 工 资

一、工资总额的组成

在我国，国家统计局发布的《关于工资总额组成的规定》对工资总额的组成内容做了统一规定。按照这一规定，施工项目工资总额包括的具体内容如下：

（1）计时工资。指施工项目部根据规定的工资标准、工资等级和职工工作时间计算支付给职工的劳动报酬。包括：按实际工作时间和计时工资标准支付的工资，实行结构工资制单位支付的基础工资和岗位（职务）工资，以及新参加工作职工的见习工资。

（2）计件工资。指施工项目部根据规定的计件单价，按照已完成的合格产品、工程数量或作业数量计算支付给职工的劳动报酬。

（3）奖金。指施工项目部支付给职工的超额劳动报酬和增收节支的劳动报酬。包括生产奖、节约奖、劳动竞赛奖、质量奖、安全奖、提前竣工奖等。

（4）津贴和补贴。指施工项目部补偿职工特殊或额外的劳动消耗和因其他特殊原因支付给职工的津贴，以及为了保证职工工资水平不受影响而支付给职工的各种价格补贴。如高空津贴、井下津贴、野外工作津贴、夜班津贴、流动施工津贴、高温作业临时补贴、海岛津贴等。

（5）加班加点工资。指职工在法定工作时间以外加班加点而由施工项目部按规定支付的工资。

（6）特殊情况下支付的工资。指根据国家法律、法规和政策规定，因病假、工伤、产假、计划生育假、婚丧假、事假、探亲假、定期休假、停工学习、执行国家或社会义务等原因，按计时工资标准或计时工资标准的一定比例支付的工资以及附加工资、保留工资等。

按照国家规定，凡支付给职工的非工资性质的支出，如创造发明奖、科技进步奖、合理化建议奖、技术改进奖，有关劳动保险和职工福利方面的各项费用，有关离休、退休、退职人员待遇的各项支出，劳动保护的各项支出，出差伙食补助、误餐补助，调动工作的旅费和安家费等，都不得列入工资总额。

二、工资的计算

工资的计算一般包括以下几方面的工作：首先是在平时做好与工资相关的考勤等原始记录工作，它是计算和发放工资的依据；其次是根据企业制定的职工工资标准及职工考勤、完成工程任务情况计算职工工资；最后是根据用途，合理计算分配工资费用。

（一）工资的原始记录

为了正确计算应付给职工工资的形成和支付情况，施工项目部必须建立健全各种工资核算的原始记录。常用的工资原始记录包括：考勤记录、工程任务单及各种扣款通知单等。

考勤记录是用来考核职工出勤和缺勤情况的原始记录，是计算计时工资、分析考核职工工作时间利用情况的原始记录。考勤记录一般由施工队、车间、部门或班组考勤员根据职工出勤、缺勤情况逐日登记，月末汇总交给工资核算员据以计算职工应得的工资。考勤记录通常采用考勤表的形式，考勤表的一般格式如表3-1所示。

工程任务单是安排工人班组执行施工任务的通知单，是统计工作量和工时、计算计件工资和工程施工成本的依据，也是检查施工作业计划完成情况和考核劳动生产率的依据。工程任务单一般由施工员会同定额员根据月份施工作业计划和劳动定额，参照施工图纸，签发给各施工班组，作为下达具体施工任务的通知。该任务单的背面一般要填写各工程的用工情况。工程任务单的一般格式如表3-2所示。

表3-1　　　　考勤表

项目部名称：××　　　　20×9年5月

序号	姓名	职务	考勤记录									工时合计							
			1	2	3	4	5	6	…	30	31	作业工时	其中：加班加点	公假	病假	事假	工伤假	雨雪休	备注
1	张宁											154		8	40	8			
2	王沪											188			8	8			
3	李强											210							
⋮												⋮							
合计																			

表3-2　　　　工程任务单

工人班组：王强瓦工班　　　　开工日期：计划6月1日；实际6月1日

工程名称：102号隧道　　　　完工日期：计划6月20日；实际6月18日

施工项目内容	计量单位	计划完成			实际完成			人工节超	完成任务%	备注
		工程量	劳动定额	定额工日	工程量	换算定额	实用工日			
排水沟	M^3	200	0.9	180	200	0.9	162	10%	100%	
交底及验收	技术操作质量及安全交底			（略）		质量评定			（略）	
	施工员		材料员		考勤员		定额员		班组长	
	（签字）		（签字）		（签字）		（签字）		（签字）	

根据考勤表和工程任务单的记录，施工项目部于每月月末汇总编制施工用工统计表，据以进行工资费用的计算。

（二）工资的计算方法

1. 计时工资的计算

实行计时工资制的单位，应付职工的计时工资是根据工资标准、考勤记录和有关制度计算的。计时工资的计算方法有月薪制和日薪制两种，具体计算过程略有不同。目前，我国多数企业采用月薪制。

月薪制是指职工只要在月份内出全勤，则不论大月小月，都应得到固定的月标准工资。如有缺勤，则应在月标准工资中减去缺勤天数的工资。采用月薪制计时工资时，计时工资的计算公式为：

应付计时工资＝月标准工资－日工资额×缺勤天数

其中，月标准工资可以根据企业制定的统一标准及职工工资卡片的记录取得，缺勤记录可以根据考勤记录取得。日工资额的计算方法如下：

根据《全国年节及纪念日放假办法》的规定，职工工作时间的计算和日工资的计算按全年 365 天扣除 104 个公休日，再用 12 个月平均，日工资额为全月标准工资除以 21.75 天，即：

日工资额＝月标准工资÷21.75

按这种方法计算应付计时工资，公休假日不付工资，而法定假日支付工资，因而缺勤期间的公休假日既不发工资也不扣工资，法定假日即使缺勤也不应扣工资。

【例 3-1】　京东经济适用房项目部职工李勇 11 月份基本工资为 6 525 元，津贴 600 元，月奖金 2 000 元，材料节约奖 500 元，夜班津贴 400 元，本月连续病假 3 天（因其工龄满 7 年，按企业规定病假扣发 10%工资），事假 1 天。

李勇 11 月份工资计算如下：

日工资率＝6 525÷21.75＝300（元/天）
事假应扣工资＝1×300＝300（元）
病假应扣工资＝3×300×10%＝90（元）
当月应付李勇工资＝6 525＋600＋2 000＋500＋400－300－90
＝9 635（元）

日薪制是指根据职工的实际出勤天数和日工资计算应付职工的计时工资。其计算公式如下：

应付计时工资＝出勤天数×日工资

实行日薪制，日工资是固定的，但由于月份大小的影响，职工即使各月都全部出勤，各月份应得工资也是不固定的。

2. 计件工资的计算

计件工资是根据工程任务单中验收的合格工程量和规定的计件单价计算的工资。它的计算公式为：

$$\text{应付计件工资} = \sum(\text{验收合格工程量} \times \text{计件单价})$$

计件工资有个人计件和集体计件两种形式。如果是小组集体计件，应该按照小组集体完成的合格工程量和规定的计件单价，先求得小组应得的计件工资总额，然后在小组成员之间按照一定标准进行分配。

【例 3-2】 项目部某泥工组由三个不同工资等级的工人组成，本月共完成 100 立方米的砌砖工程，每立方米砌砖工程的计件单价为 48 元，则应付该小组 4 800 元计件工资。如果项目部根据每个工人的日工资标准和实际作业日计算的标准工资的比例进行班组内分配，个人计件工资计算如表 3-3 所示。

表 3-3　　班组工资分配表　　单位：元

姓名	工资等级	日工资	出勤工日	计时工资	分配系数	计件工资
职工甲	6	34	20	680	4 800÷1 600=3	2 040
职工乙	4	26	20	520		1 560
职工丙	3	20	20	400		1 200
合计			60	1 600		4 800

施工项目应付的各项工资性资金，应根据各施工生产单位和职能部门的评定和分配结果进行计算。凡有定额考核的一线生产工人，应以劳动定额、消耗定额为依据，按照完成施工生产任务的质量、效率、安全、节约和出勤情况，按月进行考核，实行量化按分计奖。对于无定额考核的二线人员和技术、管理、服务人员，应在建立部门、个人经济责任制的基础上，根据任务轻重、工作难度、责任大小等，实行量化计分的办法，按月或按季进行考核，按分计奖。各种工资性的津贴和补贴，不论是实行计时工资还是计件工资，均应按照国家和地区的有关规定计算。

国家为了适当解决职工伤、病假期间的待遇，减轻其生活中的困难，有利于伤、病职工早日恢复健康，并体现长期病休与短期病休待遇的区别，根据《劳动保险条例》规定，职工因工负伤，其医疗、休养期间的工资应按标准工资全额支付；职工因病或非因工负伤，其医疗时间在 6 个月以内者，根据工龄按标准工资的 60%～100%支付；职工因病或非因工负伤，连续医疗时间在 6 个月以上者，改由劳动保险基金项下按月付给疾病或非因工负伤救济费，其数额为本人标准工资的40%～60%。其他如执行国家或社会义务时间工资，停工学习期间工资，以及职工定期休假、探亲假、计划生育假、女工产假期间工资，都应按计时工资标准或规定的计时工资标准的一定比例计算。值得注意的是，《企业会计准则第9号——职工薪酬》对带薪缺勤的核算做了详细规定。

其他各种津贴、补贴等工资项目的支出，根据有关部门或单位的规定，以实际发生金额计算。

三、工资的核算

（一）工资结算的凭证

工资结算凭证一般采用工资结算单的形式。为了与职工办理工资结算，施工项目部的财务人员应根据考勤表等有关原始凭证，按各基层单位分别编制工资结算单（也称工资单、工资结算表、工资表等），计算施工项目每一职工的应付工资、代扣款项和实发工资。工资结算单的一般格式如表3-4所示。

工资结算单中的应付工资，一般根据工资标准和考勤表、工程任务单等记录计算填列，代交款项、代扣款项根据有关扣缴款通知单计算填列。工资结算单通常一式三份，一份作为劳资资料存查，一份作为支付工资的会计凭证，一份作为与职工进行工资结算的凭证交给职工。

为了便于进行工资结算的核算，财务人员应将各个班组的工资结算单进行汇总，编制工资结算汇总表，并据以签发现金支票，向银行提取现金，备发工资。工资以现金形式发放的，工资结算单上应该有每一位领取人的签名。由银行代发工资的，直接将款项打入职工工资卡中，由银行提供代发的票据作为工资发放的凭据。

（二）工资的账务处理

根据《企业会计准则第9号——职工薪酬》的规定，企业在职工为其提供服务的会计期间，除解除劳动关系补偿（即辞退福利）全部计入当期费用（管理费用）以外，其他职工薪酬均应根据职工提供服务的受益对象，将应确认的职工薪酬计入相关资产成本或当期费用，同时确认为应付职工薪酬负债。应由生产产品、提供劳务负担的职工薪酬，计入产品成本或劳务成本；应由在建工程、无形资产负担的职工薪酬，计入建造固定资产或无形资产成本。除上述两点之外的其他职工薪酬，计入当期损益。据此，施工项目部职工发生的工资费用应计入工程承包合同履约成本。

表 3-4

工资结算单

施工班组：王兴工程队　　　　20×9 年 9 月

姓名	工资级别	应付工资												代交款项				实发工资
		月标准工资	日标准工资	计件工资	奖金	津贴和补贴		扣缺勤工资					应付工资合计	住房公积金	养老保险金	医疗保险金	合计	
						工龄津贴	夜班津贴	病假			事假							
								天数	%	金额	天数	金额						
王兴	6	10 000	460	—	2 000	250	200	1	20	92			12 358	1 000	800	200	2 000	10 358
李玉	5	8 200	377	—	1 800	200	320				1	377	10 143	820	656	164	1 640	8 503
单海	4	6 400	294	—	2 000	280	100						8 780	640	512	128	1 280	7 500
工资合计	—	246 000	—	—	5 800	730	620	—	—	92	—	377	31 281	—	—	—	4 920	26 361

【例 3-3】 20×9 年 6 月，东坝项目部当月应发工资 1 200 万元，其中：工程项目部直接施工人员工资 1 000 万元，代扣代缴社会保险费 80 万元、伙食费 2 万元、个人所得税 21 万元；工程项目部管理人员工资 200 万元，代扣代缴社会保险费 16 万元、伙食费 0.5 万元、个人所得税 4 万元；项目部承担的社会保险费为 240 万元，其中：工程项目部直接施工人员 200 万元，工程项目部管理人员 40 万元。相关账务处理如下：

（1）分配工资费用：

借：工程施工——东坝项目合同成本（人工费）　12 000 000
　　　　　——间接费用　2 400 000
　贷：应付职工薪酬——工资　12 000 000
　　　　　　　　——社会保险费　2 400 000

（2）通过银行发放工资：

借：应付职工薪酬——工资　11 040 000
　贷：银行存款　10 765 000
　　　其他应收款　25 000
　　　应交税费——代扣代缴个人所得税　250 000

（3）缴纳由个人和企业承担的社会保险费：

借：应付职工薪酬——工资　960 000
　　　　　　　——社会保险费　2 400 000
　贷：银行存款　3 360 000

由个人承担的社会保险和住房公积金，在上缴时，和企业负担的部分一并核算，借记“应付职工薪酬——工资”科目。

第三节 其他职工薪酬

企业为职工缴纳的基本养老保险费、基本医疗保险费、失业保险费、工伤保险费、生育保险费等社会保险费和住房公积金，以及按规定提取的工会经费和职工教育经费，应当在职工为其提供服务的会计期间，根据规定的计提基础和计提比例计算确定相应的职工薪酬金额，并确认相关负债，按照受益对象计入当期损益或相关资产成本，借记“工程施工”“管理费用”等科目，贷记“应付职工薪酬”科目。

按照《中华人民共和国社会保险法》的规定，中华人民共和国境内的用人单位和个人依法缴纳社会保险费。其中基本养老保险费、基本医疗保险费、失业保险费，由用人单位和职工共同缴纳；工伤保险费、生育保险费由用人单位按照国家规定缴纳，职工不缴纳。社会保险缴费比例通常由各地政府确定，用人单位缴纳社会保险费用基数以本单位职工工资总额确定，职工缴费基数以职工本人工资确定。用人单位应当自行申报、按时足额缴纳社会保险费，非因不可抗力等法定事由不得缓缴、减免。职工应当缴纳的社会保险费由用人单位代扣代缴，用人单位应当按月将缴纳社会保险费的明细情况告知本人。

住房公积金，是指国家机关、企事业单位、社会团体及其在职职工缴存的长期住房储金。职工住房公积金的月缴存额为职工本人上一年度月平均工资乘以职工住房公积金缴存比例，职工个人缴存的住房公积金，由所在单位每月从其工资中代扣代缴。单位为职工缴存的住房公积金的月缴存额为职工本人上一年度月平均工资乘以单位住房公积金缴存比例。按规定，职工和单位住房公积金的缴存比例均不得低于职工上一年度月平均工资的 5%。

根据《中华人民共和国工会法》、《中国工会章程》和《企业会计准则》的规定，企业应按照职工工资总额的 2%计提工会经费。职工工会经费拨缴工会组织后，凭工会组织开具的《工会经费收入专用收据》入账。在委托税务机关代收工会经费的地区，企业拨缴的工会经费，也可凭合法、有效的工会经费代收凭据入账。

按照《国务院关于大力推进职业教育改革与发展的决定》（国发〔2002〕16 号）的要求，一般企业按照职工工资总额的 1.5%足额提取教育培训经费，从业人员技术要求高、培训任务重、经济效益较好的企业，可按 2.5%提取，列入成本开支。企业要保证经费专项用于职工特别是一线职工的教育和培训，严禁挪作他用。值得注意的是，《财政部 税务总局关于企业职工教育经费税前扣除政策的通知》（财税〔2018〕51 号）规定，企业发生的职工教育经费支出，不超过工资薪金总额 8%的部分，准予在计算企业所得税应纳税所得额时扣除；超过部分，准予在以后纳税年度结转扣除。

职工福利费是指企业为职工提供的除职工工资、奖金、津贴、纳入工资总额管理的补贴、职工教育经费、社会保险费和补充养老保险费（年金）、补充医疗保险费及住房公积金以外的福利待遇支出，包括为职工卫生保健、生活等发放或支付的各项现金补贴和非货币性福利，企业尚未分离的内设集体福利部门所发生的设备、设施和人员费用，职工困难补助或者企业统筹建立和管理的专门用于帮助、救济困难职工的基金支出，离退休人员统筹外费用，按规定发生的其他职工福利费，包括丧葬补助费、抚恤费、职工异地安家费、独生子女费、探亲假路费等其他支出。根据《企业会计准则第 9 号——职工薪酬》的规定，职工福利费属于职工薪酬，企业应根据历史经验数据和自身实际情况，合理预计当期应付职工薪酬（职工福利费）和应计入成本费用的薪酬金额。因此，在会计处理上，施工项目部一般应根据企业的统一规定，或者将职工福利费直接计入当期合同成本，

或者按比例预提职工福利费（提取比例由企业根据自身实际情况合理确定）。年末如果提取的福利费大于支用数，应予冲回；反之，应当补提，同时修订次年度福利费的提取比例。

【例 3-4】 20×9 年 8 月，东津项目部当月应发工资 1 200 万元，其中：工程项目部直接施工人员工资 1 000 万元，工程项目部管理人员工资 200 万元。根据公司要求，分别按照职工工资总额的 10%、12%、2%和 10.5%计提医疗保险费、养老保险费、失业保险费和住房公积金，缴纳给当地社会保险经办机构和住房公积金管理机构；分别按照职工工资总额的 2%和 2.5%计提工会经费和职工教育经费。相关账务处理如下：

应计入工程施工直接成本的职工薪酬金额 =1 000+1 000×(10%+12%+2%+10.5%+2%+2.5%)

=1 390(万元)

应计入工程施工间接成本的职工薪酬金额 =200+200×(10%+12%+2%+10.5%+2%+2.5%)

=278(万元)

项目部在分配工资、各种社会保险费、住房公积金、工会经费和职工教育经费等职工薪酬时，应做如下账务处理：

借：工程施工——东津项目合同成本（人工费）	13 900 000	
——间接费用	2 780 000	
贷：应付职工薪酬——工资		12 000 000
——社会保险费		2 880 000
——住房公积金		1 260 000
——工会经费		240 000
——职工教育经费		300 000

项目部以外购的商品作为非货币性福利提供给职工的，应该按照该商品的公允价值和相关税费，计入相关的成本费用，同时确认应付职工薪酬金额。

【例 3-5】 中南项目部有管理人员 30 名，施工一线生产人员 600 名。20×9 年 1 月，公司外购电暖器 630 台发放给全体职工，每台 200 元，开具的普通发票价款为 126 000 元。会计处理如下：

(1) 公司决定发放电暖器时：

借：工程施工——合同成本——人工费	120 000	
——间接费用	6 000	
贷：应付职工薪酬——非货币性福利		126 000

(2) 购买发放电暖器时：

借：应付职工薪酬——非货币性福利　　126 000
　贷：银行存款　　126 000

重要概念

职工薪酬　　计件工资　　计时工资　　月薪制　　“五险一金”

复习思考题

一、简答题

1. 按照《企业会计准则》的规定，职工薪酬主要包括哪些内容？

2. 施工项目工资总额包括哪些内容？

二、单项选择题

1. 下列项目中，不通过“应付职工薪酬”科目核算的是（　　）。

A. 发放管理人员工资　　B. 交纳生产工人的医疗保险费

C. 为管理层提供非货币性福利　　D. 支付劳务人员工资

2. 施工项目部职工发生的工资费用记入（　　）科目。

A. “制造费用”　　B. “生产成本”

C. “工程施工”　　D. “管理费用”

3. 下列职工薪酬中，不应当根据职工提供服务的受益对象计入成本费用的是（　　）。

A. 因解除与职工的劳动关系给予的补偿

B. 构成工资总额的各组成部分

C. 工会经费和职工教育经费

D. 医疗保险费、养老保险费、失业保险费、工伤保险费和生育保险费等社会保险费

4. 施工企业为鼓励项目部职工自愿接受裁减而给予的补偿，应该记入（　　）科目。

A. “管理费用”　　B. “财务费用”

C. “工程施工——合同成本”　　D. “工程施工——间接费用”

5. 下列各项目中，不应根据职工提供服务的受益对象分配计入相关资产成本或费用的是（　　）。

A、职工福利费　　B. 工会经费

C. 养老保险费　　D. 辞退福利

6. 某施工企业本期支付给职工计时工资 50 000 元，计件工资 150 000 元，综合奖金 70 000 元，技术性津贴 20 000 元，生活困难补助费 8 000 元，退休金 12 000元。该企业本期的工资总额为（　　）元。

A. 310 000　　B. 298 000

C. 302 000　　D. 290 000

7. 企业计提工会经费和职工教育经费时，应当在职工为其提供服务的会计期间，根据（　　）的一定比例计算。

A. 资产总额　　B. 工资总额

C. 利润　　D. 销售收入

三、多项选择题

1. 下列各项中，应纳入职工薪酬核算的有（　　）。

A. 工会经费　　B. 职工养老保险金

C. 职工住房公积金　　D. 辞退职工经济补偿

2. 下列各项目中，属于职工薪酬的有（　　）。

A. 医疗保险、养老保险　　B. 职工教育经费

C. 住房公积金　　D. 股票红利

3. 下列各项中，属于职工薪酬中的职工的有（　　）。

A. 兼职会计　　B. 临时职工

C. 独立董事　　D. 为企业审计的注册会计师

4. 下列项目中，属于职工薪酬的有（　　）。

A. 职工工资、奖金

B. 非货币性福利

C. 发放给董事会成员的津贴和补贴

D. 因解除与职工的劳动关系给予的补偿

E. 职工出差报销的车票

5. 下列各项中，属于“五险一金”的有（　　）。

A. 失业保险费　　B. 生育保险费

C. 职工教育经费　　D. 住房公积金

四、判断题

1. 企业支付的职工退职金应记入“营业外支出”科目。（　　）

2. 企业为职工缴纳的基本养老保险金、补充养老保险费，以及为职工购买的商业养老保险，均属于企业提供的职工薪酬。（　　）

3. 职工薪酬包括职工在职期间提供给职工的全部货币性薪酬和非货币性福利，不包括离职后提供的福利。（　　）

4. 企业以其外购产品作为非货币性福利发放给职工的，应当根据受益对象，按照该产品的公允价值，计入相关资产成本或当期损益，同时确认应付职工薪酬。（　　）

5. 企业在职工因病、工伤、产假等特殊情况下，按照日工资额及缺勤天数计算并从工资总额中扣除。（　　）

五、业务核算题

1. 某建筑施工企业根据 9 月“工资结算汇总表”应付职工工资总额为 635 000 元，代扣职工刘某家属的医药费 5 000 元，实发工资 630 000 元。

要求：编制向银行提取现金、以现金发放工资以及代扣款项时的会计分录。

2. 20×9 年 5 月 29 日，某建筑公司工资费用分配汇总表如下：

工资费用分配汇总表　　　　单位：元

应借科目	施工生产工人	现场管理人员	行政管理人员	合计
工程施工——某项目合同成本	280 000			280 000
工程施工——间接费用		70 000		70 000
管理费用			90 000	90 000
合计	280 000	70 000	90 000	440 000

要求：（1）根据工资费用分配表，编写分配工资的会计分录；

（2）5 月 31 日，该公司分别按照 2%和 1.5%计提工会经费和职工教育经费，计算并编制相应会计分录；

（3）5 月 31 日，该公司根据当地有关规定，在职职工按照职工工资总额的 13%缴纳养老保险，其中职工本人负担 5%，由公司代扣代缴，公司负担 8%，按照职工工资总额的 13%缴纳职工住房公积金。计算提取社会保险费和住房公积金，并编制相应会计分录；

（4）5 月 31 日，公司将自有住房提供给管理人员，该房产本月应计提折旧 10 000 元。编制相关会计分录。

3. 项目部第三工班由三个不同工资等级的工人组成，本月共完成 100 立方米的砌砖工程，每立方米计件单价 41.4 元，则应付该组计件工资 4 140 元。该项目部根据每个工人的日工资标准和实际作业日计算的标准工资的比例进行组内分配，根据下表已知数据，分别计算该工班三个职工的个人计件工资，并填入下面的工资计算表。

姓名	工资等级	日工资	出勤工日	计时工资	分配系数	计件工资
职工 A	5	26	20			
职工 B	4	23	20			
职工 C	3	20	20			
合计						

4 CHAPTER 第四章 材料物资

材料物资是施工企业施工生产过程中的劳动对象，是施工生产经营活动不可缺少的物质要素。加强材料物资的核算和管理，对于保证施工项目生产活动的顺利进行，保护材料物资的安全与完整，加速企业流动资金的周转，正确计算工程项目的施工成本和利润，真实、公允地反映企业的财务状况，都具有十分重要的意义。

第一节 材料物资概述

为了保证施工生产连续不断地进行，施工企业必须不断地购入、耗用各种材料物资。用于施工项目的材料物资种类繁多、流动性大，是企业的一项重要流动资产，其价值通常占到工程成本的70%左右，是决定施工成本高低的一个重要因素。不同的材料在施工生产过程中发挥着不同的作用。有的材料经过加工后，构成工程或产品的实体，如各种主要材料、结构件等；有的材料虽不构成工程或产品的实体，但有助于工程或产品实体的形成，如各种燃料、油料以及零星消耗的材料等；有的材料在施工生产过程中被劳动资料、劳动工具所消耗，如机械配件、零件等。

一、材料物资核算的基本要求

施工项目材料物资核算的基本要求包括以下几方面：

(1) 核算和监督材料物资采购费用的支出情况，正确计算材料物资采购成本，考核评价材料物资采购业务的成果，促使施工项目部不断改进材料物资采购工作，节约、合理地使用材料物资采购资金，降低材料物资采购成本。

(2) 核算和监督材料物资储备情况，防止材料物资超储积压或储备不足，既要满足施工生产的需要，又要节约、合理地使用资金，加速资金周转。

(3) 核算和监督材料物资的收发、领退、保管和结存情况，建立健全材料的验收、领退、保管和清查盘点制度，防止贪污盗窃和损坏变质，做到账、卡、物相符，保护材料物资的安全与完整。

（4）核算和监督材料物资的消耗情况，正确计算工程施工成本中的材料费用，促使施工中节约、合理地使用材料，不断降低工程施工成本。

二、材料物资的分类与管理

为了达到材料物资核算与管理的各项要求，正确组织材料物资的会计核算工作，施工项目部应该对材料进行必要的分类，编制施工项目材料物资目录，制定材料物资分类管理的办法；制定并严格履行材料收发、领退的凭证手续，正确组织材料的总分类核算和明细分类核算；科学组织仓储工作、计量工作和仓库业务核算工作，并进行系统的监督；定期进行材料物资的清查盘点，做到账实相符。同时，由于施工项目的材料物资采购、收发、保管和耗用等经济活动是由采购人员、保管人员、施工人员及其他有关人员分别进行的，因此，财务人员应注意与其他业务人员合作，共同做好材料的核算和管理工作。

（一）材料物资的分类

施工项目在施工生产过程中所耗用的材料物资品种、规格繁多，用量大，收发频繁，用途各异，各种材料物资的供应渠道和在施工生产中所起的作用也不尽相同。为了做好材料物资核算工作，加强材料物资管理，正确反映各种材料在工程施工成本中的比重，一般可以按照材料物资在施工生产过程中的用途将其分为以下几类。

1. 主要材料

主要材料是指用于工程施工并构成工程实体的各种材料，包括黑色金属材料（如钢材等）、有色金属材料（如铜材、铝材等）、木材（如原条、原木方材、板材等）、硅酸盐材料（如水泥、砖、瓦、石灰、砂、石等）、小五金材料（如合页、圆钉、螺丝钉、镀锌铅丝等）、陶瓷材料（如瓷砖、瓷洗手盆等）、电气材料（如电灯、电线、电缆等）、化工材料（如油漆）等。

2. 结构件

结构件是指经过吊装、拼砌和安装就能构成房屋、建筑物实体的各种金属的、钢筋混凝土的、混凝土的或木质的结构物、构件、砌块等，如钢窗、木门、铝合金门窗、塑钢门窗、钢木屋架、钢筋混凝土预制件（如预制板、预制梁）等。

3. 机械配件

机械配件是指施工机械、生产设备、运输设备等各种机械设备替换、维修用的各种零件和配件，以及为机械设备准备的备品、备件，如曲轴、活塞、轴承、齿轮、阀门等。

4. 周转材料

周转材料是指在施工生产过程中能够多次使用，可以基本保持其原有的实物形态，并逐渐转移其价值的工具性材料，如木模板、钢模板（包括配合模板使用的支撑材料、扣件等）、挡土板、脚手架料（如搭脚手架用的竹竿、木杆、钢管、跳板等）、塔吊使用的轻轨、枕木，以及低值易耗品等。

5. 其他材料

其他材料是指不构成工程实体，但有助于工程实体的形成或便于施工生产进行的各种材料，如燃料、油料、饲料、擦拭材料、氧气、速凝剂、催化剂、润滑油、冷冻剂、爆炸材料、防腐材料、绳索等。

在对材料物资的分类中，包括了周转材料。不过，从性质上来看，它们并不具备一般材料的特征，在施工生产过程中的作用与其他四类材料也不同。周转材料一般能多次参加施工生产过程而不改变其实物形态，其价值也不是一次转入工程成本，而是分次、陆续转移到工程成本中。有的周转材料在使用中还需要进行修理，报废时还存在残值。因此，周转材料具有劳动资料的性质，这一点与固定资产类似。但由于其品种与规格复杂繁多、耗用量大、单位价值较低、使用期限较短且需要经常替换，如果都作为固定资产来管理和核算，会过于烦琐，而且会带来许多不便。因此，在实际工作中，施工企业一般将其归入材料物资类，但在管理与核算上，应采用固定资产和材料的管理与核算相结合的方法进行。

另外，按照存放地点不同，材料物资可以分为在途材料、库存材料、委托加工材料三大类。

如果施工项目的材料物资类别、品种、规格繁多，还可以在上述分类的基础上，按其自然属性、物理性能、技术特征、规格型号、等级、成分等标准进一步分类并编制材料物资目录。例如，主要材料还可以分为黑色金属材料、有色金属材料、木料、硅酸盐材料、小五金材料、陶瓷材料、电气材料、化工材料等类别。在材料物资目录中，一般应列明各种材料物资的类别、编号、名称、规格、计量单位和计划单价等内容。

（二）材料物资的管理

施工项目部应当建立材料物资采购、收发、保管、付款等业务的岗位责任制，明确相关岗位的职责、权限，确保办理采购、收发、保管、付款等业务不相容岗位相互分离、制约和监督。材料物资相关业务的不相容岗位至少包括：请购与审批；询价与确定供应商；采购合同的订立与审核；采购、验收与相关会计记录；保管与相关会计记录；发出材料的申请、审批与会计记录；材料处置的申请、审批与会计记录；付款的申请、审批与执行。

项目部应当按照请购、审批、采购、验收、付款等规定的程序办理材料物资的采购与付款业务，并在采购与付款各环节设置相关的记录，填制相应的凭证，建立完整的采购登记制度，加强请购手续、采购订单（或采购合同）、验收证明、入库凭证、采购发票等文件和凭证的相互核对工作。财务人员在办理付款业务时，应当对采购合同约定的付款条件以及采购发票、结算凭证、检验报告、计量报告和验收证明等相关凭证的真实性、完整性、合法性及合规性进行严格审核。

项目部应当建立采购与验收环节的管理制度，对采购方式确定、供应商选择、验收程序及计量方法等做出明确规定，确保采购过程的透明化。条件允许的项目部还应当建立供应商评价制度，由采购、施工、财会、仓储等相关部门共同对供应商进行评价，包括对所购商品的质量、价格、交货及时性、付款条件及供应商的资质、经营状况等进行综合评价，并根据评价结果对供应商进行调整。项目部应当根据材料物资的性质及其供应情况确定采购方式。一般材料物资的采购可以采用订单采购或合同订货等方式，小额零星物资的采购可以采用直接购买等方式。项目部应当对例外紧急需求、小额零星采购等特殊采购处理程序做出明确规定。大宗材料物资采购必须采用招投标方式确定采购价格，并明确招投标的范围、标准、实施程序和评标规则。其他材料物资的采购，也应当根据市场行情制定最高采购限价，不得以高于采购限价的价格采购。以低于最高采购限价进行采购的，应以适当方式给予奖励。

外购材料物资入库前一般应经过以下验收程序：（1）检查订货合同、入库通知单、供货企业提供的材质证明、合格证、运单、提货通知单等原始单据与待检验货物之间是否相符；（2）对拟入库存货的交货期进行检验，确定外购货物的实际交货期与订购单中的交货期是否一致；（3）对待验货物进行数量复核和质量检验，必要时可聘请外部专家协助进行；（4）对验收后数量相符、质量合格的货物办理相关入库手续，对经验收不符合要求的货物，应及时办理退货或索赔；（5）对不经仓储直接投入生产或使用的存货，应当采取适当的方法进行检验。

企业应当建立材料物资保管制度，加强材料物资的日常保管工作。因业务需要分设仓库时，应当对不同仓库之间的存货流动办理出入库手续；应当按仓储物资所要求的储存条件储存，并建立和健全防火、防潮、防鼠、防盗和防变质等措施；贵重物品、生产用关键备件、精密仪器和危险品的仓储，应当实行严格审批制度。

物资管理部门应当对入库的材料物资建立材料物资明细账，详细登记材料物资类别、编号、名称、规格型号、数量、计量单位等内容，并定期与财会部门就存货品种、数量、金额等进行核对。施工现场领用材料，应当持有生产管理部门及其他相关部门核准的领料单。超出存货领料限额的，应当经过特别授权。同时，应当明确发出材料物资的流程，落实责任人，及时核对有关票据凭证，确保其与材料物资品名、规格、型号、数量、价格一致。

三、材料物资的确认与初始计量

（一）材料物资的确认

作为存货的一种，材料物资在同时满足下列条件的情况下，才能予以确认：（1）与该材料物资有关的经济利益很可能流入企业；（2）该材料物资的成本能够可靠地计量。

在组织会计核算时，施工项目部一般设置“在途物资”“原材料”“委托加工物资”“周转材料”等科目来核算材料物资的采购、储存、发出等业务。

（二）材料物资的初始计量

材料物资的核算除了通过记录实物数量反映其增减变化和结存情况以外，主要还是通过货币形式对其进行价值核算，以综合反映和监督材料资金的增减变化动态。正确地对各种材料物资进行计量，是准确计算工程或产品成本的基础，是准确反映企业材料储备资金占用情况的前提。

根据《企业会计准则第 1 号——存货》的规定，企业取得存货应当按照成本进行计量。存货成本包括采购成本、加工成本和其他成本三部分。施工企业的材料物资成本应该以取得或生产该种材料物资实际发生的全部支出为基础来计量。施工项目的材料物资，按其来源渠道划分，一般有外购的材料物资、自制的材料物资、委托加工的材料物资、盘盈的材料物资等。由于材料物资的来源渠道不同，其成本的构成内容也不完全相同。

1. 外购材料物资的成本

外购材料物资的成本是指材料物资从采购到入库前所发生的全部支出，包括购买价款、相关税费、运杂费以及其他可归属于采购成本的费用。其中，买价是指供应单位所开发票填列的价款；相关税费是指采购过程中发生的手续费和有关税金；运杂费是指材料从来源地运到工地仓库（或施工现场堆放材料的地点）以前所发生的包装费、运输费、装卸费、保险费以及合理的运输损耗等费用。在上述各构成项目中，买价应直接计入材料物资的采购成本；运杂费能分清负担对象的，应直接计入有关材料物资的采购成本，不能分清负担对象的，可按材料物资的重量或买价的比例等分摊标准，分摊计入各有关材料物资的采购成本。

值得一提的是，施工企业会计传统上对采购保管费进行单独核算。采购保管费是指企业的材料物资采购部门和仓库在组织材料物资的采购、供应和保管过程中所发生的各项费用，一般包括：采购、保管人员的薪酬费用，办公费，差旅交通费，固定资产使用费，工具用具使用费，劳动保护费，检验试验费（减检验试验收入），材料整理及零星运费等。在施工项目部，如果设置了相应的部门，发生了采购保管费性质的费用，可以通过“采购保管费”科目进行归集，月终分配计入各种材料物资的采购成本；也可以将各项费用直接计入材料物资的采购成本。

2. 自制材料物资的成本

自制材料物资的成本包括制造过程中耗用材料的成本、支付的人工费和其他费用，即按照制造过程中的各项实际支出计价。

3. 委托加工材料物资的成本

委托加工材料物资的成本是指施工项目委托其他单位加工材料物资过程中耗用的实际成本，包括材料费、加工费、运输费、装卸费和保险费等费用，以及按规定应计入成本的税金。

4. 盘盈材料物资的成本

盘盈的材料物资应以其重置成本作为入账价值，并通过“待处理财产损溢”科目进行会计处理，按管理权限报经批准后，冲减当期管理费用。

值得注意的是，在建筑业实行增值税以后，外购材料及其运费、委托加工等所涉及的增值税进项税额在价外单独核算，不形成材料物资的成本。

（三）材料物资日常核算计价的方法

材料物资的日常核算可以按实际成本计价，也可以按计划成本计价。一般来说，对于材料收发业务较多且计划成本资料较为健全、准确的单位，都采用计划成本进行材料物资的收发核算。材料物资按计划成本核算的特点是：收发凭证按材料物资的计划成本计价，材料物资的总分类账和明细分类账均按计划成本登记。材料物资采用计划成本核算时，企业一般要设置“材料采购”科目核算材料物资采购成本。该科目借方反映采购的材料物资的实际成本，贷方反映入库材料的计划成本，期末借方余额反映企业的在途材料物资。材料物资的实际成本与计划成本的差异，通过“材料成本差异”科目核算，月份终了，将发出的材料物资的计划成本按照材料成本差异调整为实际成本。材料物资的实际成本计价核算是指材料物资按照取得时发生的实际支出计价。采用这种方法，材料的总分类核算和明细分类核算都按照实际成本计价，材料物资的收发凭证也按照实际成本计价。

由于材料物资品种的多样性、工程项目的分散性和建筑材料实际价格波动性，施工项目部的材料物资一般应采用实际成本法核算。

第二节　原材料

一、原材料收发的程序

（一）外购材料的程序

从外部采购材料，是施工项目部取得材料的主要来源。为了既保证施工生产任务的顺利完成，又能节约使用资金，施工项目部需要正确、及时地编制材料采购供应计划，加强材料采购的计划管理工作。材料采购计划，一般是由施工项目部材料采购部门根据施工生产计划、材料的消耗定额和储备定额，结合库存情况制定的，是施工项目部采购材料的依据。在材料采购计划中，一般应列有采购材料的名称、数量、单价、金额等内容。为了保证材料的及时供应，明确购销双方的经济责任，施工企业还应与供应商签订材料采购合同。在合同中应详细记载材料的名称、品种、规格、质量、数量、单价、总价、结算方式、交货方式、交货期限，以及违反合同应承担的经济责任等内容。财会部门应监督材料采购计划和采购合同的执行情况。

施工项目部购入材料，必须严格办理材料采购和收入的凭证手续，这是组织材料采购核算的重要前提。材料采购的过程实际上就是货款结算和材料收进的过程，因此，购入材料一般要取得货款结算和材料验收入库两方面的凭证，即要取得外来的银行结算凭证、供应商的发票账单、运输单位的运单或供应商的提货单，以及企业内部自制的收料单、材料短缺毁损赔偿请求单等。项目部会计人员应会同物资采购或管理人员合理地组织这些凭证的填制、传递和审核工作，把好货款结算关和材料入库关，严格结算纪律，按质按量验收材料，保证施工生产的需要。

企业购入材料可以采取不同的结算方式。在不同的结算方式下，其结算手续、所用的凭证以及传递程序也各有不同。但不论采取哪种结算方式，财会部门收到银行结算凭证和供应商的发票账单后，都应及时送交材料采购部门。材料采购部门应认真审核发票账单，并与采购合同进行核对，检查材料的名称、品种、规格、质量和数量等是否与采购合同相符，然后确定是全部付款、部分付款还是拒绝付款。材料到达后，材料采购部门应组织仓库保管人员认真办理验收入库手续，并填制收料单一式三联，在材料验收完毕并经签章后分送有关部门。其中一联由材料采购部门留存备查；一联送财会部门，据以进行材料收入的核算；一联留存仓库，据以登记库存材料明细账（卡）。为了便于分类和汇总，收料单通常采取一料一单的形式，其一般格式如表 4-1 所示。

表 4-1　　　　收料单

交物单位或个人：　　　　　　　　年　　月　　日

材料名称	来源说明	仓号	数量	计量单位	单价	金额						
						万	千	百	十	元	角	分
合计（大写）金额						（小写）￥						

主管：　　　　　　　　记账：　　　　　　　　收料人：

仓库保管人员在验收材料时，如果发现数量不足、质量不符合规定标准或毁损的材料，应填制数量质量不符通知单，通知材料采购部门查明原因、分清责任进行处理。对于应由供应商或运输单位负责赔偿的，企业的材料采购部门应填制赔偿请求单，提出索赔要求，并通知财会部门向对方索赔。

（二）发出材料的程序

施工现场或内部其他单位领用材料时，必须严格办理领料手续，按规定填制领料凭证。施工项目部使用的领料凭证，一般有以下几种。

1. 领料单

领料单是一种一次性使用有效的领料凭证。它一般采用一料一单的形式，填制手续一次完成，每领一次材料，就需要填制一张凭证。领料单由企业内部各领料单位根据用料计划填制，经领料单位负责人签章后，据以向仓库领料。领料单中应填明领取材料的类别、品种、名称、规格、数量和用途，由领料单位负责人或用料管理人员审核。审核时，应查明请领的材料品种、规格和数量是否符合计划，是否为施工生产经营所需。经过审核签证的领料单才能作为向仓库领取材料的依据。仓库发料时，保管员应审核领料单的签证手续是否完备，对于所发材料要认真计量，将实发数量填入单内，并由领发料双方签章，以便明确材料领发的经济责任。领料单一般适用于没有消耗定额的材料和临时需用或不经常领用的材料。领料单的一般格式如表4-2所示。

表 4-2　　　　领料单

材料类别：　　　　　　　　　　　　领料单位：

材料科目：　　　　　年　　月　　日

材料编号	材料名称	规格	施工通知单号	用途	数量		计量单位	单价	金额
					请领	实领			

主管：　　　记账：　　　发料：　　　领料部门：　　　领料人：

领料单一般应填制一式三联，其中一联由领料单位留存备查；一联由发料仓库留存，作为登记材料明细账（卡）的依据；一联送交财会部门，作为登记材料总账和月末编制发料凭证汇总表的依据。

为了反映材料的实际消耗，正确计算工程成本，对于已领出库但尚未耗用或用后多余的材料，下月不再继续使用，则应填制退料单或用红字填制领料单，办理退料手续，将材料退回仓库；如下月仍需继续使用，则应分别核算对象进行盘点，材料不退回仓库，但应办理退料手续，同时填制本月的退料单和下月初的领料单，这种做法称为“假退库”。退料单由退料单位填制，一般应一式三联，其中一联由仓库收料后退回退料单位；一联留存仓库，据以登记材料明细账；一联送交财会部门，作为核算工程或产品成本的依据。

2. 定额领料单

定额领料单又称限额领料单，它是一种可以多次使用的累计领料凭证。一般采取一单一料的形式，填制手续是多次完成的，在有效期内和定额范围内，可以连续向仓库领料。只要领料数量不超过规定的限额，在当月可以连续使用，其有效期一般为一个月。一般是在每月初签发施工任务单的同时，由施工生产部门根据施工任务单所列的计划工程量，按照材料消耗定额核定各种材料的定额耗用总量后签发。在定额领料单中应填明领料单位、材料用途、领料单编号、发料仓库、材料名称和规格，以及根据本月计划工程量（或产品计划产量）和消耗定额计算确定的全月领料限额等内容。定额领料单经生产计划和供应部门负责人签章后，才能据以办理领发料手续。定额领料单一般适用于有消耗定额的材料和经常领用的材料。定额领料单的一般格式如表 4-3 所示。

表 4-3　　　　定额领料单

任务单号：　　　　　　　　　　　　　　　　　　　　　　　领料单位：
工程量：　　　　　　　　　　　　　　年　　月　　日　　　　发料仓库：

材料编号	材料名称	规格	计量单位	单位消耗定额	定额用量	追加数量	领料记录			退料数量	实际用量
							日期	数量	领发料人签章		

主管：　　　　记账：　　　　发料：　　　　领料部门：　　　　领料人：

定额领料单一般应填制一式两联，其中一联由领料单位（即施工队或班组）作为领料的依据；一联交仓库作为发料的凭证。每次领料时，由仓库保管员在定额领料单上登记，并由领发料双方共同签章。月末或工程竣工时，仓库保管员将施工队或班组保存的定额领料单收回，并在两联定额领料单上计算累计领料数量和金额。其中一联留仓库据以登记材料明细账，原由施工队或班组保存的一联则送交财会部门作为核算发出材料的依据。

采用定额领料单，应严格按规定的定额领发材料。对于不按批准数量超额领料，或请领的材料品种、规格与单内所列项目不符的，仓库有权拒绝发料。如果由于施工或生产计划调整而增加工程量或产品产量，以及因工程返工等原因需要追加领料定额，应经过施工或生产计划部门和物资部门审核批准，办理追加定额的手续。

采用定额领料单，减少了凭证数量，简化了领料手续，可以随时反映和监督发料过程中材料消耗定额的执行情况，有利于企业加强定额管理。按照定额对材料的领发进行日常控制，便于施工队或班组了解和控制工程或产品的用料情况，分析材料耗用的节约或超支情况，从而促使各领料单位按照消耗定额节约、合理地使用材料，降低材料消耗，以达到降低工程或产品成本中的材料费用的目的。

3. 大堆材料耗用计算单

大堆材料耗用计算单是一种特殊形式的耗料凭证，其一般格式如表 4-4 所示。

表 4-4　　**大堆材料耗用计算单**

年　　月

材料名称规格	黄沙	碎石	白灰	砖
单价（元/立方米）				
期初余额				
加：本期收入				
减：本期结存				
本期耗用				

它主要适用于用料时既不易点清数量又难以分清受益对象的大堆材料，如施工现场露天堆放的砖、瓦、灰、砂、石等。由于露天堆放的大堆材料耗用量大、领用频繁，在领用时又难以点清数量和过磅，在同一工地几个单位工程共同耗用的材料，且难以严格划分，因此可采用大堆材料耗用计算单，以“算两头、轧中间”的办法定期计算施工过程中各成本核算对象所耗用的大堆材料数量。即对于大堆材料，施工企业一般采用实地盘存法，于月末盘点结存数，以月初结存数加本月进料数减月末结存数，倒轧出本月耗用数，并根据各项工程的材料定额用量占完成工程量的比例分配实际用量，填制大堆材料耗用计算单，办理领料手续。大堆材料进场时，可先由材料员或施工班组验收保管，日常领用时不必逐笔办理领料手续，月末实地盘点实存数，计算出本月实际耗用量，并按各成本核算对象的定额用量计算其实际耗用数。其计算公式如下：

本月实际耗用量＝月初结存数量＋本月进料数量－月末结存数量

大堆材料耗用计算单一般应填制一式两联，一联交仓库，据以办理材料出库手续；一联交财会部门，作为核算工程成本的依据。

4. 集中配料耗用计算单

集中配料耗用计算单是一种一单多料、一次使用的领发料凭证，如表 4-5 所示。

表 4-5　　**集中配料耗用计算单**

年　　月

成本核算对象	腻子粉			水泥			涂料		
	定额用量	实耗数量	金额	定额用量	实耗数量	金额	定额用量	实耗数量	金额
甲工程									
乙工程									
合计									

它主要适用于虽能点清数量但系集中配料或统一下料的材料，如水泥、腻子

粉、涂料等。凡是集中配料的用料，一般应在领料单上加盖“工程集中配料”戳记，领发材料时，应根据工程量和所用各种材料的配方比例，计算各种材料的配方用量，月末由材料管理人员或领料班组根据用料情况，按照配制后综合材料的耗用数或消耗定额，编制集中配料耗用计算单，交财会部门据以分配计入各成本核算对象。集中配料的计算方法与大堆材料基本相同，集中配料耗用计算单的一般格式与大堆材料耗用计算单的格式也基本相同。

5. 领料登记簿

领料登记簿是一种一单一料、多次使用有效的累计领发料凭证。它主要适用于领发次数很多、数量零星、价值较低的消耗性材料，如铁钉、螺丝、螺帽、垫圈等。对于这类材料，为了简化领发料手续，可以在仓库设置领料登记簿，据以办理领发料手续。即平时领用材料的，可以不填制领料单，而由领料人员在领料登记簿内登记领用数量、用途并签章证明，仓库据以办理发料手续。月终，由仓库保管员根据领料登记簿，按领料单位和用途汇总填制领料单一式三联，其中一联交领料单位，一联留存仓库作为登记材料明细账的依据，一联交财会部门作为成本核算的依据。领料登记簿的一般格式如表 4-6 所示。

表 4-6　　领料登记簿

领料单位：　　　　发料仓库：
材料类别：　　　　计量单位：
材料名称：　　　　年　　月

日期	领用数量	用途	领料人签章	备注

二、购入原材料的核算

施工项目部材料日常收发按实际成本计价时，在总分类核算上可以不必使用“材料采购”和“材料成本差异”科目，取得材料的实际成本直接用“原材料”科目进行核算。对于价款已经支付或承付，但材料尚未运到的在途材料，应通过“在途物资”科目核算。

材料日常收发按实际成本计价时，材料的明细分类核算要按材料品种、规格同时设置材料卡片（见表 4-7）和材料明细分类账（见表 4-8）。材料卡片由仓库保管员登记，只进行数量核算。材料明细分类账由会计人员登记，同时进行数量和金额的核算。为避免重复记账，也可以采用“账卡合一”的做法，即取消材料卡片，只设置一本既有数量又有金额的材料明细分类账放在仓库，由仓库保管员登记，会计人员定期稽核；或由仓库保管员登记数量，会计人员登记金额。

表 4-7　　**原材料卡**

材料类别：　　名称规格：　　计量单位：

年		凭证号数	摘要	收入数量	发出数量	结存		稽核	
月	日					数量	金额	日期	签章

表 4-8　　**原材料明细账**

材料科目：　　存放地点：

材料名称及规格：　　计量单位：

年		凭证号数	摘要	收入			发出			结存		
月	日			数量	单价	金额	数量	单价	金额	数量	单价	金额

外购材料时，由于结算方式和采购地点的不同，材料入库和货款的支付在时间上不一定完全同步，其账务处理也有所不同。

（一）发票账单与材料同时到达

施工项目部在支付货款或开出、承兑商业汇票，材料验收入库后，根据发票账单等结算凭证确定的材料成本，借记“原材料”等科目，贷记“银行存款”等科目。

【例 4-1】　20×9 年 2 月，某公司合肥项目部购入施工用原材料（钢材）一批，货款 348 000 元（含税价格），发票账单已收到，并已验收入库，全部款项以银行存款支付。账务处理如下：

借：原材料　　300 000

　　应交税费——应交增值税（进项税额）　　48 000

　贷：银行存款　　348 000

（二）已开出、承兑商业汇票，但材料尚未到达或尚未验收入库

施工项目部在支付、办理结算时，根据账单等结算凭证，借记“在途物资”

等科目，贷记“银行存款”等科目；待材料到达、验收入库后，再根据收料单，借记“原材料”科目，贷记“在途物资”科目。

【例 4-2】 20×9 年 3 月，某公司合肥项目部采用汇兑结算方式购入施工用原材料（水泥）一批，货款 23 200 元（含税价格），发票账单已收到，材料尚未入库。账务处理如下：

借：在途物资　20 000

　　应交税费——应交增值税（进项税额）　3 200

　贷：银行存款　23 200

上述材料到达、验收入库时，再根据收料单，账务处理如下：

借：原材料　20 000

　贷：在途物资　20 000

（三）材料已到达并已验收入库，但发票账单等结算凭证未到，货款尚未支付

如果到月末，发票账单等结算凭证没有到达，为了正确反映施工项目部库存材料情况，当月月末，施工项目按材料的暂估价值，借记“原材料”科目，贷记“应付账款——暂估应付账款”科目；下月月初，用红字或负数做同样的记账凭证予以冲回，以便下月付款或开出、承兑商业汇票后，按正常程序，借记“原材料”等科目，贷记“银行存款”“应付票据”等科目。

【例 4-3】 合肥项目部采用托收承付结算方式购入施工用原材料（混凝土）一批，材料已验收并用于工程施工，发票账单未到，月末按暂估价 50 000 元估计入账。当月月末，账务处理如下：

借：原材料　50 000

　贷：应付账款　50 000

下月月初，用红字或负数做同样的记账凭证予以冲回，账务处理如下：

借：原材料　−50 000

　贷：应付账款　−50 000

收到有关结算凭证 58 000 元（含税价格），并支付货款，账务处理如下：

借：原材料　50 000

　　应交税费——应交增值税（进项税额）　8 000

　贷：银行存款　58 000

（四）采用预付货款方式采购材料

施工项目部在预付材料价款时，按实际预付金额，借记“预付账款”科目，贷记“银行存款”科目；已经预付货款的材料验收入库，根据账单等所列的价

款、税额等，借记“原材料”等科目，贷记“预付账款”科目；预付账款不足，补付上项货款时，按补付金额，借记“预付账款”科目，贷记“银行存款”科目；退回多付的款项时，借记“银行存款”科目，贷记“预付账款”科目。

【例 4-4】 合肥项目部向某供货商采购钢材 200 吨，不含税单价 3 000 元，需支付不含税金额 600 000 元，增值税税额 96 000 元。按照合同规定向该供货商预付货款的 20%，验收货物后补付其余款项。

（1）预付 20%的货款时，账务处理如下：

借：预付账款	139 200	
贷：银行存款		139 200

（2）收到该供货商发来的钢材 200 吨，经验收无误，有关发票记载的货款为 600 000 元，增值税税额 96 000 元。账务处理如下：

借：原材料	600 000	
应交税费——应交增值税（进项税额）	96 000	
贷：预付账款		696 000

（3）以银行存款补付不足款项 556 800 元。账务处理如下：

借：预付账款	556 800	
贷：银行存款		556 800

（五）购入材料短缺和损耗的处理

施工项目购入的材料验收入库时，如果发现短缺和损耗，必须查明原因，分清经济责任，区别不同情况进行处理。属于运输途中的合理损耗（定额内损耗），应计入材料的采购成本，相应提高入库材料的实际单价，不另进行账务处理。属于供应商造成的短缺，货款尚未支付的，应按短缺数量和发票单价计算拒付金额，向开户银行办理部分拒付手续；货款已经支付的，则应填制赔偿请求单，向供应商索取赔款。施工项目部应向供应商或责任人收回的材料短缺款项，应根据有关索赔凭证，借记“应付账款”或“其他应收款”科目，贷记“在途物资”科目。按规定应由运输单位等负责赔偿的材料短缺款项，应根据有关索赔凭证，借记“其他应收款”科目，贷记“在途物资”科目。

尚待查明原因和需要报经批准才能转销的途中损耗，应先从“在途物资”科目转入“待处理财产损溢”科目，查明原因后，再根据不同情况分别进行处理。属于应由供应单位、运输机构、保险公司或其他过失人负责赔偿的损失，应借记“应付账款”“其他应收款”等科目，贷记“待处理财产损溢”科目；属于自然灾害等非正常原因造成的损失，应将扣除残料价值、过失人和保险公司赔款后的净损失，借记“营业外支出——非常损失”科目，贷记“待处理财产损溢”科目。

凡属由供货商原因造成的短缺，若对方决定近期内予以补货，则短缺材料的进项税额暂不得抵扣，需待补来材料验收入库后，方可予以抵扣；若对方决定退赔货款，应视不同情况比照销货退回进行处理。如购买方未付货款且未做账务处理，应退回原增值税专用发票，注明作废后，重开增值税专用发票。如已付款或已做账务处理，企业则应在取得对方开具的红字增值税专用发票后，以红字冲减原已登记的进项税额。

凡属运输单位造成的短缺或毁损，应向运输部门索赔，索赔款中的进项税额应由“应交税金——应交增值税（进项税额转出）”账户的贷方转入“其他应收款”账户的借方。

凡属购入途中发生的非正常损失，其进项税额不得抵扣，而应由“应交税金——应交增值税（进项税额转出）”的贷方，转入“待处理财产损溢”科目的借方，与损失的材料成本一并处理。经批准转销时，将扣除残料价值和过失人、保险公司赔款后的净损失，记入“营业外支出”科目。按照增值税法规的规定，非正常损失是指因管理不善造成货物被盗、丢失、霉烂变质，以及因违反法律法规造成货物或者不动产被依法没收、销毁、拆除的情形。

【例 4-5】 20×9 年 5 月 20 日，某建筑公司京南项目部向兴达砖瓦厂购买青砖一批，买价 20 600 元（含增值税），运杂费 110 元（含增值税），以银行存款支付。当月 25 日，青砖运到，验收入库时，发现短缺 300 块，含税价为 206 元，经查询，属于兴达砖瓦厂发货差错所致。其账务处理如下：

（1）支付货款时，根据发票账单和银行结算凭证，做账务处理如下：

借：在途物资——硅酸盐材料（青砖）	20 100	
应交税费——应交增值税（进项税额）	610	
贷：银行存款		20 710

（2）验收入库时，根据收料单，做账务处理如下：

借：原材料——硅酸盐材料（青砖）	19 900	
贷：在途物资——硅酸盐材料（青砖）		19 900

（3）根据有关索赔凭证，按短缺青砖的不含税买价 200 元以及 6 元增值税，做账务处理如下：

借：其他应收款——某采购员	206	
贷：在途物资——硅酸盐材料（青砖）		200
应交税费——应交增值税（进项税额转出）		6

上例中，若青砖短缺原因不明，尚待查处，材料已验收入库。根据验收不符清单，按短缺青砖的买价，做账务处理如下：

借：待处理财产损溢——待处理流动资产损溢	206	

贷：在途物资——硅酸盐材料（青砖）　　200
　　应交税费——应交增值税（进项税额转出）　　6

月末，经查明短缺的青砖属于采购人员管理不当，导致丢失。公司决定由责任人赔偿150元，其余损失由公司承担。根据公司文件及有关凭证，做账务处理如下：

借：营业外支出　　56
　　其他应收款——某采购员　　150
贷：待处理财产损溢——待处理流动资产损溢　　206

三、发出材料的核算

（一）发出材料成本的计价方法

按照《企业会计准则》的规定，施工项目部在确定发出存货的成本时，可以采用先进先出法、移动加权平均法、月末一次加权平均法和个别计价法四种方法进行核算。

1. 先进先出法

先进先出法是以先购入的存货应先发出（销售或耗用）这样一种实物流转假设为前提，对发出存货进行计价的方法。采用这种方法，先购入的存货成本在后购入的存货成本之前转出，据此确定发出存货和期末存货的成本。采用先进先出法对发出材料进行计价，可以均衡日常核算工作，期末材料物资成本也比较接近市场价值；但在收发材料业务频繁的情况下，计算工作量繁重。这种方法适用于收发材料业务不太频繁的企业。

【例4-6】 20×9年5月，某建筑公司中原项目部A材料的入库、发出和结存的有关资料见表4-9。

表4-9　　**材料收发记录表**

20×9年		摘要	入库		发出数量	结存数量
月	日		数量	单价		
5	1	期初结存				2 000（单价2元）
	7	购入	5 000	2.2		
	12	发出			4 000	
	15	购入	3 000	2.4		
	20	发出			2 000	
	26	发出			3 000	

采用先进先出法计算发出材料成本，原材料明细账结果如表 4-10 所示。

表 4-10　原材料明细账

材料科目：A 材料　　　　存放地点：

材料名称及规格：　　　　计量单位：

20×9 年		凭证号数	摘要	收入			发出			结存		
月	日			数量	单价	金额	数量	单价	金额	数量	单价	金额
5	1		期初结存							2 000	2	4 000
	7		购入	5 000	2.2	11 000				2 000	2	15 000
										5 000	2.2	
	12		发出				2 000	2	8 400	3 000	2.2	6 600
							2 000	2.2				
	15		购入	3 000	2.4	7 200				3 000	2.2	13 800
										3 000	2.4	
	20		发出				2 000	2.2	4 400	1 000	2.2	9 400
										3 000	2.4	
	26		发出				1 000	2.2	7 000	1 000	2.4	2 400
							2 000	2.4				
	31		本月合计	8 000		18 200	9 000		19 800	1 000	2.4	2 400

2. 移动加权平均法

移动加权平均法是指每次收货后，立即根据库存数量和成本，计算出新的移动平均单价的一种方法。采用移动加权平均法计算发出材料物资成本，可以均衡日常核算工作，及时反映原材料实际成本，但在收发材料业务频繁的情况下，计算工作量很大。该方法适用于收发材料业务不太频繁的企业。移动加权平均单价计算公式如下：

$$\text{移动加权平均单价}=\left(\text{以前结存存货实际成本}+\text{本次收入存货实际成本}\right)\div\left(\text{以前结存存货数量}+\text{本次收入存货数量}\right)$$

沿用例4-6 的资料，

5 月 7 日购入材料时：

移动加权平均成本＝(4 000＋11 000)÷(2 000＋5 000)＝2.14（元）

5 月 12 日发出材料时：

发出材料的实际成本＝4 000×2.14＝8 560（元）

结存材料成本＝15 000－8 560＝6 440（元）

3. 月末一次加权平均法

月末一次加权平均法是根据期初结存存货和本期收入存货的数量和实际成本，期末一次计算存货的本月加权平均单价，作为计算本期发出成本和期末结存存货成本的单价，以求得本期发出存货成本和期末结存成本的一种方法。采用这种方法计算发出材料物资的成本，平时核算工作比较简单，在材料市场价格涨跌波动的情况下，可以均衡材料成本；但月末材料成本计算工作量很大，影响成本核算的及时性。该方法适用于收发材料业务比较频繁的企业。加权平均单价计算公式如下：

$$\text{加权平均单价}=\left(\text{期初结存存货实际成本}+\text{本期收入存货实际成本}\right)\div\left(\text{期初结存存货数量}+\text{本期收入存货数量}\right)$$

沿用例 4-6 的资料，

加权平均单位成本=(4 000+18 200)÷(2 000+8 000)=2.22（元）

本期发出材料的实际成本=9 000×2.22=19 980（元）

期末原材料成本=1 000×2.22=2 220（元）

考虑到计算出的加权平均单价不一定是整数，往往要小数点后四舍五入以保持账面数字之间的平衡关系，实际工作中也可以用倒挤成本法计算发出存货的成本。即：

$$\text{本期发出存货成本}=\text{期初结存存货成本}+\text{本期收入存货成本}-\text{期末结存存货成本}$$

4. 个别计价法

个别计价法是以每次收入存货的实际成本作为计算该次发出存货成本的依据。采用这种方法计算发出材料物资的成本，反映的材料成本最为准确，也可以均衡日常核算工作，及时反映原材料实际成本；但在收发材料业务频繁的情况下，核算工作量很大。该方法适用于规模不大或材料收发业务不多的企业，对于价值比较大的材料，也适合采用此方法。相关计算公式如下：

每次存货发出成本=该次存货发出数量×该次存货的单位成本

施工项目部应当按照企业的统一要求选择发出存货的计算方法。一般来说，施工企业应该根据各类存货的实物流转方式、企业管理的要求、存货的性质等实际情况，合理地选择发出存货成本的计算方法，以合理确定当期发出存货的实际成本。

对于性质和用途相似的存货，应当采用相同的成本计算方法，确定发出存货的成本。

（二）发出材料按实际成本法核算

由于施工项目材料的日常领发业务频繁，为了简化日常核算工作，平时一般只登记材料明细分类账，反映各种材料的收发和结存金额，月末根据按实际成本计价的发料凭证，按领用部门和用途，汇总编制发料凭证汇总表，据以登记总分类账，进行材料发出的总分类核算。

根据发料凭证汇总表，借记“工程施工”“辅助生产”等科目，贷记“原材料”科目。

【例 4-7】 某公司锦渔项目部 7 月份发料凭证汇总表（见表 4-11）列明，该工程项目共领用水泥等各种原材料 264 500 元。

表 4-11　　发料凭证汇总表

20×9 年 7 月 31 日　　单位：元

材料名称 用途	主要材料				结构件	机械配件	其他材料	合计
	钢材	水泥	其他	小计				
工程施工	100 000	70 000	30 000	200 000	60 000			260 000
其中：甲工程	70 000	50 000	20 000	140 000	40 000			180 000
乙工程	30 000	20 000	10 000	60 000	20 000			80 000
机械作业						2 000	300	2 300
辅助生产		1 000	200	1 200				1 200
项目管理部门			600	600			400	1 000
合计	100 000	71 000	30 800	201 800	60 000	2 000	700	264 500

根据上述汇总表，做账务处理如下：

借：工程施工——甲工程合同成本（直接材料费）　180 000
　　　　　——乙工程合同成本（直接材料费）　80 000
　　机械作业　2 300
　　辅助生产　1 200
　　工程施工——间接费用　1 000
　贷：原材料——主要材料　201 800
　　　　　——结构件　60 000
　　　　　——机械配件　2 000
　　　　　——其他材料　700

第三节　其他材料物资

一、自制材料的核算

自制材料是指施工项目部所属内部非独立核算的辅助生产部门，为工程施工加工制作的金属材料、木质材料、预制材料等。即辅助生产部门自行组织生产，将某种材料加工制作成另一种材料。在自制材料过程中，领用的原材料和制作完成验收入库的材料，均应比照原材料管理程序填制领料凭证和收料凭证，分别办理材料的领用手续和验收入库手续。

自制材料的核算包括两部分内容：(1) 辅助生产部门在加工制作材料过程中所发生的各项费用的核算；(2) 制作完成验收入库材料价值的核算。辅助生产部门自制完成验收入库材料的实际成本，一般由制造过程中耗用的材料费、人工费和其他费用组成。

为了总括地核算和监督自制材料过程中所发生的各项费用，正确计算自制材料的实际成本，施工企业可以设置“辅助生产”科目，它属于成本类科目。其借方登记辅助生产自制材料过程中所发生的各项费用，贷方登记辅助生产部门已制作完成并验收入库材料的实际成本，期末借方余额反映辅助生产部门尚未制作完成材料的实际成本。本科目应按加工单位或部门和成本核算对象设置明细账，并按规定的成本项目分设专栏，进行明细分类核算。

下面举例说明自制材料的核算方法。

【例 4-8】　某施工项目设辅助生产车间一个，20×9 年 8 月领用钢材一批，用于加工制作预制构件，其实际成本为 1 000 000 元。根据发料凭证汇总表，做账务处理如下：

借：辅助生产——A 预制构件　　1 000 000

　　贷：原材料——主要材料　　1 000 000

月末，分配本月制作预制构件工人的职工薪酬费用 20 000 元。根据职工薪酬费用分配汇总表，做账务处理如下：

借：辅助生产——A 预制构件　　20 000

　　贷：应付职工薪酬　　20 000

制作预制构件过程中发生其他费用 36 000 元，其中：计提固定资产折旧 5 000 元，计提生产用工具器具的摊销额 1 000 元，以银行存款支付的费用 30 000 元。根据有关原始凭证，做账务处理如下：

借：辅助生产——A预制构件　36 000
　贷：累计折旧　5 000
　　周转材料——周转材料摊销　1 000
　　银行存款　30 000

预制构件已制作完成并验收入库，其实际成本为1 056 000元。根据收料单，做账务处理如下：

借：原材料——A结构件　1 056 000
　贷：辅助生产——A预制构件　1 056 000

二、委托加工物资的核算

施工项目部购入的材料物资，有时需要经过加工后才能使用。施工项目部委托其他单位进行加工的物资，称为委托加工物资。委托加工物资经过加工，其实物形态、性能发生变化，使用价值也随之发生变化，且在其加工过程中要消耗原材料，还要发生各种费用支出等，从而使价值相应增加。委托加工物资的所有权仍在委托企业，因而应作为施工项目部的存货进行核算。施工项目部委托外单位加工的物资，其实际成本包括：加工中实际耗用的材料成本，支付的加工费用及应负担的运杂费等。

施工项目部委托外单位加工材料，一般应由材料物资管理部门与受托加工单位签订加工合同，并将合同副本送交财会部门，据以核查合同的执行情况。合同中一般应订明发出材料的品种、规格、质量和数量，加工方式、加工时间、加工费用和结算方式，以及加工完成材料的规格、质量、数量等。委托加工材料需要经过往返转手、存放地点转移、实物形态改变、价值变化，管理上比较困难。施工项目部发出委托加工材料时，材料物资管理部门应根据加工合同填制委托加工材料出库单（也可以用领料单代替），送交仓库据以发料。委托加工材料出库单一般应一式多联，其中：一联由材料物资管理部门留存备查，一联交发料仓库，一联随同委托加工材料交加工单位，一联交财会部门。受托单位加工完成后，应签发加工费结算凭证，连同加工制成材料送交委托加工企业的物资管理部门。企业物资管理部门应填制委托加工材料入库单，通知仓库验收材料，并根据加工合同和仓库签收的委托加工材料入库单，对加工费结算凭证签署付款或承兑意见，将加工费结算凭证送交财会部门。财会部门审核后，据以付款或承兑。

对于委托外单位加工的材料物资，虽仍属企业所有，但不存于本企业仓库，所以不能在各材料科目进行核算。为了反映和监督委托加工物资增减变动及其结存情况，企业应设置“委托加工物资”科目，借方登记委托加工物资的实际成本，贷方登记加工完成验收入库的物资的实际成本和剩余物资的实际成本，期末余额在借方，反映企业尚未完工的委托加工物资的实际成本和发出加工物资的运杂费等。委托加工物资按加工合同设置明细账，以便核算各批加工材料的实际成本，并及时进行清理结算。

在会计处理上，委托加工业务主要包括拨付加工物资、支付加工费用和税金、收回加工物资和剩余物资等几个环节。

（1）施工项目部在将材料物资发给外单位加工时，根据加工合同填制委托加工材料出库单，通知仓库发料。发给外单位加工的物资，应将物资的实际成本由“原材料”等科目转入“委托加工物资”科目，借记“委托加工物资”科目，贷记“原材料”“库存商品”等科目。

（2）支付的加工费、应负担的运杂费、增值税等，借记“委托加工物资”“应交税费——应交增值税（进项税额）”等科目，贷记“银行存款”等科目。

（3）加工完成验收入库的物资和剩余物资，按加工收回物资的实际成本和剩余物资的实际成本，借记“原材料”“库存商品”等科目，贷记“委托加工物资”科目。

【例 4-9】 某建筑公司中阳项目部委托 A 公司加工材料。原材料成本 100 000 元，支付的加工费 80 000 元（不含增值税），材料加工完成验收入库，加工费用等已支付。A 公司适用的增值税税率为 16%。

（1）发出委托加工材料，账务处理如下：

借：委托加工物资	100 000	
贷：原材料		100 000

（2）支付加工费用：

应纳增值税＝80 000×16%＝12 800（元）

借：委托加工物资	80 000	
应交税费——应交增值税（进项税额）	12 800	
贷：银行存款		92 800

（3）加工完成收回委托加工材料：

借：原材料	180 000	
贷：委托加工物资		180 000

三、周转材料的核算

（一）周转材料的分类与计价

周转材料是指企业能够多次使用、逐渐转移其价值、仍可保持原有形态且不确认为固定资产的材料，周转材料包括：（1）为了包装本企业商品而储备的各种包装物；（2）各种管理用具、工具、玻璃器皿、劳动保护用品以及在经营过程中周转使用的容器等低值易耗品；（3）建造承包商的钢模板、木模板、脚手架等其他周转材料。

施工项目部涉及的周转材料主要包括钢模板、木模板、脚手架、低值易耗品和其他周转材料。这些材料一般可分为以下四类：

（1）模板，指浇灌混凝土用的木模、组合钢模等，包括配合模板使用的支撑材料、滑模材料和扣件等。按固定资产管理的固定钢模和现场固定大模板则不包括在内。

（2）挡板，指土方工程用的挡土板及支撑材料。

（3）架料，指脚手架用的竹竿、木杆、跳板以及钢管。

（4）低值易耗品，是指不能作为固定资产核算的各种用具物品，如生产用具、管理用具、劳保用品，以及在经营过程中周转使用的包装容器等。

（5）其他，指除以上各类之外，作为流动资产管理的其他周转材料，如塔吊使用的轻轨、枕木（不包括附属于搭吊的钢轨）以及施工过程中使用的安全网等。

此外，按照存放地点和使用情况不同，周转材料可以分为在库周转材料和在用周转材料。按照摊销方法不同，周转材料可以分为一次转销的周转材料和分次摊销的周转材料。

施工项目上的周转材料大多是用主要材料加工制成或者直接从外单位购入的。周转材料保持着材料的形态，但在施工生产过程中却发挥着劳动资料的作用。它能多次参加施工生产过程，基本上不改变其原有的实物形态，其价值是随着损耗程度的上升而逐渐转移到工程成本中的。但由于周转材料的种类繁多、用量较大、价值较低、使用期短、收发频繁、易于损耗，经常需要补充和更换，因此，将其作为流动资产进行管理，在核算和管理上应采用固定资产和材料相结合的方法进行。

购入、自制、委托外单位加工完成并已验收入库的周转材料等，比照“原材料”科目的相关规定进行处理。由于周转材料与一次性消耗材料不同，施工企业应专门设置“周转材料”科目对其进行核算。

（二）周转材料领用及摊销的核算

按照《企业会计准则》的规定，企业应采用一次转销法、分次摊销法对周转材料进行摊销。

1. 周转材料领用、摊销和退回的处理

（1）采用一次转销法的，领用时，将其全部价值计入有关的成本、费用，借

记“工程施工——合同成本”等科目，贷记“周转材料”科目。

（2）采用分次摊销法的，应设置“在库周转材料”、“在用周转材料”和“周转材料摊销”三个明细科目，并按周转材料的种类设置明细账，进行明细核算。领用时，按其全部价值，借记“周转材料（在用周转材料）”科目，贷记“周转材料（在库周转材料）”科目；摊销时，按摊销额，借记“工程施工——合同成本”等科目，贷记“周转材料（周转材料摊销）”科目；退库时，按其全部价值，借记“周转材料（在库周转材料）”科目，贷记“周转材料（在用周转材料）”科目。

2. 周转材料报废的处理

（1）采用一次转销法的，将报废周转材料的残料价值作为当月周转材料转销额的减少，冲减有关成本、费用，借记“原材料”等科目，贷记“工程施工——合同成本”等科目。

（2）采用分次摊销法的，将补提摊销额，借记“工程施工——合同成本”等科目，贷记“周转材料（周转材料摊销）”科目；将报废周转材料的残料价值作为当月周转材料摊销额的减少，冲减有关成本、费用，借记“原材料”等科目，贷记“工程施工——合同成本”等有关科目，同时，将已提摊销额，借记“周转材料（周转材料摊销）”科目，贷记“周转材料（在用周转材料）”科目。

【例 4-10】　20×9 年 5 月，某建筑公司所属上海项目部领用木模板 100 立方米，每立方米模板实际成本为 308 元。6 月末工程竣工，盘点现场时，该批模板报废转作一般材料，估计价值 2 000 元。按一次转销法进行核算，相关会计处理如下：

5 月份领用模板的实际成本＝308×100＝30 800（元）

（1）5 月份领用模板时，账务处理如下：

借：工程施工——上海项目合同成本　　30 800

　贷：周转材料　　30 800

（2）将报废周转材料的残料价值作为原材料入库时，账务处理如下：

借：原材料　　2 000

　贷：工程施工——上海项目合同成本　　2 000

分次摊销法是指根据周转材料的预计使用次数，计算每次的摊销额并计入工程成本或有关费用的一种方法。这种方法一般适用于使用次数较少或不经常使用的周转材料，如预制钢筋混凝土构件所使用的定型模板和土方工程中使用的挡板等。其计算公式如下：

$$\text{周转材料每使用一次的摊销额}=\text{周转材料成本}\times\left(1-\text{残值占成本百分比}\right)\div\text{预计使用次数}$$

本期周转材料的摊销额＝本期使用次数×周转材料每使用一次的摊销额

【例 4-11】 某建筑公司沈达项目部本月领用全新定型模板一批，其实际成本为 50 000 元，采用分次摊销法摊销，预计残值为 5 000 元，预计使用次数为 10 次，本月实际使用 2 次。

（1）领用时，根据周转材料领用单，账务处理如下：

借：周转材料——在用周转材料	50 000	
贷：周转材料——在库周转材料		50 000

（2）领用当月应计提摊销额 9 000 元，账务处理如下：

借：工程施工——沈达合同成本	9 000	
贷：周转材料——周转材料摊销		9 000

施工项目部应该根据企业的统一规定或项目的实际经营情况选择周转材料的摊销方法，对周转材料成本进行摊销。

值得注意的是，按照《企业会计准则》的规定，低值易耗品既可以在“周转材料”科目中核算，也可以单独设置“低值易耗品”科目核算，摊销方法一般也采用一次转销法和分次摊销法。按照低值易耗品在施工生产过程中的用途不同，施工企业的低值易耗品一般可以分为以下几类：

（1）生产工具。是指企业在施工生产过程中使用的各种生产工具和器具，如铁锹、铁镐、钻头、钳子、扳手、灰桶、手推车等。

（2）管理用具。是指企业在管理和服务工作中使用的各种价值较低而又易于损耗的家具、办公用具和消防器具等，如桌、椅、柜、打字机、复印机、灭火器等。

（3）劳保用品。是指企业发给职工在施工生产过程中使用的各种劳动保护用品，如工作服、工作鞋、安全帽、安全带、手套、面罩和其他防护用品等。

（4）玻璃器皿。是指企业在试验、化验工作中使用的各种玻璃容器和用具，如量杯、烧瓶等。

（5）其他。是指不属于上述各类的低值易耗品。

四、材料物资的其他收发业务

（一）发包单位转账拨入材料物资的核算

施工企业承包工程所需的主要建筑材料，如钢材、木材、水泥等，有一部分是由发包单位（包括建设单位和总包单位）提供的。发包单位将自行采购的材料物资以转账方式拨给施工企业用于工程建设，主要是抵作预付给施工企业的备料款或工程价款。施工企业对于发包单位转账拨入抵作备料款或工程价款的材料物资，一般应按合同约定的价款来结算。

施工项目部收到发包单位转账拨入的材料物资时，应填制发包单位供料收料单，据以办理结算手续。该收料单一般应一式多联：一联由收料单位验收签章后，交发包单位经办人到企业财会部门或物资管理部门划价，作为材料已送交的证明和结算凭证；一联送交项目部财会人员，作为与发包单位办理结算的依据；一联由收料单位留存，作为收料和登记材料保管明细账的依据。

施工项目部收到发包单位转账拨入的材料物资时，应按结算价格借记“在途物资”科目，贷记“合同负债”科目；材料物资验收入库后，应按其成本借记“原材料”科目，贷记“在途物资”科目。

【例 4-12】 某公司佳美项目部收到建设单位转账拨入的圆钢 100 吨，抵作工程款，其结算价格（含税）为 46.4 万元。账务处理如下：

借：在途物资——黑色金属	400 000	
应交税费——应交增值税（进项税额）	64 000	
贷：合同负债		464 000

上述圆钢已验收入库，账务处理如下：

借：原材料——主要材料（圆钢）	400 000	
贷：在途物资——黑色金属		400 000

“合同负债”科目核算企业已收或应收客户对价而应向客户转让商品的义务。企业在向客户转让商品之前，客户已经支付了合同对价或企业已经取得了无条件收取合同对价权利的，企业应当在客户实际支付款项与到期应支付款项孰早时点，按照该已收或应收的金额，借记“银行存款”“应收账款”“应收票据”等科目，贷记本科目；企业向客户转让相关商品时，借记本科目，贷记“主营业务收入”“其他业务收入”等科目。涉及增值税的，还应进行相应的处理。本科目期末贷方余额，反映企业在向客户转让商品之前，已经收到的合同对价或已经取得的无条件收取合同对价权利的金额。

企业因销售商品向客户收取的预收款，赋予了客户一项在未来从企业取得该商品的权利，并使企业承担了向客户转让该商品的义务，因此，企业应当将预收的款项确认为合同负债，待未来履行了相关履约义务，即向客户转让相关商品时，再将该负债转为收入。施工企业销售的建筑服务，也应按照此原则进行会计核算。此处，“合同负债”科目可以用“合同结算——价款结算”替代。

（二）对外销售材料物资的核算

施工项目部应将多余或不需用的材料物资及时对外销售，以避免积压资金。施工项目部对外销售材料物资时，应按已收或应收的价款，借记“银行存款”

“应收账款”等科目，按实现的营业收入，贷记“其他业务收入”等科目；月末结转对外销售材料物资的实际成本时，应借记“其他业务成本”科目，贷记“原材料”等科目。

【例 4-13】 企业将积压的一批原木对外销售，不含税售价为 10 000 元，成本为 8 000 元，价款已收到并存入银行，假设该企业为增值税小规模纳税人。根据开户银行的收款通知，做账务处理如下：

借：银行存款　　10 300

　贷：其他业务收入　　10 000

　　　应交税费——应交增值税　　300

月末，结转对外销售原木的实际成本 8 000 元。根据领料单，做账务处理如下：

借：其他业务成本　　8 000

　贷：原材料——主要材料（原木）　　8 000

第四节　材料物资的清查盘点与期末计量

一、材料物资的清查盘点

（一）常用的盘存方法

施工项目材料物资计价是否正确，取决于其数量的确定是否准确及其计价方法的选择是否得当。材料物资的数量要靠盘存来确定，常用的盘存方法有定期盘存法和永续盘存法。

1. 定期盘存法

定期盘存法（或定期盘存制）也称实地盘存法（或实地盘存制），是指会计期末通过对全部材料物资进行实地盘点确定期末材料物资的数量，再乘以各项材料物资的单价，计算出期末材料物资的成本，并据以计算出已耗用材料物资成本的一种存货盘存方法。

采用这一盘存方法时，平时只记录材料物资购进的数量和金额，不记发出的数量，利用盘点确定材料物资的实际结存数量，并据以计算出期末材料物资的成本和当期耗用或已销材料物资的成本。这一方法通常也称为“以存计耗”。定期盘存法所依据的基本公式如下：

$$\text{本期耗用材料物资成本}=\text{期初材料物资成本}+\text{本期增加材料物资成本}-\text{期末材料物资成本}$$

上式中，期初材料物资成本和本期增加材料物资成本可从账簿记录中取得，通过实地盘存确定期末材料物资成本，由此便可计算出本期耗用材料物资成本。

2. 永续盘存法

永续盘存法（或永续盘存制）也称账面盘存法（或账面盘存制），是指通过设置详细的材料物资明细账，逐笔或逐日地记录材料物资收入、发出的数量和金额，以随时结出结余材料物资的数量和金额的一种材料物资盘存方法。

采用这一材料物资盘存方法时，要求对施工项目部的材料物资分别品名、规格等设置明细账，逐日逐笔地登记收入、发出材料物资的数量和金额，并结出期末材料物资的数量和金额。为了核对材料物资账面记录，加强对材料物资的管理，施工项目部应视具体情况对其材料物资进行不定期的盘存，且每年至少应对材料物资进行一次全面盘点。

企业可根据材料物资类别和具体的管理要求，对不同材料物资采取不同的盘存方法，不论采用何种方法，都应注意保持前后期一致。

（二）清查盘点的会计处理

材料物资清查通常采用实地盘点的方法，即通过盘点确定各种材料物资的实际库存数，并与账面结存数相核对。盘点结果如出现账实不符，应于期末前查明原因，并根据企业的管理权限，经股东大会、董事会，或经理（厂长）会议等类似机构批准后，在期末结账前处理完毕。

盘点材料物资时，其保管人员必须在场。由清查人员协同材料物资保管人员在现场对材料物资采用相应的清查方法进行盘点，确定其实有数量，并同时检查其质量情况。盘点时，盘点人员要做好盘点记录；盘点结束，盘点人员应根据材料物资的盘点记录，编制盘存表，并由盘点人员、财产物资的保管人员及有关责任人签名盖章，以明确经济责任。同时，应根据有关账簿资料和盘存表资料填制实存账存对比表，它是重要的原始凭证，据以检查账实是否相符，并根据对比结果调整账簿记录，分析差异原因，做出相应的处理。财产物资盘存表和实存账存对比表的一般格式见表 4-12 和表 4-13。

表 4-12　　**盘存表**

单位名称：甲项目部　　盘点时间：20×9 年 12 月 31 日

财产类别：钢材　　存放地点：A 库　　编号：0719　　金额单位：元

编号	名称	规格和型号	计量单位	数量	单价	金额	备注
005	圆钢	φ10	吨	6	3 600	21 600	

盘点人：（签章）　　保管人：（签章）

表 4-13 **实存账存对比表**

单位名称：乙项目部 20×9 年 12 月 31 日 金额单位：元

编号	类别	计量单位	单价	实存		账存		对比结果				备注
				数量	金额	数量	金额	盘盈		盘亏		
								数量	金额	数量	金额	
240	主要材料	吨	120	10	1 200	8	960	2	240			

盘点人签章： 会计签章：

1. 材料物资盘盈

发生盘盈的材料物资，经查明是由于收发计量或核算上的误差等原因造成的，应及时办理材料物资入账的手续，调整材料物资账的实存数，按盘盈材料物资同类或类似存货的市场价格，作为实际成本记入“待处理财产损溢——待处理流动资产损溢”科目，期末再冲减管理费用。

【例 4-14】 哈尔滨某建筑公司绥东项目部在期末进行材料物资清查时，发现原材料盘盈 1 400 元。经查，盘盈材料是由于收发时的计量误差所致，经有关部门批准后冲销管理费用。

（1）批准前，账务处理如下：

借：原材料 1 400

贷：待处理财产损溢——待处理流动资产损溢 1 400

（2）批准后，账务处理如下：

借：待处理财产损溢——待处理流动资产损溢 1 400

贷：管理费用 1 400

2. 材料物资盘亏和毁损

发生盘亏和毁损的材料物资，应按其成本转入“待处理财产损溢——待处理流动资产损溢”科目。期末，再根据造成盘亏和毁损的原因，分别以下情况进行处理：

（1）属于自然损耗产生的定额内损耗，计入管理费用；

（2）属于计量收发差错和管理不善等原因造成的材料物资短缺或毁损，应先扣除残料价值、可以收回的过失人或保险公司的赔款，将净损失计入管理费用，同时做相应进项税额的转出；

（3）属于自然灾害或意外事故等非常原因造成的材料物资短缺或毁损，应先扣除残料价值、可以收回的过失人或保险公司的赔款，将净损失计入营业外支出。

【例 4-15】 长沙某建筑公司东莞项目部根据发生的有关材料物资盘亏和毁损的经济业务，账务处理如下：

(1) 盘亏A材料，实际成本为400元，原因待查。

借：待处理财产损溢——待处理流动资产损溢　400

　贷：原材料　400

(2) 查明原因，盘亏A材料是定额内合理损耗，批准作为管理费用列支。

借：管理费用　400

　贷：待处理财产损溢——待处理流动资产损溢　400

(3) 因发生水灾，对财产进行清查盘点。其中，材料毁损额按实际成本计算为5 000元。

借：待处理财产损溢——待处理流动资产损溢　5 000

　贷：原材料　5 000

(4) 水灾造成的损失已经做出处理决定，由保险公司赔偿4 300元，其余由企业负担。

借：其他应收款　4 300

　　营业外支出　700

　贷：待处理财产损溢——待处理流动资产损溢　5 000

盘盈或盘亏的材料物资，如在期末结账前尚未处理，应在对外提供财务会计报告时先按上述规定进行处理，并在会计报表附注中做出说明。如果其后批准处理的金额与已处理的金额不一致，应按其差额调整会计报表相关项目的年初数。

二、材料物资的期末计量

资产负债表日，材料物资作为存货，应当按照成本与可变现净值孰低原则计量。

当存货成本低于可变现净值时，存货按成本计量；当存货成本高于可变现净值时，存货按可变现净值计量，同时按照成本高于可变现净值的差额计提存货跌价准备，计入当期损益。

成本与可变现净值孰低计量的理论基础主要是使存货符合资产的定义。当存货的可变现净值下跌至成本以下时，表明该存货会给企业带来的未来经济利益低于其账面成本，因而应将这部分损失从资产价值中扣除，计入当期损益。否则，存货的可变现净值低于成本时，如果仍然以其成本计量，就会出现虚计资产的现象。

重要概念

定期盘存法　永续盘存法　低值易耗品　周转材料　一次摊销法　分次摊销法

复习思考题

一、简答题

1. 施工企业的材料一般包括哪些？

2. 施工项目部可以采用哪些方法确定发出存货的成本？

3. 施工项目部使用的领料凭证一般有哪些？

4. 施工项目材料物资的清查盘点常用的方法有哪些？

二、单项选择题

1. 某施工企业原材料已验收入库，月末结算凭证未到，可按材料合同价格估价入账，其会计分录为（　　）。

A. 借：材料采购
　　　　应交税费——应交增值税（进项税额）
　　贷：应付账款

B. 借：原材料
　　贷：应付账款

C. 借：原材料
　　　　应交税费——应交增值税（进项税额）
　　贷：应付账款

D. 借：原材料
　　贷：材料采购

2. 施工企业对外销售材料物资时，应按已收或应收的价款，贷方记入（　　）科目。

A. “主营业务收入”　　B. “其他业务收入”

C. “其他应收款”　　D. “应收账款”

3. 企业发生的原材料盘亏或毁损损失中，应作为营业外支出列支的是（　　）。

A. 自然灾害造成的毁损净损失

B. 保管中发生的定额内自然损失

C. 收发计量造成的盘亏损失

D. 管理不善造成的盘亏损失

4. 某施工企业因暴雨毁损库存材料一批，其成本为 200 万元，收回残料价值 8 万元，收到保险公司赔偿款 114 万元。假定不考虑其他因素，经批准企业确认该材料毁损净损失的会计分录是（　　）。

A. 借：营业外支出

　　贷：待处理财产损溢　　114

B. 借：管理费用　　114

　　贷：待处理财产损溢　　114

C. 借：营业外支出　　78

　　贷：待处理财产损溢　　78

D. 借：管理费用　　78

　　贷：待处理财产损溢　　78

5. 某施工企业采用先进先出法计算发出原材料的成本。20×9 年 9 月 1 日，甲材料结存 200 千克，每千克实际成本为 300 元；9 月 7 日购入甲材料 350 千克，每千克实际成本为 310 元；9 月 21 日购入甲材料 400 千克，每千克实际成本为 290 元；9 月 28 日发出甲材料 500 千克。9 月份甲材料发出成本为（　　）元。

A. 145 000　　B. 150 000

C. 153 000　　D. 155 000

6. 某施工企业为增值税一般纳税人，购入材料一批，增值税专用发票上标明的价款为 25 万元，增值税为 4 万元，另支付材料的保险费 2 万元（不含税）、包装物押金 2 万元。该批材料的采购成本为（　　）万元。

A. 27　　B. 29

C. 31　　D. 33

三、多项选择题

1. 企业进行材料清查时，对于盘亏的材料，应先记入“待处理财产损溢”科目，待期末或报经批准后，根据不同的原因可分别记入（　　）等科目。

A. “管理费用”　　B. “财务费用”

C. “营业外支出”　　D. “其他应付款”

E. “其他应收款”

2. 下列各项中，属于发出材料成本计价方法的有（　　）。

A. 个别计价法　　B. 先进先出法

C. 移动加权平均法　　D. 月末一次加权平均法

四、判断题

1. 凡是使用期限不满一年的劳动资料和生产经营用设备，一般划归为周转材料。（　　）

2. 对于委托外单位加工的材料物资，虽仍属企业所有，但不存于本企业仓库，所以不能在原材料科目进行核算。（　　）

3. 购货途中的一切损失或损耗都应计入存货的采购成本。（　　）

4. 在使用“永续盘存制”清点存货数量的前提下才能采用“先进先出法”对发出存货计价。（　　）

五、业务核算题

1. 某工程领用定型模板一批，其实际成本为 8 000 元，预计残值率为 10%，预计使用 6 次，本月使用 2 次，计算本月周转材料摊销额并编制相关会计分录。

2. 某施工企业 20×9 年 7 月 1 日期初库存 A 原材料 100 吨，价值 77 905 元。7 月份该企业发生如下业务：

（1）购入 A 原材料 4 000 吨，每吨不含税单价 800 元；

（2）发生不含税运输费用 50 000 元，不含税装卸费用 12 000 元，途中保险费 13 900 元（不含税）；

（3）上述采购业务进项税额总计为 518 554 元；

（4）款项均以银行存款支付。

原材料验收入库时发现运输途中发生合理损耗 5 吨。本月施工生产领用 A 材料 3 600 吨。

要求：（1）计算购入 A 材料的入账价值及单位采购成本。

（2）假定该企业发出材料成本按月末一次加权平均法计算，请计算 A 材料的加权平均单位成本。

（3）编制 A 材料相关业务的会计分录。

3. 某施工企业 20×9 年 9 月水泥材料的明细账如下表所示：

材料明细分类账

材料编号：×××　　　　材料类别：水泥
最高存量：40　　　　材料名称规格：×××
最低存量：5　　　　计量单位：吨

20×9 年		凭证号数	摘要	收入			发出			结存		
月	日			数量	单价	金额	数量	单价	金额	数量	单价	金额
9	1		期初结存							20	200	4 000
	5		领用				10					
	10		收入	30	220	6 600						
	15		领用				25					
	20		收入	10	240	2 400						
	23		领用				15					
	30		收入	20	210	4 200						
		本月合计										

要求：请根据该明细账提供的资料，用先进先出法、加权平均法分别在明细

账中计算发出材料的成本和结存材料的成本。

4. 某施工企业 A 项目部委托甲公司加工材料。材料成本 200 000 元，支付加工费 100 000 元（不含增值税），材料加工完成验收入库，加工费已支付。甲公司适用的增值税税率为 16%。

要求：编制发出委托加工材料、支付加工费和加工完成收回委托加工材料时的会计分录。

5 CHAPTER 第五章 固定资产

第一节 固定资产概述

一、固定资产的概念与确认

（一）固定资产的概念

根据《企业会计准则》的定义，固定资产是企业为生产商品、提供劳务、出租或经营管理而持有的使用寿命超过一个会计年度的有形资产。从其定义看，固定资产具有以下三个特征：（1）为生产商品、提供劳务、出租或经营管理而持有。企业持有固定资产的目的是生产商品、提供劳务、出租或经营管理，即企业持有的固定资产是企业的劳动工具或手段，而不是用于出售的产品。其中，出租的固定资产，是指企业以经营租赁方式出租的机器设备类固定资产，不包括以经营租赁方式出租的房屋和建筑物，后者属于企业的投资性房地产，不属于固定资产。（2）使用寿命超过一个会计年度。固定资产的使用寿命，是指企业使用固定资产的预计期间，或者该固定资产所能生产产品或提供劳务的数量。通常情况下，固定资产的使用寿命是指使用固定资产的预计期间，如自用房屋建筑物的使用寿命表现为企业对该建筑物的预计使用年限。对于某些机器设备或运输设备等固定资产而言，其使用寿命表现为该固定资产所能生产产品或提供劳务的数量，如汽车或飞机等，按其预计行驶或飞行里程估计使用寿命。固定资产使用寿命超过一个会计年度，意味着固定资产属于非流动资产，随着使用和磨损，通过计提折旧的方式逐渐减少账面价值。（3）固定资产是有形资产。固定资产具有实物特征，这一特征将固定资产与无形资产区别开来。有些无形资产可能同时符合固定资产的其他特征，如专利权是为生产商品、提供劳务而持有，使用寿命超过一个会计年度，但是，因为其没有实物形态，所以不属于固定资产。

固定资产是施工企业在施工生产过程中用来改变或影响劳动对象的主要劳动资料，其数量和质量在一定程度上反映了企业施工生产经营规模的大小和技术装备水平的高低，对企业施工生产经营活动的开展具有十分重要的作用。在施工企业中，由于各种固定资产性能上的差异，不同固定资产在施工生产过程中的作用也有所不同。有些固定资产直接参与企业的施工生产过程，起着把劳动者的劳动传导到劳动对象上的作用，如施工机械、运输设备和生产工具等；有些固定资产在企业的施工生产过程中起着辅助的作用，如施工企业的附属企业和辅助生产部门所使用的机器设备、工具、器具等；有些固定资产则作为企业从事施工生产经营活动的必要物质条件而存在，如房屋、建筑物等。一般情况下，在施工企业的全部劳动资料中起决定性作用的固定资产是施工机械、运输设备和生产工具。

（二）固定资产的确认

《企业会计准则》没有规定固定资产具体的价值判断标准，是因为对不同行业的企业及同行业的不同企业来说，其经营方式、经营内容、资产规模及管理方式往往存在较大差别，强制所有企业执行同样的固定资产价值判断标准，既不符合实际情况，也不利于真实地反映企业固定资产的信息。企业可根据会计准则的要求，结合自己的具体情况，制定适合自己实际情况的固定资产目录、分类方法、每类或每项固定资产的预计使用寿命、预计净残值、折旧方法等，作为固定资产核算的依据。在实际工作中，由于经济生活的复杂性，不同企业对固定资产标准的规定有时差异很大，即使在同一企业，那些被称作固定资产的物品也未必都符合固定资产的一般标准。有些劳动资料，单位价值虽然低于规定标准，但属于企业的主要劳动资料，也应列作固定资产；有些劳动资料，单位价值虽然超过规定标准，但其更换频繁、容易破损，也可以不列作固定资产。

资产在符合固定资产定义的前提下，应当同时满足以下两个条件，才能确认为企业的固定资产：

（1）与该固定资产有关的经济利益很可能流入企业。资产最重要的特征是预期会给企业带来经济利益。企业在确认固定资产时，需要判断与该项固定资产有关的经济利益是否很可能流入企业。如果与该项固定资产有关的经济利益很可能流入企业，并同时满足固定资产确认的其他条件，那么，企业应将其确认为固定资产；否则，不应将其确认为固定资产。

（2）该固定资产的成本能够可靠地计量。成本能够可靠地计量是资产确认的一项基本条件。企业在确定固定资产成本时必须取得确凿证据，但是，有时需要根据所获得的最新资料，对固定资产的成本进行合理的估计。例如，企业对于已达到预定可使用状态但尚未办理竣工决算的固定资产，需要根据工程预算、工程造价或者工程实际发生的成本等资料，按估计价值确定其成本，办理竣工决算后，再按照实际成本调整原来的暂估价值。

固定资产的各组成部分，如果各自具有不同使用寿命或者以不同方式为企业提供经济利益，从而适用不同的折旧率或折旧方法，该各组成部分实际上是以独立的方式为企业提供经济利益，企业应当分别将各组成部分确认为单项固定资产。施工企业所持有的模板、挡板、架料等周转材料，尽管具有固定资产的某些特征，但由于数量多、单价低，考虑成本效益原则，在实务中，通常确认为存货。企业应当根据实际情况，分别对其进行管理和核算。

二、固定资产的分类与管理

（一）固定资产的分类

施工项目常用的固定资产种类繁多、规格不一，为加强管理，便于组织会计核算，企业有必要对其进行合理的分类。根据不同的管理需要、核算要求以及分类标准，可以对施工项目的固定资产进行不同的分类，如按固定资产的来源及去向分类，可分为外购固定资产、上级调入固定资产、经营租出固定资产、融资租入固定资产等。施工企业可以根据《企业会计准则》的规定，结合自身的具体情况，对施工项目常用固定资产做如下分类，并按照此分类方法进行明细核算。

1. 施工机械

施工机械包括起重机械，挖掘机械，土方铲运机械，凿岩机械，基础及凿井机械，筑路机械，架梁机械，铺轨、铺碴、整道机械，钢筋混凝土机械，盾构等用于施工的各种机械。

2. 运输设备

运输设备包括载货汽车、自卸汽车、牵引汽车、轨道车、拖车、客车、轿车、吉普车等用于运输的各种设备和工具。

3. 生产设备

生产设备包括木工加工设备、金属切削设备、锻压设备、焊接及切割设备、铸造及热处理设备、动力设备、传导设备等用于加工、维修的各种生产设备。

4. 测量及试验设备

测量及试验设备包括试验机、测量仪器、计量仪器、测绘仪器等用于测量及试验的设备。

5. 临时设施

办公用房、厂房、库房、构筑物、停车场、道路、水塔、储油罐、围墙，以及与房屋不可分割的各种附属设备，如水、暖、电、通风、电梯等设备。

6. 其他固定资产

其他固定资产是指不属于以上各类的固定资产，包括各类计算机、电子设备、复印机、办公家具、消防用具、炊事用具、医疗器具等。

（二）固定资产的使用与维护控制

施工企业应根据国家及建筑业有关要求和自身经营管理的需要，确定固定资产分类标准和管理要求，并制定和实施固定资产管理目录。结合企业实际，确定计提折旧的固定资产范围、折旧方法、折旧年限、净残值率等折旧政策。施工项目部应加强机械设备及其他固定资产的日常管理工作，授权具体部门或人员负责固定资产的日常使用与维修管理，保证固定资产的安全与完整。项目部还应当按照企业的统一要求建立固定资产的维修、保养制度，保证固定资产的正常运行，提高固定资产的使用效率。

企业或施工项目部应以每一单项固定资产（如每件管理用具、每辆消防车等）作为一个独立登记对象，建立固定资产卡片。固定资产卡片应按固定资产的类别和保管、使用单位顺序排列，妥善保管。在每一张卡片中，应记载该项固定资产的编号、名称、规格、技术特征、技术资料编号、附属物、使用单位、所在地点、购建年份、开始使用日期、中间停用日期、原价、预计使用年限、折旧率、大修理次数和日期、转移调拨情况、报废清理情况等详细信息。按工作时间计提折旧的大型设备、按行驶里程计提折旧的车辆，还应定期登记其实际工作时间、实际行驶里程。固定资产卡片一般应一式三份，由固定资产管理部门、使用单位和财会部门各保管一份。

企业或施工项目部应当定期对所使用的固定资产进行盘点。盘点前，应当由固定资产管理部门、使用部门和财会部门进行固定资产账簿记录的核对，保证账账相符。企业或项目部应组成固定资产盘点小组，对项目部所使用的固定资产进行盘点，根据盘点结果填写固定资产盘点表，并与账簿记录核对。固定资产盘盈、盘亏的，应编制固定资产盘盈、盘亏表。固定资产发生盘盈盘亏，应由固定资产使用部门和管理部门逐笔查明原因，共同确定盘盈、盘亏处理意见，经企业授权部门或人员批准后，由财会部门及时调整有关账簿记录，使其反映固定资产的实际情况。通常，施工企业对固定资产进行分级管理，如大型、关键的固定资产由公司总部核算与管理；小金额的、对经营不会产生太大影响的辅助设备由项目部管理，但此类设备的核算与管理必须遵循公司规定的固定资产核算原则，公司总部负责对此类设备的核算与管理进行监督。

第二节 固定资产的取得

按照《企业会计准则》的规定，企业取得的固定资产应当按照成本进行初始计量。成本包括企业为购建某项固定资产达到预定可使用状态前所发生的一切合理的、必要的支出。施工项目涉及的作为固定资产核算的机械设备，按其来源不同可分为：外购的机械设备、自行安装制造的机械设备、调拨转入的机械设备、融资租入的机械设备、盘盈的机械设备等；施工项目涉及的作为固定资产核算的临时设施主要是房屋建筑物及其附属设备。施工项目部应分别不同来源进行会计处理。

一、外购机械设备的核算

施工项目部购入不需要安装的机械设备，交付使用时，应由固定资产管理部门根据发票账单等原始凭证，及时填制固定资产验收交接单，并经固定资产管理部门、财会部门和使用单位共同验收实物后签证，办理验收交接手续。在固定资产验收交接单上，应详细填列购入固定资产的名称、规格、型号、数量、原价、已提折旧、预计使用年限等信息。固定资产验收交接单应填制一式多联，其中一联由固定资产管理部门留存；一联交使用单位备查；一联交财会部门作为记账的依据。财会部门应按购入时实际支付的买价、包装费、运输费、保险费、专业人员服务费及缴纳的有关税金等，借记“固定资产”科目，贷记“银行存款”“其他应付款”等科目。在实行增值税以后，外购设备、车辆及其运费等所涉及增值税进项税额在价外单独核算，不形成固定资产的成本。

【例 5-1】 某建筑公司龙城项目部购入一台不需要安装的设备，取得的增值税专用发票上注明的设备价款为 100 000 元，增值税进项税额为 16 000 元，发生运输费 2 000 元，增值税进项税额 200 元，款项全部付清。假定不考虑其他相关税费。账务处理如下：

龙城项目部购置设备的成本＝100 000＋2 000＝102 000(元)

借：固定资产	102 000	
应交税费——应交增值税（进项税额）	16 200	
贷：银行存款		118 200

施工项目部购入需要安装的机械设备，购入机械设备支付的买价、包装费、

运输费以及发生的安装调试费等，均应通过“在建工程”科目核算。待安装完毕达到预定可使用状态时，再由“在建工程”科目转入“固定资产”科目。

（1）购入机械设备时，按实际支付的价款（包括买价、包装费、运输费、保险费、缴纳的有关税金等），借记“在建工程”“应交税费——应交增值税（进项税额）”等科目，贷记“银行存款”科目。

（2）发生安装调试等费用时，借记“在建工程”“应交税费——应交增值税（进项税额）”科目，贷记“银行存款”科目。

（3）安装完成达到预定可使用状态时，按其实际成本（包括买价、税金、包装费、运输费、保险费和安装调试费等）作为固定资产的原价转账，借记“固定资产”科目，贷记“在建工程”科目。

【例 5-2】 某建筑公司龙城项目部购入一台需安装的设备，取得的增值税专用发票上注明的设备买价为 60 000 元，增值税税额为 9 600 元，支付运输费2 000 元，增值税税额为 200 元。安装设备时，领用材料 2 000 元，支付安装工人工资 3 000 元。

（1）支付设备价款、税金、运输费合计 71 800 元，账务处理如下：

借：在建工程	62 000	
应交税费——应交增值税（进项税额）	9 800	
贷：银行存款		71 800

（2）领用安装材料、支付工资等，账务处理如下：

借：在建工程	5 000	
贷：原材料		2 000
应付职工薪酬		3 000

（3）设备安装完毕达到预定可使用状态，确定固定资产的成本，账务处理如下：

龙城项目部购置该设备的成本＝62 000＋5 000＝67 000（元）

借：固定资产	67 000	
贷：在建工程		67 000

二、自行安装制造机械设备的核算

施工项目部可根据生产经营的特殊需要，利用自有的人力、物力条件自行生产安装机械设备，包括各种设施以及大型机器设备的安装工程等，也包括机械设备的改造、大修理工程等。自行安装制造机械设备可以通过自营工程或发包工程的方式进行。

（一）自行安装制造机械设备入账价值的确定

企业自行建造的机械设备，应按建造过程中发生的全部支出（包括所消耗的材料、人工、其他费用和缴纳的有关税金等）确定其价值。

（1）购入为工程准备的各种物资，应按实际支付的买价、运输费、保险费等相关费用，作为实际成本，并按各种物资的种类在“工程物资”科目进行明细核算。工程完工后剩余的物资，转作本企业原材料的，按其实际成本，转作企业的原材料。盘盈、盘亏、报废、毁损的工程物资，减去保险公司、过失人赔偿部分后的差额，工程项目尚未完工的，计入或冲减所建工程项目的成本；工程已经完工的，计入当期营业外收支。

（2）设备安装成本，按所安装设备的价值、工程安装费用、工程试运转等所发生的支出计价。

工程达到预定可使用状态前，因进行试运转所发生的净支出，计入工程成本；在建工程项目在达到预定可使用状态前，所取得的试运转过程中形成的、能够对外销售的产品，其发生的成本，计入在建工程成本，销售或转为库存商品时，按实际销售收入或按预计售价冲减工程成本。

在建工程发生单项或单位工程报废或毁损，减去残料价值和过失人或保险公司赔款后的净损失，报经批准后计入继续施工的工程成本；如为非常原因造成的报废或毁损，或在建工程项目全部报废或毁损，应将其净损失直接计入当期营业外支出。

所建造的机械设备已达到固定资产预定可使用状态，但尚未办理决算的，应自达到预定可使用状态之日起，根据工程预算、造价或工程实际成本等，按估计的价值转入固定资产，并按有关规定，计提固定资产的折旧。待办理竣工决算手续后，再按照实际成本调整原来的暂估价值，但不再调整原已计提的折旧额。

（二）自行安装机械设备的核算

1. 通过自营工程方式安装机械设备的核算

施工项目部使用“工程物资”科目核算企业为改造或安装工程准备的各种物资的实际成本，包括为工程准备的材料、尚未交付安装设备的实际成本，以及为生产准备的工具及器具等的实际成本。

企业购入为工程准备的物资，按实际成本和专用发票上注明的增值税税额，借记“工程物资——专用材料”“应交税费——应交增值税（进项税额）”等科目，贷记“银行存款”“应付账款”“应付票据”等科目。

自营工程领用工程用材料物资时，按实际成本，借记“在建工程”等科目，贷记“工程物资”等科目；自营工程领用本企业的产品（如自制结构件）时，按产品的实际成本入账，借记“在建工程”等科目，贷记“库存商品”等科目；自营工程应负担的职工薪酬，借记“在建工程”等科目，贷记“应付职工薪酬”科目；辅助生产部门为工程提供的水、电、设备安装、修理、运输等劳务，按月根据实际成本，借记“在建工程”等科目，贷记“辅助生产”等科目。

工程物资在建设期间发生的盘亏、报废及毁损，其处置损失报经批准后，借记“在建工程”科目，贷记“工程物资”科目；盘盈的工程物资或处置收益，借记“工程物资”科目，贷记“在建工程”科目。

在建工程达到预定可使用状态前进行负荷联合试车发生的费用，借记“在建工程”科目，贷记“银行存款”“库存商品”等科目；获得的试车收入或按预计售价将能对外出售的产品转为库存商品的，借记“银行存款”“库存商品”等科目，贷记“在建工程”科目。

建造工程完工后应进行清理，已领出的剩余材料，应办理退库手续，借记“工程物资”科目，贷记“在建工程”科目。

建造工程完工交付使用时，应计算各项交付使用固定资产的成本，并编制交付使用固定资产明细表，借记“固定资产”科目，贷记“在建工程”等科目。

2. 通过出包工程方式安装机械设备的核算

采用出包方式进行的自建活动，其工程的具体支出在承包单位核算。在这种方式下，“在建工程”科目实际上成为企业与承包单位的结算科目，将与承包单位结算的工程价款作为工程成本，在“在建工程”科目核算。将需要安装的设备交付承包单位时，按设备的成本，借记“在建工程”科目，贷记“工程物资”科目。

工程完工收到承包单位账单，与承包单位办理工程价款结算时，借记“在建工程”“应交税费——应交增值税（进项税额）”“应交税费——待抵扣进项税额”等科目，贷记“银行存款”“应付账款”等科目。

工程完工达到预定可使用状态时，按实际发生的全部支出，借记“固定资产”科目，贷记“在建工程”等科目。

【例 5-3】 某公司武威项目部将一部龙门塔吊的安装工程出包给盛大建设公司承建，按规定先向承包单位交付相关设备、物资，账面价值为 200 000 元。工程完工后，收到承包单位的有关工程结算单据，付安装工程款 86 000 元，增值税税额为 8 600 元。工程完工，经验收后交付使用。

（1）交付设备物资，按照账面价值，做如下账务处理：

借：在建工程	200 000	
贷：工程物资		200 000

（2）付安装工程款，做如下账务处理：

借：在建工程　　86 000
　　应交税费——应交增值（进项税额）　　8 600
　贷：银行存款　　94 600

（3）工程交付使用，做如下账务处理：

借：固定资产　　286 000
　贷：在建工程　　286 000

完工交付使用时，应由基建安装部门填制交付使用资产清册，并由基建安装部门、机械设备管理部门、财会部门和使用单位的有关人员共同验收后签证，办理验收交接手续。交付使用资产清册应填制一式多份，基建安装部门、机械设备管理部门和使用单位各留存一份，一份交财会部门作为记账的依据。

三、调拨转入机械设备的核算

施工项目部从公司总部调拨转入的机械设备，应由机械设备管理部门根据调出单位出具的固定资产调拨单以及其他有关原始凭证，填制固定资产验收交接单，办理验收交接手续，并将其中一联交财会部门作为记账的依据。施工项目部按调出单位的账面价值加上新的安装成本、包装费、运杂费等，作为调入固定资产的入账价值。

（1）调入不需要安装的机械设备。按调入机械设备的原账面价值以及发生的包装费、运杂费等，借记“固定资产”科目，按调入固定资产的原账面价值，贷记“上级拨入资金”科目（也有记入“内部往来”或“其他应付款”科目，作为上下级暂收暂付款的），按所发生的支出，贷记“银行存款”科目。

（2）调入需安装的机械设备。调入机械设备时，按调入机械设备的原账面价值以及发生的包装费、运杂费等，借记“在建工程”“应交税费——应交增值税（进项税额）”科目，按调入固定资产的原账面价值，贷记“上级拨入资金”科目（也有记入“内部往来”或“其他应付款”科目，作为上下级暂收暂付款的），发生的支出，贷记“银行存款”等科目；发生安装费用时，借记“在建工程”等科目，贷记“银行存款”“应付职工薪酬”等科目；工程达到预定可使用状态时，按工程的实际成本，借记“固定资产”科目，贷记“在建工程”科目。

【例 5-4】 某公司西宁项目部从公司总部调入一台大型设备，原值 150 000 元，已提折旧 30 000 元。调入过程中发生运输费用 5 000 元（取得增值税普通发票），设备安装过程发生安装费 3 000 元，增值税税额 300 元，支付工资费用等 4 000 元。设备安装完工交付使用。

（1）设备调入，并支付运输费等，做如下账务处理：

借：在建工程　　125 000
　　贷：上级拨入资金　　120 000
　　　　银行存款　　5 000

（2）发生安装费用，做如下账务处理：

借：在建工程　　7 000
　　应交税费——应交增值税（进项税额）　　300
　　贷：银行存款　　3 300
　　　　应付职工薪酬　　4 000

（3）安装完工交付使用，做如下账务处理：

借：固定资产　　132 000
　　贷：在建工程　　132 000

施工项目部是企业的一个生产部门，机械设备的调拨本身不涉及增值税。公司总部与分公司之间发生机械设备的调拨，属于两个增值税纳税人之间的交易，要分别按照采购和销售业务来处理。

四、融资租入机械设备的核算

施工项目部在租赁开始日，按应计入固定资产成本的金额（租赁开始日租赁资产公允价值与最低租赁付款额现值两者中较低者，加上初始直接费用），借记“固定资产”或“在建工程”科目；按最低租赁付款额，贷记“长期应付款”科目；按发生的初始直接费用，贷记“银行存款”等科目；按其差额，借记“未确认融资费用”科目。租赁期届满，企业取得该项固定资产所有权的，应将该项固定资产从“融资租入固定资产”明细科目转入有关明细科目。

五、购建临时设施的核算

（一）临时设施的构成

临时设施是指施工项目部为保证施工生产和管理工作的正常进行，而在施工现场建造的生产和生活用的各种临时性简易设施，如房屋、建筑物和其他设施等。施工项目部在施工现场搭建临时设施，是由建筑安装工程位置的固定性和施工生产过程的流动性引起的，是随着企业承担的工程任务而转移的。每当施工队伍进入新的施工地点，为了保证施工生产和管理工作的顺利进行，施工企业需要解决职工的吃住、材料物资的储备和施工生产等问题，就必须在施工现场及其附近场地搭建一些生产用和生活用的临时房屋、建筑物、构筑物和其他设施，随着工程任务的完成，这些临时设施就失去了原来的作用，需要拆除或做其他处理。按照《企业会计准则》的规定，符合固定资产确认条件的临时设施应该作为固定资产核算与管理。

建筑工地搭建的临时设施，通常可以分为大型临时设施和小型临时设施两类。大型临时设施主要包括：（1）施工人员的临时宿舍；（2）食堂、浴室、医务室等现场临时福利设施；（3）施工单位现场临时办公室；（4）现场各种临时仓库和施工机械设备库；（5）临时道路、塔式起重机路基等；（6）施工过程中应用的临时给水、排水、供电、供热管道（不包括设备）；（7）施工现场的加工厂等临时建筑物。小型临时设施主要包括：（1）现场施工和安全保卫用的小型临时设施，如作业棚、休息棚、茶炉室、便道；（2）保管器材用的小型临时设施，如简易料棚、工具储藏室等；（3）行政管理用小型临时设施。

施工项目部在施工现场所使用的临时设施一般有两种情况：（1）由建设单位或总包单位提供。边远地区或工期较长的大型工程项目，如水电站工程等，施工所需的临时设施一般由建设单位提供，或由施工企业作为承包工程进行建造，建成后产权归建设单位所有，在施工期间建设单位按合同约定借给施工企业施工项目部使用。临时设施的建造费用由建设单位直接支付，并分摊计入建设成本。这种临时设施，不属于施工企业的临时设施核算范围。（2）由施工企业向建设单位或总包单位收取临时设施包干费，负责搭建施工所需的临时设施。在城市和近郊的一般工程，施工现场所需的临时设施的建造资金，由施工企业根据施工图预算所列的工程直接费和间接费总和，按照各地区规定的临时设施取费率计算，并列入工程预算造价，向建设单位或总包单位收取，用于搭建施工所需的各种临时设施。收取的临时设施费，由施工企业包干使用，超支不补，节约归己。

施工项目部应本着精打细算、节约使用资金的原则，合理搭建各种临时设施，保证施工生产和管理工作的正常进行。对施工现场原有可利用的各种设施，应尽量加以利用，确需搭建的临时设施，也要根据施工组织设计规划的要求，根据施工期限的长短和施工现场的具体条件，因地制宜、合理安排。

（二）临时设施搭建的核算

临时设施按实际成本入账。自行建造的临时设施，按照建造过程中实际发生的全部支出计量；购入的临时设施，按照实际支付的价款计量。

施工项目部购置、搭建临时设施发生的各项支出，借记“固定资产——临时设施”科目，贷记“银行存款”等科目。对需要通过建筑安装施工活动才能完成的临时设施，其支出应先通过“在建工程”科目核算，于临时设施搭建完成交付使用时，再将其实际成本由“在建工程”科目转入“固定资产——临时设施”科目的借方。

【例 5-5】 某建筑公司太原项目部自行搭建仓库，购入为工程准备的各种专用物资 200 000 元，缴纳增值税 32 000 元，实际领用工程物资20 000 元；支付工程人员工资 50 000 元，辅助生产部门提供有关劳务 10 000 元。工程达到预定可使用状态并交付使用。

(1) 购入为工程准备的物资，做如下账务处理：

借：工程物资——专用材料	200 000	
应交税费——应交增值税（进项税额）	32 000	
贷：银行存款		232 000

(2) 工程领用物资，做如下账务处理：

借：在建工程——建筑工程（仓库）	200 000	
贷：工程物资——专用材料		200 000

(3) 支付工程人员工资，做如下账务处理：

借：在建工程——建筑工程（仓库）	50 000	
贷：应付职工薪酬		50 000

(4) 辅助生产部门提供的劳务，做如下账务处理：

借：在建工程——建筑工程（仓库）	10 000	
贷：辅助生产		10 000

(5) 工程达到预定可使用状态，做如下账务处理：

借：固定资产——临时设施（仓库）	260 000	
贷：在建工程——建筑工程（仓库）		260 000

按照增值税法规的规定，增值税一般纳税人单位取得的房屋建筑物等不动产，其进项税额应自取得之日起分 2 年从销项税额中抵扣，第一年抵扣比例为 60%，第二年抵扣比例为 40%。而在施工现场修建的临时建筑物、构筑物，其进项税额不适用上述分 2 年抵扣的规定。也就是说，属于临时设施的房屋建筑物，相关进项税额在取得增值税专用发票后可以一次性全额抵扣。

第三节 固定资产的折旧

一、折旧的基本规定

折旧是指固定资产由于损耗而减少的价值。固定资产损耗分为有形损耗和无形损耗两种。企业的固定资产在长期使用过程中，其价值将随着固定资产的损耗程度，以折旧费项目分期计入生产成本或费用，并通过取得相应的收入而得到补偿。固定资产折旧，即对固定资产由于磨损和损耗而转移到产品成本或构成企业费用的那一部分价值的补偿。

计提固定资产折旧应考虑的因素主要包括：

（1）固定资产原值，指固定资产的成本。

（2）固定资产应计折旧额，指应当计提折旧的固定资产原值扣除其预计净残值后的余额。如果已对固定资产计提减值准备，还应当扣除已计提的固定资产减值准备累计金额。

（3）预计净残值，指假定固定资产预计使用寿命已满并处于使用寿命终了时的预期状态，企业从该项资产处置中获得的扣除预计处置费用后的金额。

（4）固定资产减值准备，指已计提的固定资产减值准备累计金额。固定资产计提减值准备后，应当在剩余使用寿命内根据调整后的固定资产账面价值（固定资产账面余额扣减累计折旧和累计减值准备后的金额）和预计净残值，重新计算确定折旧率和折旧额。

（5）固定资产的使用寿命，指企业使用固定资产的预计期间，或者该固定资产所能生产产品或提供劳务的数量。

《企业会计准则》规定，除下列两种情况的固定资产不计提折旧外，其他固定资产均应计提折旧：（1）已提足折旧继续使用的固定资产；（2）按规定单独估价作为固定资产入账的土地。具体计提折旧时，一般应按月提取，适用“下月见”原则，即当月增加的固定资产，当月不提折旧，从下月起提折旧；当月减少的固定资产，当月照提折旧，从下月起不提折旧。已达到预定可使用状态但尚未办理竣工决算的固定资产，应当按照估计价值确定其成本，并计提折旧；待办理竣工决算后，再按实际成本调整原来的暂估价值，但不需要调整原已计提的折旧额。

二、折旧方法的选择

企业应当根据与固定资产有关的经济利益的预期实现方式，合理选择折旧方法。可选用的折旧方法有：年限平均法、工作量法、双倍余额递减法和年数总和法等。

（一）年限平均法

年限平均法，又称直线法，是按固定资产的使用年限将应计提的折旧额均衡地分摊到固定资产预计使用寿命内的一种方法。这种方法的主要优点是计算简便，易于理解和掌握。一般适用于不受季节影响、各期使用程度比较均衡的固定资产，如房屋、建筑物等。但这种方法也存在明显的不足，主要表现在：

1. 固定资产在不同使用年限为企业所提供的经济效益是不同的

一般而言，固定资产在其使用前期工作效率相对较高，能够为企业带来的经济利益较多，而在其使用后期，工作效率一般呈下降趋势，能够为企业带来的经济利益也就逐渐减少。年限平均法未考虑这一事实，显然是不合理的。

2. 固定资产在不同使用年限发生的维修费用等也不一样

随着使用时间的推移，固定资产日益陈旧，所需的修理、保养费用势必逐渐增加，而年限平均法未考虑这一因素，因而固定资产的使用时间越长，企业生产经营过程中所发生的固定资产使用成本（折旧额加修理、保养等费用）就越高，其结果是各年度的固定资产使用成本并不均衡。

3. 年限平均法只考虑时间因素，未考虑固定资产在使用年限内的实际耗用或损耗情况

年限平均法建立在固定资产的服务潜能随其使用时间的推移而等量减少的假设之上，当各期固定资产的负荷程度相同时，各期应分摊相同的折旧费，这时采用年限平均法计提折旧是合理的；但是，如果各期固定资产的负荷程度不同，采用年限平均法计提折旧则不能反映固定资产的实际使用情况，计提的折旧额与固定资产的损耗程度也不相符。因此，为了弥补年限平均法的缺陷，企业对某些固定资产也可以采用工作量法计提折旧。

采用年限平均法计算的每期折旧额均是等额的。其计算公式为：

年折旧率＝(1－预计净残值率)÷预计使用年限×100%

月折旧率＝年折旧率÷12

月折旧额＝固定资产原值×月折旧率

（二）工作量法

工作量法是指以固定资产能提供的工作量为单位来计算折旧额的方法。工作量可以是汽车的总行驶里程，也可以是机器设备的总工作台班、总工作小时等。这种方法的主要优点是：将固定资产的效能与固定资产的使用程度联系起来，计算的折旧额与固定资产所完成的工作量成正比，而且计算比较简便，易于理解和掌握。这种方法的不足之处在于对固定资产预计能够完成的总工作量难以估计准确。因此，工作量法一般适用于损耗程度与完成的工作量密切相关或使用不均衡的固定资产，如季节性使用的固定资产等。工作量法的计算公式为：

$$\text{单位工作量折旧额}=\text{固定资产原值}\times\left(1-\text{预计净残值率}\right)\div\text{该项固定资产预计完成的总工作量}$$

某项固定资产月折旧额＝该项固定资产当月工作量×单位工作量折旧额

（三）双倍余额递减法

双倍余额递减法是在不考虑固定资产残值的情况下，用直线法折旧率的两倍作为固定的折旧率乘以逐年递减的固定资产期初净值，得出各年应提折旧额的方法。其特点是：固定资产使用前期提取折旧多，使用后期提取折旧逐年减少，以使固定资产成本在有效使用年限中加快得到补偿。其计算公式为：

年折旧率＝2÷预计使用年限×100%

月折旧率＝年折旧率÷12

月折旧额＝固定资产账面净值×月折旧率

由于双倍余额递减法以固定资产账面净值作为折旧基数，而固定资产账面净值是随着折旧的逐年提取而逐步递减的，因此，采用双倍余额递减法计提折旧，固定资产在使用期限内每年提取的折旧额呈递减趋势，即使用早期多提折旧，而使用后期少提折旧。但必须注意，不能将固定资产的账面净值降低到其预计净残值以下，即历年计提的累计折旧额不应超过该项固定资产原值扣除预计净残值后的余额，也不能出现应提折旧额未提足而使得账面净值大于预计净残值的情况。因此，实行双倍余额递减法计提折旧的固定资产，一般应在其折旧年限到期前两年内，将固定资产净值扣除预计净残值后的余额平均摊销。

【例 5-6】 北京某建筑公司有一台铲车，原值 20 000 元，预计使用寿命为 5 年，预计净残值 200 元。按双倍余额递减法计提折旧。

双倍直线折旧率＝2÷5×100%＝40%

第一年应计提折旧额＝20 000×40%＝8 000（元）

第二年应计提折旧额＝(20 000－8 000)×40%＝4 800（元）

第三年应计提折旧额＝(20 000－8 000－4 800)×40%＝2 880（元）

第四、第五年的年折旧额＝(20 000－8 000－4 800－2 880－200)÷2
＝2 060（元）

（四）年数总和法

年数总和法是将固定资产的原值减去残值后的净额乘以一个逐年递减的分数计算每年折旧额的方法。这个分数的分子代表固定资产尚可使用的年数，分母代表使用年数的逐年数字总和。其计算公式为：

年折旧率＝尚可使用年限÷预计使用年限年数总和

月折旧率＝年折旧率÷12

月折旧额＝(固定资产原值－预计净残值)×月折旧率

采用年数总和法计提固定资产折旧，各年的折旧基数固定不变，均为固定资产原值减去预计净残值后的余额，而折旧率是一个逐年递减的变数，所以，各年的折旧额呈递减趋势，即使用早期多提折旧，而使用后期少提折旧，但历年计提折旧额的累计数应等于固定资产原值减去预计净残值后的余额。

【例 5-7】 承上例，采用年数总和法计提折旧。

第一年：

年折旧率＝5÷(1＋2＋3＋4＋5)＝1/3

年折旧额＝(20 000－200)×1/3＝6 600(元)

第二年：

年折旧率＝4÷(1＋2＋3＋4＋5)＝4/15

年折旧额＝(20 000－200)×4/15＝5 280(元)

第三年：

年折旧率＝3÷(1＋2＋3＋4＋5)＝1/5

年折旧额＝(20 000－200)×1/5＝3 960(元)

第四年：

年折旧率＝2÷(1＋2＋3＋4＋5)＝2/15

年折旧额＝(20 000－200)×2/15＝2 640(元)

第五年：

年折旧率＝1÷(1＋2＋3＋4＋5)＝1/15

年折旧额＝(20 000－200)×1/15＝1 320(元)

企业应当根据固定资产的性质和消耗方式，合理地确定固定资产的预计使用年限和预计净残值，并根据科技发展、环境及其他因素，选择合理的固定资产折旧方法，按照管理权限，经股东大会或董事会，或经理（厂长）会议等类似机构批准，作为计提折旧的依据。施工项目部按照公司的统一规定，确定项目使用机械设备的折旧方法。

企业的折旧政策要按照法律、行政法规的规定报送有关各方备案，并备置于企业所在地，以供投资者等有关各方查阅。企业已经确定并对外报送，或备置于企业所在地的有关固定资产预计使用年限和预计净残值、折旧方法等，一经确定，不得随意变更，如需变更，仍然应当按照上述程序，经批准后报送有关各方备案，并在会计报表附注中予以说明。

三、折旧的账务处理

在实际工作中，固定资产折旧的计算，一般是由财会部门通过按月编制固定资产折旧计算及分配表完成的。它是企业财会部门自制的原始凭证，是编制记账凭证和登记账簿的原始依据。

施工项目部计提固定资产的折旧时，应根据固定资产的使用地点和用途，记入相关的成本费用科目。施工生产用的工程机械、运输设备，借记“机械作业”科目，辅助生产部门使用的生产设备，借记“辅助生产”科目，项目部使用的其他相关机械设备、临时设施，借记“工程施工”等科目，贷记“累计折旧”科目。

有些单位对机械设备进行分级管理，如大型、关键的固定资产由公司总部核算与管理，项目部管理低价值的、对经营不会产生太大影响的辅助设备，但此类设备的核算与管理必须遵循公司规定的固定资产核算原则，公司总部负责对此类设备的核算与管理进行监督。由公司总部负责核算与管理的机械设备，项目部计提的折旧，要通过“内部往来”等科目，把折旧额转给公司总部，因此这类机械设备的“累计折旧”账户实质上在公司总部。

临时设施在施工生产过程中发挥着劳动资料的作用，其实物形态大多与作为固定资产的永久性房屋、建筑物类似，但由于其建筑标准较低，一般为临时性或半永久性的建筑物，不具有永久使用的性质，多数在其自然寿命终了前就需要拆除清理，因而它在某些方面又与固定资产有所不同。一般情况下，临时设施采用年限平均法，即按照临时设施预计使用期限或工程的受益期限计提折旧。工程项目完工后不再继续使用的临时设施的折旧期限一般不应超过该工程项目的工期，即要以耐用期限和工程施工期限中较短者作为使用期限。

临时设施月折旧额的计算公式如下：

临时设施月折旧额＝临时设施原值×(1－预计净残值率)÷使用期限(月)

【例 5-8】 承例 5-5，上述临时仓库预计净残值率为 4%，计算每月折旧额。由于工程施工期限为 2 年，该仓库价值应在 24 个月内计提折旧：

月折旧额＝260 000×(1－4%)÷24＝10 400(元)

临时设施的折旧额应分摊计入各有关工程的施工成本。为了简化核算手续，也可与该工地发生的其他间接费用一并进行分配。

施工项目部每月计提的临时设施折旧额，应记入“工程施工——间接费用”科目的借方和“累计折旧——临时设施”科目的贷方。账务处理如下：

借：工程施工——间接费用　　10 400

　贷：累计折旧——临时设施　　10 400

《中华人民共和国企业所得税法实施条例》第六十条规定，除国务院财政、税务主管部门另有规定外，房屋、建筑物计算折旧的最低年限为20年。按照企业会计准则规定，临时设施的摊销额应在预计受益期限分期摊入工程成本。一般情况下，建筑安装工程的工期决定了临时设施预计受益期限的长短。而建筑安装工程的工期往往都低于20年，这就意味着在受益期内按照会计准则计算的临时设施的摊销额常常大于税法允许税前扣除的摊销额。对这种暂时性的时间差异，企业应作纳税调整处理。

第四节　固定资产的后续支出

固定资产投入使用后，为了维护、改进其功能所发生的支出，改装改造固定资产发生的支出等，属于固定资产的后续支出。发生这些支出时，需要确定支出应资本化还是费用化。后续支出的处理原则为：与固定资产有关的更新改造等后续支出，符合固定资产确认条件的，应当计入固定资产成本，同时将被替换部分的账面价值扣除；与固定资产有关的修理费用等后续支出，不符合固定资产确认条件的，应当计入当期损益。

一、费用化的后续支出

施工项目部所使用的固定资产发生的修理费用等后续支出，不符合固定资产确认条件的，应当在发生时计入当期损益。

一般情况下，固定资产投入使用之后，由于磨损、各组成部分耐用程度不同，可能导致固定资产的局部损坏，为了维护其正常运转和使用，充分发挥其使用效能，企业将对固定资产进行必要的维护。固定资产的日常修理费用等支出只是用于确保固定资产的正常工作状况，一般不产生未来的经济利益，因此，通常不符合固定资产的确认条件，在发生时应直接计入当期损益。施工项目部发生的固定资产修理费用等后续支出，计入管理费用；处于修理、更新改造过程而停止使用的机械设备，如果其修理、更新改造支出不满足固定资产的确认条件，在发生时也应直接计入当期损益。

企业对固定资产进行定期检查发生的大修理费用，有确凿证据表明符合固定资产确认条件的部分，可以计入固定资产成本；不符合固定资产确认条件的部分，应当费用化，计入当期损益。固定资产在定期大修理间隔期间，照提折旧。

【例 5-9】 某建筑公司铁北项目部的车辆委托汽车修理厂进行经常性修理，以银行存款支付修理费 3 000 元，增值税税额 480 元。账务处理如下：

借：管理费用　　3 000

　　应交税费——应交增值税（进项税额）　　480

　贷：银行存款　　3 480

二、资本化的后续支出

在实际工作中，可予资本化的固定资产后续支出一般要通过“在建工程”科目核算。固定资产发生可资本化的后续支出，如固定资产改造，企业一般应将该固定资产的原值、已计提的累计折旧和减值准备转销，将固定资产的账面价值转入在建工程，并在此基础上重新确定固定资产原值。在固定资产改造完工并达到预定可使用状态时，再从在建工程转为固定资产，并按重新确定的固定资产原值、使用寿命、预计净残值和折旧方法计提折旧。

【例 5-10】 某建筑公司华南项目部对龙门塔吊进行改造，塔吊账面原值为 260 000 元，已提折旧 140 000 元。改造中耗用的工程物资价值 50 000 元，支付工人工资等人工费 12 000 元，改造中拆除的部分材料作为原材料入库，公允价值为 2 000 元。工程完工交付使用，塔吊原预计使用年限为 5 年，改造后预计使用年限比原预计年限延长 3 年。

（1）将塔吊的账面价值转入在建工程，账务处理如下：

借：在建工程　　120 000

　　累计折旧　　140 000

　贷：固定资产　　260 000

（2）发生有关支出，账务处理如下：

借：在建工程　　62 000

　贷：工程物资　　50 000

　　　应付职工薪酬　　12 000

（3）拆除的材料入库，账务处理如下：

借：原材料　　2 000

　贷：在建工程　　2 000

（4）工程完工结转确认新固定资产价值，账务处理如下：

借：固定资产　　180 000

　贷：在建工程　　180 000

经营租赁方式租入固定资产发生的改良支出，应予资本化，记入“长期待摊费用”科目，并在剩余租赁期与租赁资产尚可使用年限两者中较短的期间内进行摊销。

第五节　固定资产的处置、盘点与期末计价

一、固定资产的处置

在生产经营过程中，经公司总部批准，施工项目部对那些不适用或不需用的机械设备，可以出售转让或由公司总部调拨转走。对那些由于使用而不断磨损直至最终报废、由于技术进步等原因发生提前报废、由于遭受自然灾害等非常损失发生毁损的机械设备，应及时进行清理。

施工项目部出售、报废机械设备或发生机械设备毁损，应当将处置收入扣除账面价值和相关税费后的金额计入当期损益。机械设备的处置一般通过“固定资产清理”科目核算。企业因出售、转让、报废或毁损等原因处置固定资产，会计处理步骤如下：

（1）机械设备转入清理时，借记“固定资产清理”“累计折旧”科目，贷记“固定资产”科目；结转已提取的固定资产减值准备时，借记“固定资产减值准备”科目，贷记“固定资产清理”科目。

（2）发生清理费用时，借记“固定资产清理”科目，贷记“银行存款”等科目。

（3）出售收入或残料入库时，收回出售机械设备的价款、报废机械设备的残料价值和变价收入等，应冲减清理支出，按实际收到的出售价款及残料变价收入等，借记“银行存款”“原材料”等科目，贷记“固定资产清理”等科目。

（4）计算或收到的应由保险公司或过失人赔偿的报废、毁损固定资产的损失，应冲减清理支出，借记“银行存款”“其他应收款”等科目，贷记“固定资产清理”科目。

（5）固定资产清理后发生的净收益，应区别不同情况，借记“固定资产清理”科目，贷记“资产处置损益——固定资产处置利得”等科目；固定资产清理发生的净损失，应区别不同情况，借记“资产处置损益——固定资产处置损失”

等科目，贷记“固定资产清理”科目。

【例 5-11】 20×9 年 5 月，某建筑公司上海项目部出售一台大型机械设备，原值 100 000 元，已提折旧 35 000 元，实际出售含税价格 92 800 元，已存入银行。发生各种清理费用 4 000 元（含增值税，取得增值税普通发票），已用银行存款支付。假定机械设备作为项目部资产管理，对其未计提减值准备。

（1）出售设备时，账务处理如下：

借：固定资产清理	65 000	
累计折旧	35 000	
贷：固定资产		100 000

（2）收回出售的价款，账务处理如下：

借：银行存款	92 800	
贷：固定资产清理		80 000
应交税费——应交增值税（销项税额）		12 800

（3）支付清理费用，账务处理如下：

借：固定资产清理	4 000	
贷：银行存款		4 000

（4）结转出售固定资产发生的净收益，账务处理如下：

借：固定资产清理	11 000	
贷：资产处置损益——固定资产处置利得		11 000

二、固定资产的清查盘点

按照《企业会计准则》的规定，企业应对固定资产定期或至少每年实地盘点一次，清查方法是实地盘点。对盘亏的固定资产，应查明原因，写出书面报告，并根据企业的管理权限，经股东大会或董事会，或经理（厂长）会议或类似机构批准后，在期末结账前处理完毕。在对外提供财务报告时，应按规定进行处理，并在会计报表附注中做出说明。施工项目部应该定期或至少每年年末对所使用的机械设备进行清查盘点。

对于机械设备，应在有关单位负责人领导下，组成由财会部门、机械设备管理部门和使用单位等有关人员参加的清查小组，具体负责开展清查盘点工作。在清查盘点之前，财会部门应核对固定资产账目，先将“固定资产”总账科目余额与固定资产登记簿中各类固定资产余额之和核对相符，再将固定资产登记簿中各类固定资产余额与各该类固定资产卡片中各项固定资产原值余额之和核对相符，做到账账相符、账卡相符。在此基础上，清查小组应盘点实物，将固定资产的实存数与账面数进行核对，如果发现盘盈、盘亏的固定资产，应查明原因、分清责任，编制固定资产盘盈盘亏报告表。对于盘盈的固定资产，应列明其名称、数量、同类或类似固定资产的市场价格、估计已提折旧等内容；对于盘亏的固定资产，应列明其名称、数量、账面原值、累计已提折旧、已计提的减值准备等内容。对于所有盘盈、盘亏的固定资产，均应查明原因、分清责任并填入表中。固定资产盘盈盘亏报告表的一般格式如表 5-1 所示。

表 5-1　　固定资产盘盈盘亏报告表

单位名称：　　20×9 年 12 月 31 日　　金额单位：万元

固定资产编号	固定资产名称	固定资产规格及型号	盘盈			盘亏			毁损			
			数量	重估价	累计折旧	数量	原值	已提折旧	数量	原值	已提折旧	原因
处理意见	审批部门					清查小组			使用保管部门			

盘点人（签章）：　　使用保管部门负责人（签章）：

在清查中盘盈的固定资产，应作为前期差错处理。按照《企业会计准则》的规定，企业发生的前期会计差错有重大会计差错和非重大会计差错之分。对于重要的前期会计差错，企业应当在其发现当期的财务报表中，调整前期比较数据。即按同类或类似固定资产的市场价格，减去按该项资产的新旧估计的价值损耗后的余额，借记“固定资产”科目，贷记“以前年度损益调整”科目。

【例 5-12】　20×9 年 12 月 25 日，某建筑公司武汉项目部在财产清查中盘盈设备一台，该设备的市价是 150 000 元，估计折旧 50 000 元。

（1）调整增加固定资产记录，账务处理如下：

借：固定资产　　100 000

　贷：以前年度损益调整　　100 000

（2）计算应交所得税，账务处理如下：

借：以前年度损益调整　　25 000

　贷：应交税费——应交所得税　　25 000

（3）相应调整利润分配，账务处理如下：

借：以前年度损益调整　　75 000

　贷：利润分配——未分配利润　　75 000

借：利润分配——提取法定盈余公积　　7 500

　贷：盈余公积——法定盈余公积　　7 500

对于不重要的前期差错，可以采用未来适用法更正，不需要调整财务报表相关项目的期初数，但应调整发现当期与前期相同的相关项目。

【例 5-13】 20×9 年 12 月 31 日，武汉项目部发现一台价值 9 600 元的项目部办公设备应计入固定资产，并应于 20×8 年 2 月 1 日开始计提折旧，在 20×8 年一次列支计入了当期成本。该公司固定资产采用直线法计提折旧，该资产估计使用年限为 4 年，不考虑残值。则在 20×9 年 12 月 31 日更正差错的账务处理为：

借：固定资产	9 600	
贷：工程施工——间接费用		5 000
累计折旧		4 600

固定资产盘亏造成的损失，应当计入当期损益。企业在财产清查中盘亏的固定资产，按盘亏固定资产的账面价值，借记“待处理财产损溢——待处理固定资产损溢”科目；按已计提的累计折旧，借记“累计折旧”科目；按已计提的减值准备，借记“固定资产减值准备”科目；按固定资产原值，贷记“固定资产”科目。按管理权限报经批准后处理时，按可收回的保险赔偿或过失人赔偿，借记“其他应收款”科目；按应计入营业外支出的金额，借记“营业外支出——盘亏损失”科目，贷记“待处理财产损溢”科目。

【例 5-14】 某建筑公司长沙项目部进行财产清查时发现丢失设备一台，其账面原值为 50 000 元，已提折旧 15 000 元，该设备已计提减值准备 5 000 元。经查，该设备丢失的原因在于保管员看管不当。经批准，由保管员赔偿 5 000 元。

（1）盘亏固定资产，账务处理如下：

借：待处理财产损溢——待处理固定资产损溢	35 950	
累计折旧	15 000	
固定资产减值准备	5 000	
贷：固定资产		50 000
应交税费——应交增值税（进项税额转出）		5 950

（2）报经批准转销，账务处理如下：

借：其他应收款	5 000	
营业外支出——盘亏损失	30 950	
贷：待处理财产损溢——待处理固定资产损溢		35 950

三、固定资产的期末计价

按照《企业会计准则》的规定，企业应当在资产负债表日判断资产是否存在可能发生减值的迹象，对于存在减值迹象的资产，应当进行减值测试，计算可收回金额。可收回金额低于账面价值的，应当按照可收回金额低于账面价值的金额，计提资产减值准备。

按照这一规定，施工企业或项目部应该对所使用的固定资产进行减值测试，可收回金额低于账面价值的，应当根据管理权限，按照可收回金额低于账面价值的金额，为固定资产计提资产减值准备。

重要概念

固定资产　　临时设施　　年限平均法　　工作量法　　双倍余额递减法　　年数总和法

复习思考题

一、简答题

1. 什么是固定资产？施工企业固定资产可分为哪几类？
2. 施工企业固定资产可选用的折旧方法有哪些？
3. 固定资产后续支出的处理原则是什么？
4. 固定资产清查盘点的方法及要求有哪些？
5. 会计准则对固定资产的期末计价是如何规定的？

二、单项选择题

1. 施工企业对需要通过建筑安装施工活动才能完成的临时设施，其支出应先计入（　　）。

A. 固定资产　　B. 长期待摊费用

C. 管理费用　　D. 在建工程

2. 某施工企业接受一项固定资产投资，该固定资产在当时的市场价为100万元，双方协议确定的价值为90万元，专业资产评估机构对这项资产进行评估的价值为95万元。该施工企业接受投资时固定资产的入账价值为（　　）。

A. 100万元　　B. 95万元

C. 90万元　　D. 无法确定

3. 某施工企业20×2年3月购入并投入使用不需要安装的设备一台，原值860万元，预计使用年限5年，预计净残值2万元，采用双倍余额递减法计提折旧，则企业在20×3年应计提的折旧额为（　　）万元。

A. 296　　B. 240.8

C. 206.4　　D. 258

4. 企业固定资产的盘亏净损失，应计入（　　）。

A. 管理费用　　B. 营业外支出

C. 资本公积　　D. 销售费用

5. 某施工企业购进机器设备一台，该设备的入账价值为 100 万元，预计净残值为 5.6 万元，预计使用年限为 5 年。在采用双倍余额递减法计提折旧的情况下，该设备第三年应提折旧额为（　　）万元。

A. 24　　B. 14.4

C. 19　　D. 8

6. 下列各项中，计入固定资产成本的是（　　）。

A. 达到预定可使用状态后发生的专门借款利息

B. 达到预定可使用状态前发生的专门借款利息

C. 进行日常修理发生的人工费用

D. 安装过程中购买材料所负担的增值税

7. 下列固定资产中，当月应计提折旧的是（　　）。

A. 当月经营租入的固定资产

B. 已提足折旧继续使用的设备

C. 当月以融资租赁方式租入设备

D. 当月大修理停用的设备

8. 下列各项中，不应通过“固定资产清理”科目核算的是（　　）。

A. 出售的固定资产　　B. 盘亏的固定资产

C. 报废的固定资产　　D. 毁损的固定资产

9. 融资租入的固定资产的入账价值是（　　）。

A. 评估确认价

B. 应付租赁款加运杂费等

C. 租赁开始日租赁资产的账面价值与最低租赁付款额的现值两者中较低者

D. 应付租赁款

10. 由于自然灾害等原因造成的固定资产报废或毁损，减去残料价值和过失人或保险公司等赔款后的净损失，应借记的会计科目是（　　）。

A. “在建工程”　　B. “原材料”

C. “营业外支出”　　D. “固定资产清理”

三、多项选择题

1. 下列固定资产中，应计提折旧的固定资产有（　　）。

A. 大修理的固定资产

B. 当月减少的固定资产

C. 正处于改良期间的经营租入固定资产

D. 融资租入的固定资产

2. 下列各项中，构成取得固定资产价值的有（　　）。

A. 购买固定资产时交纳的契税

B. 自行建造固定资产领用的原材料所负担的增值税

C. 接受捐赠的固定资产所支付的相关费用

D. 进口固定资产支付的关税

3. 下列项目中，影响固定资产计提折旧的因素有（　　）。

A. 固定资产原值　　B. 预计净残值

C. 固定资产减值准备　　D. 固定资产的使用寿命

4. “固定资产清理”科目贷方登记的项目包括（　　）。

A. 转入清理的固定资产的净值

B. 变价收入

C. 结转的清理净收益

D. 结转的清理净损失

5. 采用自营方式建造固定资产的情况下，下列项目中应计入固定资产取得成本的有（　　）。

A. 总部管理人员的工资薪酬

B. 工程耗用原材料相应的增值税

C. 工程领用本企业商品产品的实际成本

D. 工程在达到预定可使用状态前进行试运转时发生的支出

6. 以下固定资产计提折旧的方法中，在计算折旧初期要考虑净残值的有（　　）。

A. 年数总和法　　B. 工作量法

C. 双倍余额递减法　　D. 平均年限法

7. 关于双倍余额递减法，下列说法中正确的有（　　）。

A. 以每期固定资产的市场价格为计提依据

B. 折旧率是逐年递减的

C. 在计算折旧率时不考虑固定资产净残值

D. 折旧率是固定不变的

四、判断题

1. 固定资产的净值，也叫折余价值，是固定资产原值或重置完全价值减去已提折旧后的余额。（　　）

2. 从公司总部调入的固定资产，应根据调出单位出具的“固定资产调拨单”

等凭证办理验收交接手续。（　　）

3. 与固定资产有关的后续支出，无论金额大小，均应当计入固定资产成本。（　　）

4. 固定资产出售、报废、毁损的净收益，均应转入营业外收入。（　　）

5. 固定资产减值损失一经确认，在以后会计期间不得转回。（　　）

6. 为了简化核算手续，对当月内投入使用的固定资产，当月不提折旧，从次月开始计提，对当月内退出的固定资产，当月照提折旧，从次月开始停止计提。（　　）

五、业务核算题

1. 某施工企业20×5年7月初固定资产的原值和折旧如下表所示：

	原值	月折旧率
房屋、建筑物	240 000元	2‰
塔式起重机	160 000元	6‰
混凝土搅拌机	60 000元	6‰
挖土机	60 000元	6‰
其他施工机械	180 000元	6‰
其他固定资产	20 000元	6‰

(1) 7月5日，购入3.5吨自卸汽车一辆，并投入使用，购价为35 000元，增值税为5 600元，使用年限为10年，预计净残值4%。

(2) 7月20日，将一台5吨汽车式起重机停用，准备出售，这台起重机原值50 000元，预计使用年限15年，预计净残值3%。

要求：(1) 编制固定资产增加的会计分录。

(2) 计算8月份各类固定资产的折旧额并编制固定资产折旧的会计分录。

2. (1) 20×5年1月，某施工企业搭建临时库房领用材料8 000元，发生人工费用2 000元，其他费用2 000元。

(2) 2月初交付使用。该工程工期16个月，预计残值2%。

(3) 工程提前1个月完工，在拆除清理临时设施过程中，发生人工费300元，收入材料900元入库。

要求：编制各项经济业务的会计分录。

3. 20×5年12月24日，某建筑公司上海项目部在财产清查时盘盈设备一台，该设备的市价是230 000元，估计折旧30 000元。

要求：编制固定资产盘盈、补交所得税以及调整利润分配业务的会计分录。

4. 某建筑公司A项目部进行财产清查时发现丢失机器一台，账面原值为40 000元，已提折旧12 000元。报经企业管理部门批准转销相应损失。

要求：编制相关业务的会计分录。

6 CHAPTER 第六章 工程施工成本

第一节 工程施工成本概述

一、工程施工成本的概念与分类

工程施工成本是指施工企业以施工项目作为成本核算对象，在施工生产过程中所耗费的生产资料转移价值和劳动者的必要劳动所创造价值的货币形式。也就是指施工项目在施工过程中所发生的全部生产费用的总和，包括所消耗的主、辅材料，各种配件，周转材料的摊销费或租赁费，施工机械的台班费或租赁费，支付给生产工人的工资、奖金，以及施工项目部为组织和管理工程施工所发生的全部费用支出。当然，工程施工成本一般不包括劳动者为社会所创造的价值（如税金和利润），也不包括不构成施工项目价值的一切非生产性支出。

施工成本是施工企业的主要产品成本，一般以施工项目的单位工程作为成本核算的对象，通过各单位工程成本核算的综合来反映施工项目成本。根据施工项目的特点、计算标准的不同和成本管理的要求，可将工程施工成本按以下几种标准进行分类。

（一）按成本计算的标准分类

按计算的标准，成本可以分为预算成本、计划成本和实际成本。

预算成本是根据施工图，按分部、分项工程的预算单价和取费标准计算的工程预算费用。它是控制工程成本支出、考核工程实际成本降低或超支的尺度。工程预算成本一般由直接费（人工费、材料费、施工机械使用费和其他直接费）和现场管理费组成。工程预算成本加上间接费、计划利润和税金，即为工程项目的预算造价。在招标投标时，预算造价是施工企业与发包单位签订承包合同和进行工程价款结算的主要指标。

计划成本是根据上级下达的成本降低任务和本企业挖掘降低成本的潜力，预先确定的计划施工费用（材料费、人工费、施工机械使用费、其他直接费的计划成本）。它是以工程预算成本减去计划降低的成本额而获得的经济效益（即节约的费用），是分析和考核工程成本的重要依据之一。

实际成本是在施工过程中实际发生，并按一定的成本核算对象和成本项目归集的施工费用总和。它是反映施工企业施工管理水平和考核企业成本降低任务完成情况的重要依据。

总之，预算成本反映施工项目的预计支出，实际成本则反映施工项目的实际支出，两者的差额为企业的工程成本降低额。工程预算成本与工程计划成本的差额为企业的工程成本计划降低额。

（二）按成本计算的范围分类

按计算的范围，成本可以分为全部工程成本、单项工程成本、单位工程成本、分部工程成本和分项工程成本。

全部工程成本是指施工企业从事各种建筑安装工程施工所发生的全部施工费用，亦称总成本。施工企业各内部独立核算单位应定期汇集和计算各项工程成本，上报工程成本表，企业财务部门应根据内部独立核算单位的工程成本表进行汇总。企业汇总后的工程成本表中所反映的工程总成本，则为企业已实际发生的各项工程施工成本。

单项工程成本是指具有独立设计文件，建成后能独立发挥生产能力和效益的各项工程所发生的全部施工费用，如公路建设中某独立大桥的工程成本、某隧道工程成本以及某服务区成本等。

单位工程成本是指单位工程施工所发生的全部施工费用。单位工程是单项工程的组成部分，是指单项工程内具有独立的施工图和独立施工条件的工程。例如，某隧道单项工程可分为土建工程、照明和通气工程等单位工程；某公路工程可分为路线工程、桥涵工程等单位工程。

分部工程成本是指分部工程施工所发生的全部施工费用。分部工程是单位工程的组成部分，一般按照单位工程的各个部位划分，如基础工程、桥梁上下部工程、路面工程、路基工程等。

分项工程成本是指分项工程施工所发生的全部施工费用。分项工程是分部工程的组成部分，按工程的不同结构、材料和施工方法等因素划分，如基础工程可分为围堰、挖基、砌筑基础、回填等分项工程。分项工程是建筑安装工程的基本构成因素，是组织施工及确定工程造价的基础。

实际工作中，施工企业核算到哪一级成本，应根据工程管理的需要和成本核算的要求来确定。分项、分部、单位、单项工程成本分别从不同侧面反映了建筑安装工程施工费用支出的情况，便于考核有关施工企业或施工项目部的经济效益，为进行经济分析提供资料。

（三）按各项工程施工发生的实际成本分类

按所包含成本要素，成本可以分为人工费、材料费、施工机械使用费、其他直接费、间接费用等。

人工费包括直接从事施工生产人员的各种薪酬费用；材料费包括用于施工生产的主要材料、构件、其他材料的费用和周转材料（如模板等）的摊销费用；施工机械使用费包括在施工中使用机械的台班费和租赁费；其他直接费包括有关的设计和技术援助费用、施工现场材料的二次搬运费、生产工具和用具使用费、检验试验费、工程定位复测费、工程点交费、场地清理费、水电费等；间接费用包括施工生产单位管理人员工资、奖金、职工福利费、劳动保护费、固定资产折旧费及修理费、物料消耗、取暖费、办公费、差旅费、财产保险费、工程保修费等。

二、施工成本与费用的区别

（一）施工成本与费用的关系

费用作为会计要素和会计报表构成要素的内容，是和收入相配比对应的。《企业会计准则》将费用定义为：费用是指企业为销售商品、提供劳务等日常活动所发生的经济利益的流出；将成本定义为：成本是指企业为生产产品、提供劳务而发生的各种耗费。施工成本就是指施工企业在施工生产过程中发生的各种耗费。费用和成本是两个并行使用的概念，两者之间既有联系，也有区别。费用是资产的耗费，有广义和狭义之分：广义的费用泛指企业各种日常活动发生的所有费用；狭义的费用仅指与本期营业收入相配比的那部分消耗。会计中的费用确认是对狭义费用的确认，即费用与一定的会计期间相联系，而与生产的产品品种无关。施工成本按照工程承包合同的成本计算对象对当期发生的费用进行归集而形成，是对象化了的费用，它仅与一定种类和数量的建筑施工产品相联系，而不论费用发生在哪一个会计期间。

（二）施工企业费用的分类

施工企业发生的费用按照经济用途，可以划分为应计入施工成本的费用和不应计入施工成本的费用两大类。

1. 应计入施工成本的费用

对应计入施工成本的费用，进一步划分为直接费用和间接费用。直接费用包括直接人工费、直接材料费、机械使用费和其他直接费。

（1）直接人工费。指施工企业在工程施工过程中，直接从事施工人员发生的工资、福利费以及按照施工人员工资总额和国家规定的比例计算提取的其他职工薪酬。

（2）直接材料费。指施工企业在施工生产过程中所消耗的，直接构成工程实体的原料及主要材料、外购半成品、修理用备品备件以及有助于工程形成的辅助材料和其他材料。

（3）机械使用费。指施工企业在工程施工过程中，利用施工机械和运输设备进行作业时所发生的各种支出。

（4）其他直接费。是指施工企业在施工过程中发生的，除人工费、材料费、机械使用费以外的其他各种直接费用。

间接费用是施工企业所属的施工单位或生产单位为组织和管理施工生产活动所发生的费用。

2. 不应计入施工成本的费用

对不应计入施工成本的费用，进一步划分为管理费用、财务费用和销售费用。

三、工程计价中建筑安装工程费用的组成

工程造价管理机构或工程预算职能部门在计算工程造价，编制工程预算、结算以及决算时，要按照《工程费用组成》的要求，对工程费用进行分类核算，并按分类项目计算工程预算成本。工程费用之和构成了工程总造价，是建设方和承建方进行结算的主要依据。这一计算口径与成本会计核算存在一定差异。

（一）建筑安装工程费用的组成

在工程计价过程中，建筑安装工程费用作为工程造价的一个组成部分，包括直接费、间接费、利润、税金四个组成部分。

1. 直接费

直接费由直接工程费和措施费组成。

直接工程费是指施工过程中耗费的构成工程实体的各项费用，包括人工费、材料费、施工机械使用费。人工费是指直接从事建筑安装工程施工的生产工人开支的各项费用，包括基本工资、工资性补贴、生产工人辅助工资、职工福利费、生产工人劳动保护费等。材料费是指施工过程中耗费的构成工程实体的原材料、辅助材料、构配件、零件、半成品的费用，包括材料原价（或供应价格）、材料运杂费、运输损耗费、采购及保管费、检验试验费。施工机械使用费是指施工机械作业所发生的机械使用费以及机械安拆费和场外运费。施工机械台班单价应由下列七项费用组成：折旧费、大修理费、经常修理费、安拆费及场外运费、人工费、燃料动力费、养路费及车船税。

措施费是指为完成工程项目施工，发生于该工程施工前和施工过程中的非工程实体项目的费用。包括：环境保护费、文明施工费、安全施工费、临时设施费、夜间施工费、二次搬运费、大型机械设备进出场及安拆费、模板及支架费、脚手架费、已完工程及设备保护费、施工排水降水费等。

2. 间接费

间接费由规费、企业管理费组成。

规费是指政府和有关权力部门规定必须缴纳的费用。包括：工程排污费、工程定额测定费、社会保险费、住房公积金、危险作业意外伤害保险等。

企业管理费是指建筑安装企业组织施工生产和经营管理所需费用。包括：管理人员工资、办公费、差旅交通费、固定资产使用费、工具用具使用费、劳动保险费、工会经费、职工教育经费、财产保险费、财务费用、税金（如房产税、车船税、土地使用税、印花税等）等。

3. 利润

利润是指施工企业完成所承包工程获得的盈利。

4. 税金

税金是指国家税法规定的应计入建筑安装工程造价的城市维护建设税及教育费附加等。增值税按照税前工程造价的10％计算，属于价外税。

（二）与施工企业成本的区别

在施工企业会计中，成本项目一般包括人工费、材料费、机械费、其他直接费和间接费，但在《工程费用组成》中，没有其他直接费项目，而是将成本会计中的其他直接费、临时设施费以及直接费中的非实体消耗费用合并为措施费。预算项目和会计科目在名目、内容上均存在差别。

会计上将检验试验费计入其他直接费核算，但《工程费用组成》规定，检验试验费计入材料费核算。检验试验费在预算成本和实际成本中按不同的口径进行归集核算。

《工程费用组成》规定，非实体消耗性费用均计入措施费项目核算。但施工企业会计在周转材料结转方面，一般按会计准则要求将周转材料费记入“材料费”科目进行核算，与预算成本的归集渠道不一致。

第二节　工程承包合同履约成本

一、施工成本核算的对象

施工成本核算的对象是指在施工成本核算中确定的对各项支出进行归集的标的。大多数施工企业的工程项目复杂、建筑种类多样，如果成本核算过粗，无法反映各项具体工程的实际成本，不利于考核和控制成本的支出；反之，如果成本核算对象划分过细，则会大大增加核算的工作量，不利于及时、准确地提供成本核算资料。因此，合理确定施工成本核算对象，是正确组织施工成本核算的重要条件之一。

施工成本核算对象一般应根据工程承包合同的内容、施工生产的特点、费用支出的构成及经营管理的要求来确定，同时要与预算等管理所需资料相一致。施工成本的核算一般应以具有独立施工图预算的单位工程为对象，具体实务中，可根据实际情况分别处理：

（1）如果工程承包合同仅包括一项工程，且该工程工序简单，则应当将整个合同作为一个成本核算对象，不宜再继续划分。例如，一项仅包括土方开挖工程的工程承包合同，一段路基工程合同等。

（2）如果工程承包合同仅包括一项工程，且该工程工序比较复杂，可按照主要工序设置成本核算对象。例如，仅包括一座隧道的工程承包合同，可以设置开挖和支护两个成本核算对象。

（3）如果工程承包合同包括多个单项工程，每个单项工程均有独立的施工预算，则应当按照每个单项工程设置成本核算对象。例如，某工程承包合同为承建高速公路 H1 标段，其实物工程包括一条隧道、一座大桥和 5 千米的路基，则应当分别按照隧道、大桥、路基设置成本核算对象。

（4）如果同一合同包括结构类型相同、开竣工时间相近的若干单位工程，可根据需要合并为一个成本核算对象。例如，某工程承包合同包括 5 千米的路基和 3 座小桥，则可按路基和小桥设置两个成本核算对象。

（5）实行工程承包的单位，可将承包单位所承包范围内的工程作为一个成本核算对象。

成本核算对象一经确定，不得随意变更，并应及时通知与成本核算、成本管理有关的各业务部门，以便统一成本核算口径。企业所有反映与成本费用有关的原始资料，都应按确定的成本核算对象填写清楚，以保证成本核算的准确性。

二、合同取得成本的核算

企业为取得合同发生的增量成本预期能够收回的，应当作为合同取得成本确认为一项资产。增量成本，是指企业不取得合同就不会发生的成本，如销售佣金等。

企业可以设置“合同取得成本”科目，核算企业为取得合同而发生的成本。企业发生合同取得成本时，借记本科目，贷记“银行存款”“其他应付款”等科目；对合同取得成本进行摊销时，按照其相关性借记“销售费用”等科目，贷记本科目。涉及增值税的，还应进行相应的处理。本科目期末借方余额，反映企业尚未结转的合同取得成本。

企业为取得合同发生的、除预期能够收回的增量成本之外的其他支出，例如，无论是否取得合同均会发生的差旅费、投标费、为准备投标资料发生的相关费用等，应当在发生时计入当期损益，除非这些支出明确由客户承担。

比如，根据京华公司的相关政策，经营部门每取得一份新的合同，可以获得提成 10 000 元。现因中标一项工程，员工可以获得提成 10 000 元，京华公司预期上述提成能够收回。该笔提成费用属于为取得合同发生的增量成本，且预期能够收回，应当确认为一项资产。与此同时，京华公司为投标发生的差旅费、投标费等，无论企业能否取得合同都会发生，不属于增量成本，应当于发生时直接计入当期损益。

为简化实务操作，该资产摊销期限不超过一年的，可以在发生时计入当期损益。通常情况下，施工企业不设置“销售费用”科目，发生的和投标等销售活动有关的、应该计入当期损益的费用支出，可以在“管理费用”科目中核算。

企业应设置“合同取得成本减值准备”科目，核算与合同取得成本有关的资产的减值准备。与合同取得成本有关的资产发生减值的，按应减记的金额，借记“资产减值损失”科目，贷记本科目；转回已计提的资产减值准备时，做相反的会计分录。本科目期末贷方余额，反映企业已计提但尚未转销的合同取得成本减值准备。

三、工程施工成本的核算程序

工程施工成本的核算程序是指施工项目部根据成本核算体制和成本核算职责，在组织工程承包合同履约成本核算时所应遵循的步骤和次序。

按照企业会计准则的规定，企业应该设置“合同履约成本”科目，核算企业为履行当前或预期取得的合同所发生的、不属于其他企业会计准则规范范围且按照收入准则应当确认为一项资产的成本。企业发生合同履约成本时，借记本科目，贷记“银行存款”“应付职工薪酬”“原材料”等科目；对合同履约成本进行摊销时，借记“主营业务成本”“其他业务成本”等科目，贷记本科目。涉及增值税的，还应进行相应的处理。本科目期末借方余额，反映企业尚未结转的合同履约成本。企业因履行合同而产生的毛利不在本科目核算。

在施工项目部组织施工生产过程中，为了及时归集、准确计算和反映各种生产费用的发生、分配情况，应在“合同履约成本”科目下按合同设置“工程施工”“机械作业”“辅助生产”等明细科目进行成本核算。为便于授课和学习，本书将“工程施工”“机械作业”“辅助生产”等设置为一级科目。

“工程施工”科目是用以核算企业为履约进行工程施工时所发生的各项费用支出的科目。其借方登记施工过程中发生的应计入施工成本的各种费用的发生额，贷方登记对工程承包合同履约成本进行结转摊销的情况。本科目应按成本核算对象设置明细账，并设置“直接人工费”“直接材料费”“机械使用费”“其他直接费”“间接费用”等成本项目进行明细核算。进行成本核算时，对于施工生产过程中发生的各项费用，应按照费用的用途和发生地点进行归集，凡能分清成本核算对象的，应直接计入各核算对象的成本；不能分清成本核算对象或需要单独考核的费用，则应当按照发生地点进行归集，期末按照一定的分配方法计入有关成本核算对象。为管理工程发生的各项间接费用，先在“工程施工——间接费用”科目核算，期末再按照一定标准分配计入各有关成本对象。

“辅助生产”科目用来核算企业及其内部独立核算单位（如施工项目部）所属非独立核算的辅助生产部门为工程施工、产品生产、机械作业、专项工程等生产材料和提供劳务（如设备维修，构件现场制作，铁木件加工，固定资产清理，供应水、电、风、气，施工机械的安装、拆卸和辅助设施的搭建工程等）所发生的各项费用。其借方登记实际发生的各项辅助生产费用；贷方登记按受益对象分配结转的辅助生产费用；期末借方余额，反映辅助生产部门在产品和未结算劳务的实际成本。本科目应按车间、单位或部门和成本核算对象（如生产的材料和提供劳务的类别等）设置明细账，并按规定的成本项目分设专栏，进行明细分类核算。企业下属的生产车间、单位或部门，如机修车间、木工车间、混凝土车间、混凝土搅拌站、运输队等，如果实行内部独立核算，所发生的生产费用应作为工业性生产项目，设置“合同履约成本——服务成本”等科目进行核算，不使用本科目。在施工项目部所设的辅助生产部门或单位，一般应通过“辅助生产”科目来核算相关辅助生产或劳务的成本。

“机械作业”科目用来核算企业及其内部独立核算的施工单位（如施工项目部）、机械站和运输队使用自有施工机械和运输设备进行机械作业（包括机械化施工和运输作业以及机械出租业务等）所发生的各项费用。其借方登记机械作业过程中实际发生的各项费用；贷方登记按受益对象分配结转的机械作业成本；期末一般无余额。本科目应设置“承包工程”和“机械出租”两个明细科目，在明细科目下，再按施工机械或运输设备的种类等成本核算对象设置明细账，并按规定的成本项目分设专栏，进行明细分类核算。企业及其内部独立核算的施工单位，从外单位或本企业其他内部独立核算的机械站租入施工机械，按照规定的台班费定额支付的机械租赁费，应直接记入受益成本核算对象的“机械使用费”成本项目，不通过本科目核算。

根据上述工程实际成本核算的步骤以及有关会计科目的核算内容和方法，可将工程成本的总分类核算程序（如图 6-1 所示）概述如下：

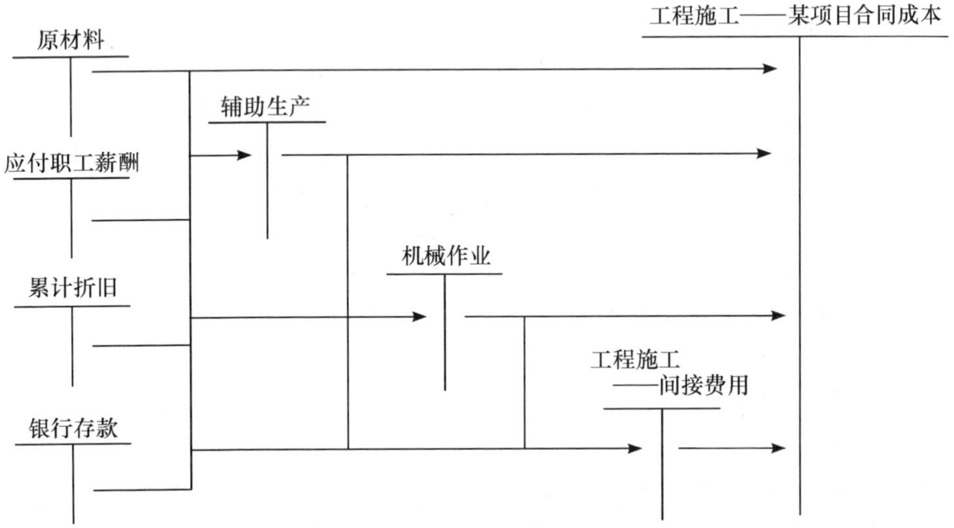

图 6-1　工程承包合同履约成本核算程序

（1）将本期发生的生产经营费用按照用途和合同归集到各有关成本或费用科目；

（2）期末，按“辅助生产”科目所属明细科目分别编制费用分配表，按照受益对象的受益程度，分配记入“工程施工”“机械作业”等成本科目；

（3）期末，编制机械费用分配表，将归集在“机械作业”科目中的机械使用费按照成本对象的受益程度进行分配，记入“工程施工”科目；

（4）编制间接费用分配表，将归集在“工程施工——间接费用”科目中的间接费用按照一定的标准分配计入有关施工成本，即记入“工程施工——某项目合同成本”科目；

（5）根据合同能否可靠估计，分别不同方法确认合同收入和合同费用。

企业还应设置“合同履约成本减值准备”科目核算与合同履约成本有关的资产的减值准备。与合同履约成本有关的资产发生减值的，按应减记的金额，借记“资产减值损失”科目，贷记该科目；转回已计提的资产减值准备时，做相反的会计分录。该科目期末贷方余额，反映企业已计提但尚未转销的合同履约成本减值准备。

四、工程承包合同履约成本的核算

（一）人工费的核算

工程项目施工过程中发生的人工费，应根据服务对象分别在“工程施工”“机械作业”“辅助生产”等科目中归集。属于直接进行工程施工的生产人员的人工费，应单独记入“工程施工”科目和所属施工成本明细科目的借方（记入“直接人工费”成本项目）；直接进行辅助生产的人工费，应记入“辅助生产”科目和所属明细科目的借方（记入“人工费”成本项目）；以自有机械进行施工并独立核算，应单独记入“机械作业”科目和所属成本明细科目的借方（记入“人工费”成本项目）；工程项目管理人员的工资薪酬，应记入“工程施工——间接费用”科目和所属明细科目的借方（记入“人工费”成本项目）；同时，记入“应付职工薪酬”科目的贷方。

【例 6-1】 某建筑公司承建云南玉溪至元江高速公路第六标段，合同总造价 120 000 000 元，包括一座 1 500 米长的隧道，一座 800 延米的特大桥和 4 千米的路基。该公司设西南项目部组织管理施工生产，并成立了一个隧道队、一个大桥队、一个路基队进行施工，另外成立了一个碎石开采场、一个机械维修队作为辅助生产部门。

20×9 年 1 月，发生职工薪酬费用 1 000 000 元，其中隧道队 300 000 元、大桥队 120 000 元、路基队 200 000 元、碎石开采场发生工资 180 000 元、机械维修队 200 000 元。账务处理如下：

借：工程施工——隧道工程合同成本（直接人工费）	300 000
——大桥工程合同成本（直接人工费）	120 000
——路基工程合同成本（直接人工费）	200 000
辅助生产——采石场（人工费）	180 000
——机修队（人工费）	200 000
贷：应付职工薪酬	1 000 000

（二）材料费的核算

工程施工过程中发生的直接用于形成工程实体的原材料费用，应在“工程施工——某项目合同成本”科目中专门设置“直接材料费”成本项目进行核算。原料和主要材料一般分成本对象领用，应根据领退料凭证，直接记入某单项施工成本的“直接材料费”项目。

直接用于工程施工的各种原材料费用，应借记“工程施工”科目及其所属各成本明细科目的“直接材料费”成本项目。

所属辅助生产单位发生的直接用于辅助生产的各种原材料费用，其分配方法与上述施工生产所耗用的原材料费用分配方法相同，应记入“辅助生产——材料费”科目的借方。

所属自有机械进行施工发生的各种燃料及配件等材料的消耗，应借记“机械作业”科目及其所属“燃料及动力”“折旧及修理”等成本明细科目。

施工生产中用于组织和管理生产活动的各种原材料费用，一般借记“工程施工——间接费用”科目及其明细科目的相关费用项目。

施工项目部应根据发出原材料的费用总额，贷记“原材料”科目。

【例 6-2】 承例 6-1，20×9 年 3 月，仓库发出水泥 4 000 吨，单价 200 元，其中隧道使用 3 000 吨，大桥使用 1 000 吨；发出钢材 300 吨，单价3 000 元，隧道使用 200 吨，大桥使用 100 吨；采石场领用炸药 1.5 吨，单价4 000 元。

借：工程施工——隧道工程合同成本（直接材料费）	1 200 000
——大桥工程合同成本（直接材料费）	500 000
辅助生产——采石场（材料费）	6 000
贷：原材料	1 706 000

按计划成本法核算的单位，还应当按月分摊材料成本差异。

（三）机械使用费的核算

机械使用费除外租设备进行施工可直接记入“工程施工——机械使用费”科目外，应当设置“机械作业”科目单独进行归集，期末按照一定的方法进行分摊，记入“工程施工”科目。

施工企业及其所属内部独立核算的单位以自有机械直接进行机械施工的，应当设置“机械作业”科目，并设置“人工费”“燃料及动力”“折旧及修理”“其他直接费”“间接费用”等相关明细科目进行明细核算。发生费用时，借记“机械作业”科目及其明细科目，贷记“原材料”“应付职工薪酬”“累计折旧”“库存现金”等科目。

（四）其他直接费的核算

其他直接费是指企业在施工过程中发生的，除人工费、材料费、机械使用费以外的其他各种直接费用。其他直接费用发生时，借记“工程施工——其他直接费”科目，贷记有关科目。

【例 6-3】 承例 6-1，20×9 年 5 月，因隧道施工场地狭窄，水泥需要二次搬运，支付外部劳务人员搬运费 5 000 元，委托其他单位为大桥混凝土试件进行检测，发生支出 2 000 元，取得发票均为增值税普通发票。领用生产工具 3 000 元（经统计，隧道应摊销 1 500 元，路基 1 000 元，大桥 500 元）。

借：工程施工——隧道工程合同成本（其他直接费）	5 000	
——大桥工程合同成本（其他直接费）	2 000	
贷：银行存款		7 000
借：工程施工——隧道工程合同成本（其他直接费）	1 500	
——路基工程合同成本（其他直接费）	1 000	
——大桥工程合同成本（其他直接费）	500	
贷：周转材料		3 000

（五）间接费用的核算

间接费用是指为完成合同所发生的、不易直接归属于合同成本核算对象而应分配计入有关合同成本核算对象的各项费用支出，是企业下属的施工单位（如施工项目部）为组织和管理施工生产活动所发生的费用。

1. 间接费用的账务处理

间接费用是施工单位为组织和管理施工生产活动所发生的共同性费用，一般难以分清具体的受益对象，因此，在费用发生时，应先通过“工程施工——间接费用”科目进行归集，成本计算期期末再采用系统、合理的方法分配计入各项工程成本。工程施工过程中，发生间接费用支出时，借记“工程施工——间接费用”科目，贷记有关科目。

【例 6-4】 20×9 年 8 月，渭水项目部发放管理人员工资 50 000 元，奖金 20 000 元；车辆折旧费 100 000 元；临时设施折旧 20 000 元；支付办公费 5 000 元，差旅费8 000 元（因没有取得增值税专用发票，办公费和差旅费进项税额不能抵扣）。上述业务的账务处理如下：

借：工程施工——间接费用——管理人员工资	70 000	
——折旧及修理	120 000	
——办公费	5 000	
——差旅费	8 000	
贷：应付职工薪酬		70 000
累计折旧		120 000
库存现金		13 000

2. 间接费用的分配

在工程承包合同只设一个成本核算对象的情况下，间接费用可直接计入该合同的成本。在工程承包合同分多个工程进行成本核算的情况下，间接费用应按系统、合理的分配方法计入各成本核算对象的成本。间接费用的分配方法通常有人工费比例分配法、直接费用比例分配法、按年度计划分配率分配法等。

（1）人工费比例分配法。该方法是以合同实际发生的人工费为基数，对工程核算对象的间接费用进行分配的一种方法。由于工资费用分配表中有现成的生产工人工资资料，因而采用此分配方法，核算工作简便。这种方法适用于人工费占成本比例大、材料消耗小、机械化施工程度低的工程项目，如安装工程、挡墙砌筑工程等。若在机械化程度高的工程中使用此种方法，由于工资费用少，负担的间接费用也少，会影响分配的合理性。

某项工程应负担的间接费＝该项工程实际发生的人工费×间接费分配率

间接费分配率＝当期发生的全部间接费用÷当期各项工程发生的人工费之和

【例 6-5】 某建筑公司华东项目部担负某项设备安装工程施工，安装任务包括中央空调、炼油设备和过滤设备三项。20×9 年第二季度共计发生间接费用600 000 元，该季度安装工程发生的人工费为：中央空调 200 000 元、炼油设备1 000 000 元、过滤设备 800 000 元。编制间接费用分配表，如表 6-1

所示。

表 6-1 **间接费用分配表**

编制单位：华东项目部 20×9 年第二季度 金额单位：元

项目	人工费成本	分配率	分配额
中央空调	200 000	0.3	60 000
炼油设备	1 000 000	0.3	300 000
过滤设备	800 000	0.3	240 000
合计	2 000 000	0.3	600 000

间接费分配率＝600 000÷(200 000＋1 000 000＋800 000)＝0.3

借：工程施工——中央空调安装合同成本（间接费用） 60 000
　　　　　　——炼油设备安装合同成本（间接费用） 300 000
　　　　　　——过滤设备安装合同成本（间接费用） 240 000
　贷：工程施工——间接费用 600 000

（2）直接费用比例分配法。该方法是按照计入各项施工成本的直接费比例分配间接费用的方法，即按照各成本核算对象的直接成本费用比例对间接费用进行分配。此种方法适用于建筑工程的核算。

$$\text{某项工程应负担的间接费}=\text{该项工程实际发生的直接费}\times\text{间接费分配率}$$

$$\text{间接费分配率}=\text{当期发生的全部间接费用}\div\text{当期各项工程发生的直接费之和}$$

（3）按年度计划分配率分配法。该方法是按照年度开始前确定的全年度适用的计划分配率分配间接费用的方法。假定以合同收入作为分配标准，其分配计算的公式为：

$$\text{年度计划分配率}=\text{年度间接费用计划总额}\div\text{年度各工程计划合同收入总额}\times 100\%$$

$$\text{某项工程负担的间接费}=\text{该种工程实际完成合同收入额}\times\text{年度计划分配率}$$

“工程施工——间接费用”科目如有年末余额，即全年间接费用的实际发生额与计划分配额的差额，一般应在年末调整合同成本。如实际发生额大于计划分配额，用蓝字补加，相反则用红字冲减。

此外，企业还可采用其他合理的方法来分配间接费用。具体选用哪种分配方法，由企业自行决定。

第三节　辅助生产成本

施工企业的辅助生产是指为施工生产服务而进行的产品生产、劳务供应。其中，有的只生产一种产品或提供一种劳务，如供电、供水、供气、供风等辅助生产；有的则生产多种产品或提供多种劳务，如从事机器设备修理等辅助生产。有时，辅助生产提供的产品和劳务也对外销售，但这不是辅助生产的主要任务。

一、辅助生产费用的归集

辅助生产部门所发生的各项生产费用，应按成本核算对象和成本项目进行归集。成本核算对象一般可按生产的材料（或产品）和提供劳务的类别确定。成本项目一般可以分为人工费、材料费、其他直接费和间接费用，其中，间接费用是指为组织和管理辅助生产所发生的费用。为了归集各个辅助生产部门所发生的生产费用，施工企业应在“辅助生产”科目下，按车间、单位或部门和确定的成本核算对象设置辅助生产明细科目，分别登记本期发生的辅助生产费用。辅助生产明细科目的借方，应根据费用分配表等有关凭证登记，同时，还应按辅助生产费用应归属的成本项目，登记在明细科目借方发生额的有关栏内；辅助生产明细科目的贷方，应根据辅助生产费用分配表等有关凭证，登记分配结转的辅助生产费用。发生的辅助生产费用支出，应借记“辅助生产”科目，贷记“应付职工薪酬”“原材料”“银行存款”等有关科目。

【例 6-6】　某施工企业有混凝土搅拌站和发电站两个辅助生产部门，本月发生下列生产费用：混凝土搅拌站本月领用燃料 2 000 元，领用水泥等材料80 000 元；发电站本月领用燃料 3 000 元。分配本月职工薪酬 10 000 元，其中，混凝土搅拌站 4 000 元，发电站 6 000 元。混凝土搅拌站本月领用机械配件 560 元，发电站本月领用机械配件 840 元。计提本月固定资产折旧 2 500 元，其中，混凝土搅拌站负担 1 000 元、发电站负担 1 500 元。以银行存款支付其他费用 2 600 元（取得了增值税普通发票），其中，混凝土搅拌站负担 1 040 元、发电站负担 1 560 元。账务处理如下：

借：辅助生产——混凝土搅拌站	88 600	
——发电站	12 900	
贷：原材料——燃料		5 000
——主要材料		80 000

——机械配件 1 400

应付职工薪酬 10 000

累计折旧 2 500

银行存款 2 600

根据上述账务处理，登记辅助生产明细账，如表6-2和表6-3所示。

表6-2 **辅助生产多栏式明细账（1）**

单位：混凝土搅拌站　　　产品或劳务数量：400

成本核算对象：混凝土　　　计量单位：立方米；金额单位：元

20×9年		凭证号	摘要	借方	贷方	余额	明细科目发生额			
月	日						人工费	材料费	其他直接费	间接费用
略	略	略	领用材料及燃料	82 000		82 000		82 000		
			职工薪酬费用	4 000		86 000	4 000			
			领用机械配件	560		86 560		560		
			计提折旧	1 000		87 560				1 000
			支付其他费用	1 040		88 600			1 040	
			结转成本		88 600					
			合计	88 600		0	4 000	82 560	1 040	1 000

表6-3 **辅助生产多栏式明细账（2）**

单位：发电站　　　产品或劳务数量：25 800

成本核算对象：电力　　　计量单位：千瓦时；金额单位：元

20×9年		凭证		摘要	借方	贷方	余额	明细科目发生额			
月	日	种类	编号					人工费	材料费	其他直接费	间接费用
略	略	略	略	领用材料及燃料	3 000		3 000		3 000		
				职工薪酬费用	6 000		9 000	6 000			
				领用机械配件	840		9 840		840		
				计提折旧	1 500		11 340				1 500
				支付其他费用	1 560		12 900			1 560	
				结转成本		12 900					
				合计	12 900		0	6 000	3 840	1 560	1 500

二、辅助生产费用的分配

归集在“辅助生产”科目及其明细科目借方的辅助生产费用，由于辅助生产部门所生产的材料（或产品）和劳务的种类不同，其分配、转出的程序也有所不同。

（一）形成材料物资的辅助生产成本转出

辅助生产部门生产完成验收入库的各种自制材料、结构件等，应按实际成本借记“原材料”“周转材料”等科目，贷记“辅助生产”科目。当施工单位或其他有关部门领用这些材料、结构件时，再从“原材料”“周转材料”等科目的贷方转入“工程施工”等有关科目的借方。

【例 6-7】 接例 6-6，混凝土搅拌站生产完成的混凝土在期末结转记入“原材料”科目。账务处理为：

借：原材料——主要材料（混凝土）　　88 600

　贷：辅助生产——混凝土搅拌站　　88 600

（二）形成劳务的辅助生产成本转出

辅助生产部门提供水、电、风、气、设备维修和施工机械的安装、拆卸等劳务所发生的辅助生产费用，一般应于月末根据辅助生产明细账的记录，编制辅助生产费用分配表，采用适当的方法在各受益对象之间进行分配。其中，对外单位提供的部分，应借记“其他业务成本”科目，贷记“辅助生产”科目；对本单位工程施工、机械作业等提供的部分，应借记“工程施工”“机械作业”等科目，贷记“辅助生产”科目。

【例 6-8】 接例 6-6，发电站发生的成本合计为 12 900 元，提供 25 800 千瓦时电，其中工程施工现场耗用 22 000 千瓦时，机械作业耗用 2 000 千瓦时，施工管理耗用 1 800 千瓦时。发电劳务成本分配结果如表 6-4 所示。

表 6-4　　辅助生产部门对外提供劳务费用分配表　　金额单位：元

部门	劳务量	计量单位	应分配生产费用	单价	受益对象					
					工程施工		机械作业		项目管理	
					耗用	金额	耗用	金额	耗用	金额
发电	25 800	千瓦时	12 900	0.5	22 000	11 000	2 000	1 000	1 800	900

辅助生产成本分配账务处理为：

借：工程施工——某项目合同成本　　11 000

　　　　　——间接费用　　900

　　机械作业　　1 000

　贷：辅助生产——发电站　　12 900

（三）辅助生产部门之间的相互分配

如果在一个施工企业内部有若干个辅助生产部门之间相互提供劳务、作业，为了正确地计算辅助生产的成本，还需要在各辅助生产部门之间进行辅助生产费用的交互分配。在实际工作中，施工项目部涉及的辅助生产费用可以采用直接分配法和一次交互分配法。

1. 直接分配法

采用这种方法分配辅助生产费用，不考虑各辅助生产单位之间相互提供劳务（或产品）的情况，而是将各辅助生产费用直接分配给辅助生产以外的各受益单位。

【例 6-9】 某公司华东项目部承担赣龙铁路 H 标段的施工，为便于工程管理，项目部设一个搬运队和一个机械修理队辅助施工。20×9 年 6 月，搬运队共计发生成本费用 120 000 元，其提供服务为：路基施工队 100 000 吨公里，隧道施工队 120 000 吨公里，机械修理队 10 000 吨公里，项目经理部 20 000 吨公里；机械修理队发生费用 80 000 元，其提供服务为：路基施工队 2 500 工时，隧道施工队 2 000 工时，搬运队 3 000 工时，项目经理部 500 工时。

机械修理队和搬运队相互提供劳务不考虑分摊，只对内部基本施工队伍和管理部门进行费用分摊，修理费用按修理工时比例分配，搬运费用按搬运吨公里比例进行分配。20×9 年 6 月，有关辅助生产费用的资料如表 6-5 所示。

表 6-5 **辅助费用分配表**

编制单位：华东项目部　　20×9 年 6 月　　金额单位：元

项目		路基施工队	隧道施工队	项目经理部	合计
搬运队	工作量	100 000	120 000	20 000	240 000
	分摊率				0.50
	分摊金额	50 000	60 000	10 000	120 000
机修队	工作量	2 500	2 000	500	5 000
	分摊率				16.00
	分摊金额	40 000	32 000	8 000	80 000
费用合计		90 000	92 000	18 000	200 000

①对外供应劳务数量：

搬运队的数量＝250 000－10 000＝240 000(吨公里)

机修队的数量＝8 000－3 000＝5 000(工时)

②费用分配率（单位成本）：

搬运队的分配率＝120 000÷240 000＝0.50(元/吨公里)

机修队的分配率＝80 000÷5 000＝16(元/工时)

③账务处理：

借：工程施工——路基工程合同成本（机械使用费）　　90 000

——隧道工程合同成本（机械使用费） 92 000
——间接费用——折旧及修理 8 000
——其他费用 10 000
贷：辅助生产——搬运队 120 000
——机修队 80 000

2. 一次交互分配法

采用此方法分配辅助生产费用，先根据各辅助生产内部相互供应的数量和交互分配前的费用分配率，进行一次交互分配；然后将各辅助生产车间交互分配后的实际费用（即交互分配前的费用加上交互分配转入的费用，减去交互分配转出的费用）按对外劳务的数量，在辅助生产以外的各受益单位之间进行分配。

【例 6-10】 承例 6-9，搬运队与机修队的费用先进行相互分配（见表 6-6），得到搬运队与机修队对外分配的费用：

搬运队的费用＝120 000－4 800＋30 000＝145 200(元)

机修队的费用＝80 000－30 000＋4 800＝54 800(元)

表 6-6 **辅助生产费用分配表**

编制单位：华东项目部 20×9 年 6 月 金额单位：元

分配方向			交互分配			对外分配		
辅助生产部门			搬运队	机修队	合计	搬运队	机修队	合计
待分配费用			120 000	80 000	200 000	145 200	54 800	200 000
工作或劳务数量			250 000	8 000	—	240 000	5 000	—
单位成本（分配率）			0.48	10	—	0.605	10.96	—
辅助单位	搬运队	耗用数量		3 000				
		分配金额		30 000				
	机修队	耗用数量	10 000					
		分配金额	4 800					
	金额小计		4 800	30 000				
基本单位	路基队	耗用数量				100 000	2 500	
		分配金额				60 500	27 400	87 900
	隧道队	耗用数量				120 000	2 000	
		分配金额				72 600	21 920	94 520
	金额小计					133 100	49 320	182 420
项目经理部		耗用数量				20 000	500	
		分配金额				12 100	5 480	17 580

①交互分配：

借：辅助生产——搬运队（折旧及修理）	30 000
——机修队（其他费用）	4 800
贷：辅助生产——搬运队	4 800
——机修队	30 000

②对外分配：

借：工程施工——路基工程合同成本（机械使用费）	87 900
——隧道工程合同成本（机械使用费）	94 520
——间接费用——折旧及修理	5 480
——其他费用	12 100
贷：辅助生产——搬运队	145 200
——机修队	54 800

第四节 机械作业成本

施工企业在施工生产过程中使用的施工机械，既有自有的施工机械，又有租入的施工机械，两者的核算方法有所不同。施工企业及其内部独立核算的施工单位（如施工项目部）、机械站和运输队使用自有施工机械和运输设备进行机械作业时，应设置“机械作业”科目，用以核算使用自有施工机械和运输设备进行施工生产（包括机械化施工和运输作业等）所发生的各项费用。本科目借方登记实际发生的各项机械使用费，贷方登记月末转入有关账户应由成本核算对象负担或构成特定支出的机械作业成本。本科目应按照“人工费”、“燃料及动力”、“折旧及修理”、“其他直接费”和“间接费用”五个成本项目进行明细核算。

施工企业所属各施工单位从外单位或本企业其他内部独立核算的机械站租入施工机械所支付的租赁费，一般可以根据机械租赁费结算账单所列金额，直接记入有关工程成本核算对象的“机械使用费”成本项目。如果发生的施工机械租赁费应由两个或两个以上工程成本核算对象共同负担，则应根据所支付的租赁费总额和各工程成本核算对象实际使用的台班数，分配计入有关的工程成本核算对象。

一、机械作业成本的归集

施工项目上使用自有施工机械或运输设备进行机械作业所发生的各项费用，

主要包括下列各项内容：

（1）人工费，即驾驶和操作施工机械人员的工资、奖金、职工福利费、工资性质的津贴和劳动保护费等；

（2）燃料及动力费，即施工机械或运输设备运转所耗用的液体燃料、固体燃料和电力等费用；

（3）折旧及修理费，即按规定对施工机械、运输设备计提的固定资产折旧，实际发生的修理费用，以及替换工具和部件（如轮胎、钢丝绳等）的摊销费和维修费等；

（4）其他直接费，即施工机械、运输设备所耗用的润滑和擦拭材料费用以及预算定额所规定的其他费用，如养路费、过渡费、过闸费以及施工机械的搬运、安装、拆卸和辅助设施费等；

（5）间接费用，即施工企业所属内部独立核算的机械站和运输队等为组织和管理机械施工或运输作业所发生的各项费用，包括管理人员的工资、奖金、职工福利费、工资性质的津贴，劳动保护费，办公费以及管理用固定资产的折旧费、修理费等。

值得注意的是，施工企业所属内部独立核算的机械站和运输队，应根据上述成本项目，归集当月实际发生的机械作业费用总额（包括间接费用），计算当月机械作业的总成本，并根据当月机械运转台班或完成的工程量，计算当月机械作业的实际单位成本。施工企业所属各施工单位（如施工项目部）的自有施工机械和运输设备，一般只计算机械作业的直接费成本，而将为组织和管理机械作业所发生的间接费用直接分配记入各工程成本核算对象的“间接费用”成本项目。

施工项目上使用自有施工机械或运输设备进行机械作业所发生的各项费用，应通过“机械作业”科目进行归集。同时，在“机械作业”科目下，还应按施工机械或运输设备的种类（或每台机械）等成本核算对象设置明细科目，并按规定的成本项目分设专栏，进行明细分类核算。施工机械作业的成本核算对象，一般来说，大型机械设备、特种施工机械，可以单机或机组作为成本核算对象；中小型施工机械，可以机械类别作为成本核算对象。运输设备的成本核算对象，一般以运输设备的类别作为成本核算对象；大型运输设备可以单车为成本核算对象。

【例 6-11】 某建筑公司华北项目部自有挖掘机 1 台，20×9 年 7 月共发生下列费用：应付汽车驾驶人员的工资等薪酬 7 240 元，领用燃料 6 200 元，计提挖掘机的折旧额 6 000 元，领用机械配件 3 960 元，以银行存款支付通行费 600 元，取得了不征税增值税发票。机械作业成本归集的账务处理如下：

借：机械作业——挖掘机　24 000
　贷：应付职工薪酬　7 240
　　原材料——燃料　6 200
　　　　——机械配件　3 960
　　累计折旧　6 000
　　银行存款　600

据此登记费用明细账，如表 6-7 所示。

表 6-7　机械作业多栏式明细账

成本核算对象：挖掘机　　单位：元

20×9 年		凭证号	摘要	借方	贷方	余额	明细科目发生额				
月	日						人工费	燃料及动力费	折旧及维修费	其他直接费	间接费用
略	略	略	领用燃料	6 200		6 200		6 200			
			职工薪酬费用	7 240		13 440	7 240				
			领用机械配件	3 960		17 400			3 960		
			计提折旧	6 000		23 400			6 000		
			支付通行费	600		24 000				600	
			结转成本		24 000						
			合计	24 000		0	7 240	6 200	9 960	600	

二、机械作业成本的分配

施工项目部使用自有施工机械或运输设备进行机械作业所发生的各项费用，通过“机械作业”科目和机械作业明细账归集以后，会计期末根据不同情况对当期发生的机械作业成本进行分配和结转。结转机械作业成本时，为某单一受益对象发生的支出，可直接将“机械作业”账户归集的费用转入“工程施工”等有关账户；为多个受益对象发生的支出，则应按照一定的方法将机械作业成本在有关对象之间进行分配，分配的主要方法有实际成本比例法和计划成本比例法。其中，对外单位、专项工程等提供机械作业的成本，借记“其他业务成本”等科目，贷记“机械作业”科目。

自有施工机械使用费的分配方法主要有以下三种：

1. 机械台班分配法

机械台班分配法是指按各工程成本核算对象实际使用施工机械的台班数进行分配的方法。其计算公式如下：

$$\text{某种机械的每台班实际成本}=\text{该种机械本月实际发生的费用总额}\div\text{该种机械本月实际工作的台班总数}$$

$$\text{某工程成本核算对象应分配的某种机械使用费}=\text{该工程成本核算对象实际使用台班数}\times\text{某种机械的每台班实际成本}$$

机械台班分配法一般适用于按单机或机组进行成本核算的施工机械。

【例 6-12】 某建筑公司北京项目部自有塔式起重机一台，20×9 年 10 月实际发生的机械作业费用总额为 24 000 元，本月实际工作 120 个台班，其中：为厂房工程工作 50 个台班，为办公楼工程工作 70 个台班。则厂房工程和办公楼工程本月应负担的塔式起重机使用费的分配及账务处理如下：

塔式起重机的每台班实际成本＝24 000÷120＝200（元/台班）

厂房工程应分配的塔式起重机使用费＝50×200＝10 000（元）

办公楼工程应分配的塔式起重机使用费＝70×200＝14 000（元）

借：工程施工——厂房项目合同成本（机械使用费）	10 000	
——办公楼项目合同成本（机械使用费）	14 000	
贷：机械作业——塔式起重机		24 000

2. 作业量分配法

作业量分配法是指以各种施工机械所完成的作业量为基础进行分配的方法。其计算公式如下：

$$\text{某种机械的单位作业量实际成本}=\text{该种机械实际发生的费用总额}\div\text{该种机械实际完成的作业量}$$

$$\text{某工程成本核算对象应负担的某种机械使用费}=\text{该种机械为该工程成本核算对象提供的作业量}\times\text{该种机械的单位作业量实际成本}$$

作业量分配法一般适用于能够计算完成作业量的单台或某类施工机械，如汽车运输作业，可以按单台或一个种类汽车提供的吨公里计算作业量等。

【例 6-13】 某建筑公司北京项目部自有搬运车 1 辆，20×9 年 10 月实际发生的费用总额为 36 000 元，本月为厂房工程和办公楼工程的作业总量为 1 800 吨公里，其中：为厂房工程提供的作业量为 1 000 吨公里，为办公楼工程提供的作业量为 800 吨公里。则厂房工程和本月应负担的搬运车使用费的分配及账务处理如下：

厂房工程和办公楼工程本月应负担的搬运车使用费计算如下：

搬运车的单位作业量实际成本＝36 000÷1 800＝20(元/吨公里)

厂房工程应分配的搬运车使用费＝1 000×20＝20 000（元）

办公楼工程应分配的搬运车使用费＝800×20＝16 000（元）

借：工程施工——厂房项目合同成本（机械使用费）　　20 000
　　　　　——办公楼项目合同成本（机械使用费）　　16 000
　贷：机械作业——搬运车　　36 000

3. 预算分配法

预算分配法是指按实际发生的机械作业费用占预算定额规定的机械使用费的比率进行分配的方法。其计算公式如下：

$$\text{机械作业费用分配率}=\text{实际发生的机械作业费用总额}\div\text{全部受益工程成本核算对象的预算机械使用费总额}$$

$$\text{某受益工程成本核算对象应分配的机械使用费}=\text{该受益工程成本核算对象预算机械使用费}\times\text{机械作业费用分配率}$$

预算分配法一般适用于不便计算机械使用台班或无机械台班和台班单价预算定额的中小型施工机械使用费，如几个工程成本核算对象共同使用的混凝土搅拌机的费用等。

【例 6-14】 某建筑公司北京项目部自有混凝土搅拌机 1 台，20×9 年 9 月实际发生的机械作业费用总额为 18 204 元，厂房工程和办公楼工程预算中的混凝土搅拌机使用费总额为 60 000 元，其中：厂房工程预算中的混凝土搅拌机使用费为 36 000 元，办公楼工程预算中的混凝土搅拌机使用费为 24 000 元。则厂房工程和办公楼工程本月应负担的混凝土搅拌机使用费分配及账务处理如下：

机械作业费用分配率＝18 204÷60 000＝0.303 4
厂房工程应分配的混凝土搅拌机使用费＝36 000×0.303 4
＝10 922.4(元)
办公楼工程应分配的混凝土搅拌机使用费＝24 000×0.303 4
＝7 281.6(元)

借：工程施工——厂房项目合同成本（机械使用费）　　10 922.4
　　　　　——办公楼项目合同成本（机械使用费）　　7 281.6
　贷：机械作业——混凝土搅拌机　　18 204

在实际工作中，施工项目部自有施工机械使用费一般是根据各月份的机械作业明细账、机械使用月报和工程量报表等资料，通过编制机械使用费分配表进行分配的。

重要概念

工程施工成本　　预算成本　　计划成本　　实际成本　　材料费

人工费　　　　　机械使用费　　间接费用

复习思考题

一、简答题

1. 简述工程施工成本的分类，施工成本与费用的关系。
2. 施工企业工程施工成本分类有哪些?
3. 简述辅助生产费用的分配程序。
4. 自有施工机械使用费的分配方法包括哪些?

二、单项选择题

1. 施工企业项目部发生的管理人员工资应计入（　　）。

A. 管理费用　　B. 制造费用
C. 工程施工　　D. 机械作业

2. 施工现场发生的二次搬运费，应记入（　　）成本项目。

A. “其他直接费”　　B. “间接费用”
C. “直接人工费”　　D. “直接材料费”

3. 施工企业自有机械作业所发生的各项费用，首先应通过（　　）账户归集。

A. “机械作业”　　B. “机械使用费”
C. “其他直接费用”　　D. “间接费用”

4. 下列支出不应计入建筑安装工程成本中材料费的是（　　）。

A. 周转材料的摊销　　B. 周转材料的租赁费用
C. 临时设施的摊销　　D. 构筑件

5. 施工企业发生的业务招待费应通过（　　）账户核算。

A. “营业外支出”　　B. “利润分配”
C. “营业费用”　　D. “管理费用”

6. 建筑安装工程在施工过程中发生的材料费、人工费和其他直接费用应直接记入（　　）账户的借方。

A. “工程施工”　　B. “主营业务成本”
C. “机械作业”　　D. “工业生产”

7. 为施工准备、组织和管理施工生产的全部费用的支出，称为（　　）。

A. 直接成本　　B. 间接成本
C. 施工成本　　D. 计划成本

8. 下列费用中，属于建筑安装工程间接费的是（　　）。

A. 施工机械使用费　　B. 项目部办公费

C. 业务招待费　　D. 广告宣传费

9. 建筑安装工程直接费由直接工程费和措施费组成，下列费用中，属于直接工程费中材料费的是（　　）。

A. 进行建筑材料质量一般性鉴定检查所耗费用

B. 搭设临时设施所耗材料费

C. 施工机械安装及拆卸所耗材料费

D. 跳板、脚手架等的摊销费

10. 在竣工验收前，对已完工程及设备进行保护所需的费用属于（　　）。

A. 建筑安装工程措施费　　B. 建设单位管理费

C. 建筑安装工程现场经费　　D. 建筑安装工程直接工程费

11. 下列费用中，属于建筑安装工程直接费的是（　　）。

A. 施工企业施工所需的材料　　B. 工程定额测定费

C. 项目经理工资　　D. 危险作业意外伤害保险

12. 下列项目中，可以直接计入工程对象的费用是（　　）。

A. 支付给生产工人的工资　　B. 差旅交通费

C. 支付给管理人员的工资　　D. 办公费

13. 施工过程中耗费的构成工程实体或有助于工程实体形成的各项费用支出，称为（　　）。

A. 直接成本　　B. 间接成本

C. 施工成本　　D. 经营成本

三、多项选择题

1. 关于施工企业成本核算对象的确定，下列说法中正确的有（　　）。

A. 一般情况下，以每一独立编制施工预算的单位工程为成本核算对象

B. 如果一个单位工程由几个专业施工单位分包施工，以由各施工单位各自施工部分单位工程为成本核算对象

C. 规模大、工期长的单位工程，可将工程划分为若干分部工程，以各分部工程作为成本核算对象

D. 同一建设项目或同一施工单位中，有若干单位工程的施工地点相同、结构类型相同、开竣工时期接近或者若干预算造价较低的单位工程，则可以将其合并为一个成本核算对象

2. 企业内部各施工单位在施工过程中发生的各项间接费用，一般采用（　　）分配计入各成本核算对象。

A. 台班分配法　　B. 直接费比例分配法

C. 工程量分配法　　　　D. 人工费比例分配法

3. 施工成本构成的内容包括（　　）。

A. 人工费　　　　B. 材料费

C. 利润　　　　D. 税金

E. 设备工器具

4. 建筑安装工程直接工程费中的人工费包括生产工人的（　　）。

A. 工具用具使用费

B. 医疗保险费

C. 因气候影响的停工工资

D. 劳动保护费

E. 按规定标准发放的物价补贴、交通补贴

5. 建设工程项目施工成本包括直接成本和间接成本等，属于施工直接成本的有（　　）。

A. 人工费　　　　B. 管理人员工资

C. 办公费　　　　D. 施工措施费

E. 施工机械使用费

四、业务核算题

1. 某施工单位自有隧道掘进机2台，20×5年8月共发生下列费用：

（1）1日，领用燃料的实际成本为1 000元。

（2）15日，用银行存款支付购买润滑剂费300元，增值税48元。

（3）26日，支付掘进机修理费为800元，增值税128元。

（4）31日，计提掘进机折旧额为1 200元。

（5）31日，计算应付掘进土机司机的工资3 000元。

（6）31日，机械作业应分摊管理人员的职工福利费为1 280元。

（7）31日，采用机械台班分配法分配机械作业费用，其中甲、乙两工程使用数量分别为10和15台班。

要求：编制相关业务会计分录，并登记“机械作业”明细账。

2. 某项目部20×5年8月份发生下列有关经济业务：

（1）以银行存款支付工地燃料费2 600元，支付劳保用品修理费500元；增值税进项税额共计为496元；

（2）计提工地现场固定资产折旧费5 000元；

（3）根据“工资分配表”，应付项目部管理人员工资55 000元；

（4）报销项目管理人员差旅费3 000元，以现金支付；

（5）领用一次性摊销的工具300元，劳保用品100元；

（6）交通班车领用油料 1 300 元；

（7）本月该施工单位工程项目资料如下表所示（单位：元）：

工程类别	工程项目	直接成本	其中：人工费成本
铁路施工	101 隧道	1 000 000	94 000
	102 路基	800 000	50 000
	103 大桥	600 000	46 000
	104 线路	500 000	32 000

要求：

（1）根据上述资料，编制间接费用发生的会计分录；

（2）登记“施工间接费用明细账”，并结出发生额和余额；

（3）根据上述资料分配施工间接费用，编制分配的相关会计分录。

7 CHAPTER 第七章 收入与费用

第一节 收入概述

一、收入的概念与特点

收入，是指企业在日常活动中形成的、会导致所有者权益增加的、与所有者投入资本无关的经济利益总流入。其中，日常活动是指企业为完成其经营目标所从事的经常性活动以及与之相关的活动。例如，工业企业制造并销售产品、商品流通企业销售商品、咨询公司提供咨询服务、软件为客户开发软件、安装公司提供安装服务、建筑企业提供建造服务等，均属于的日常活动。日常活动所形成的经济利益流入应当确认为收入，由企业日常活动以外的活动所形成的经济利益的流入，则不是企业的收入。在会计核算中，收入的金额应当反映企业因转让商品或提供服务而预期有权收取的对价金额，以如实反映企业的生产经营成果，核算企业实现的损益。

收入的特点主要表现为：

(1) 收入从企业的日常活动中产生，而不是从偶发的交易或事项中产生，如施工企业承包工程、销售产品、材料、提供机械作业和运输作业劳务取得的收入等。有些交易或事项也能为企业带来经济利益，但不属于企业的日常活动，其流入的经济利益是利得，而不是收入。如出售固定资产，因固定资产是为使用而不是为出售而购入的，固定资产出售不属于企业的日常活动，出售固定资产取得的收益不作为收入核算。

(2) 收入可能表现为企业资产的增加，如增加银行存款、应收账款等，也可能表现为企业负债的减少。如以设备或劳务抵偿债务，或者两者兼而有之，如工程款中部分收取现金、部分抵偿债务。

(3) 收入能导致企业所有者权益增加。收入能增加资产或减少负债，或两者兼而有之，因此，根据“资产－负债＝所有者权益”的公式，企业取得的收入一定能使所有者权益增加。

（4）收入只包括本企业经济利益的流入，不包括为第三方或者客户代收的款项，如企业代政府税务部门收取的各种税费等。代收的款项，一方面增加企业的资产，一方面增加企业的负债，而不会增加企业的所有者权益，也不属于企业的经济利益，不能作为企业的收入。

二、收入的分类与内容

收入可以按照不同的标准进行分类。按照收入的性质，可以分为商品销售收入、劳务收入、让渡资产使用权取得的收入等。按照企业经营业务的主次，可以分为主营业务收入和其他业务收入。主营业务收入占企业营业收入的比重一般较大，对企业的经济效益产生较大的影响。其他业务收入占企业营业收入的比重一般较小。主营业务收入和其他业务收入的划分标准，一般应按照营业执照上注明的主营业务和兼营业务予以确定，营业执照上注明的主营业务所取得的收入一般作为主营业务收入，营业执照上注明的兼营业务所取得的收入一般作为其他业务收入。但在实际工作中，如果营业执照上注明的兼营业务量较大，且是经常发生的收入，也可归为主营业务收入。

不同行业的主营业务收入所包括的内容不同，施工企业的主营业务收入主要是工程承包合同收入，即提供建筑服务收入。施工企业的其他业务收入主要包括销售产品、材料、提供机械作业和运输作业劳务、出租固定资产、出租无形资产等取得的收入。

第二节　工程承包合同收入及费用

一、工程承包合同概述

工程承包合同是指为建造一项资产或者在设计、技术、功能、最终用途等方面密切相关的数项资产而订立的合同。这里所讲的资产，是指房屋、道路、桥梁、水坝等建筑物，以及船舶、飞机、大型机械设备等。工程承包合同是确定工程发包单位与承包单位双方之间权利与义务关系，并具有法律效力的经济契约。工程承包合同属于经济合同的范畴，但有其不同于一般销售合同之处，主要体现在：

（1）先中标，后生产，建造资产的造价在签订合同时已经确定；

（2）资产的建设期长，一般要跨越一个以上的会计年度；

（3）所建造资产的体积大，造价高；

（4）工程承包合同一般为不可取消的合同。

工程承包合同收入是施工企业的主要收入来源。按照《企业会计准则第 14 号——收入》的要求，工程承包合同收入确认和计量大致分为五步：第一步，识别与客户订立的合同；第二步，识别合同中的单项履约义务；第三步，确定交易价格；第四步，将交易价格分摊至各单项履约义务；第五步，履行各单项履约义务时确认收入。

二、工程承包合同收入的确认

（一）识别与客户订立的合同

企业与客户之间的合同同时满足下列五项条件的，企业应当在履行了合同中的履约义务，即在客户取得相关商品控制权时确认收入：

一是合同各方已批准该合同并承诺将履行各自义务；

二是该合同明确了合同各方与所转让商品相关的权利和义务；

三是该合同有明确的与所转让商品相关的支付条款；

四是该合同具有商业实质，即履行该合同将改变企业未来现金流量的风险、时间分布或金额；

五是企业因向客户转让商品而有权取得的对价很可能收回。

对于满足上述五项条件的工程承包合同，施工企业应当在履行了合同中约定的履约义务，即在客户取得相关商品控制权时确认收入。取得相关商品控制权，是指能够主导该商品的使用并从中获得几乎全部的经济利益，也包括有能力阻止其他方主导该商品的使用并从中获得经济利益。一般来说，客户通过验工计价（验收工程）确认了工程承包方完成的工程量，即获得了相应建筑产品的控制权。

对于不符合上述五项条件的合同，施工企业只有在不再负有向客户转让商品的剩余义务（例如，工程承包合同已完成或取消），且已向客户收取的对价（包括全部或部分对价）无须退回时，才能将已收取的对价确认为收入；否则，应当将已收取的对价作为负债进行会计处理，该负债代表了企业在未来向客户转让商品或者支付退款的义务。其中，企业向客户收取无须退回的对价的，应当在已经将该部分对价所对应的商品的控制权转移给客户，并且已经停止向客户转让额外的商品，也不再负有此类义务时；或者，相关合同已经终止时，将该部分对价确认为收入。

企业与客户之间的合同，在合同开始日即满足上述五项条件的，企业在后续期间无须对其进行重新评估，除非有迹象表明相关事实和情况发生重大变化。所谓合同开始日是指合同开始赋予合同各方具有法律约束力的权利和义务的日期，通常是指合同生效日。例如，企业与客户签订一份房屋建筑的工程承包合同，在合同开始日，企业认为该合同满足上述五项条件，但是，在后续期间，客户的信用风险显著升高，比如陷入严重的债务危机，企业需要评估其在未来向客户转让剩余商品而有权取得的对价是否很可能收回，如果不能满足很可能收回的条件，比如预计客户无法履行支付工程款的义务，则该合同自此开始不再满足相关条件，应当停止确认收入，并且只有当后续合同条件再度满足时或者当企业不再负有向客户转让商品的剩余义务，且已向客户收取的对价无须退回时，才能将已收取的对价确认为收入，但是，不应当调整在此之前已经确认的收入。

企业与客户之间的合同，不符合上述五项条件的，企业应当在后续期间对其进行持续评估，判断其能否满足上述五项条件。如果企业在此之前已经向客户转移了部分商品，当该合同在后续期间满足五项条件时，企业应当将在此之前已经转移的商品所分摊的交易价格确认为收入。

实务中，企业在对合同组合中的每一份合同进行评估时，均认为其合同对价很可能收回，但是，根据历史经验，企业预计可能无法收回该合同组合中的全部对价。此时，企业应当认为这些合同满足“因向客户转让商品而有权取得的对价很可能收回”这一条件，并以此为基础估计交易价格。同时，企业应当考虑这些合同下确认的合同资产或应收款项是否存在减值。

（二）合同合并

企业与同一客户（或该客户的关联方）同时订立或在相近时间内先后订立的两份或多份合同，在满足下列条件之一时，应当合并为一份合同进行会计处理：

（1）该两份或多份合同基于同一商业目的而订立并构成一揽子交易，如一份合同在不考虑另一份合同的对价的情况下将会发生亏损；

（2）该两份或多份合同中的一份合同的对价金额取决于其他合同的定价或履行情况，如一份合同如果发生违约，将会影响另一份合同的对价金额；

（3）该两份或多份合同中所承诺的商品（或每份合同中所承诺的部分商品）构成单项履约义务。

【例 7-1】 20×8 年 8 月，中安交通工程公司与黔贵建投公司签订一项总金额为 20 亿元的工程承包合同，修建仁怀高速公路。9 月中安交通工程公司又与黔贵建投公司签订另一项总金额为 1 亿元的工程承包合同，修建仁怀高速公路上的某服务区，该合同的合同金额明显低于市场正常价格。按照合同约定，如果仁怀高速公路的设计和建设计划发生变动，该服务区的施工方案和造价会随之变动；中安交通公司如未能及时完成高速公路的施工，服务区工程将交由其他公司承建。

分析：中安交通工程公司与黔贵建投公司在短时间内签订的两份合同具有高度关联，判断属于“基于同一商业目的而订立并构成一揽子交易”，同时，如果不考虑高速公路承包合同，服务区工程承包合同价格低于正常市场价格会出现亏损，因此，该高速公路工程承包合同和服务区工程承包合同应合并为一份合同进行核算。

同时，由于服务区的施工方案和造价取决于仁怀高速公路的设计和建设计划，也意味着服务区工程承包合同的对价金额取决于仁怀高速公路合同的定价或履行情况；而“中安交通公司如未能及时完成高速公路的施工，服务区工程将交由其他公司承建”，也表明一份合同如果发生违约，将会影响另一份合同的对价金额。

值得注意的是，两份或多份合同合并为一份合同进行会计处理的，仍然需要区分该一份合同中包含的各单项履约义务。

（三）合同变更

合同变更，是指经合同各方批准对原合同范围或价格做出的变更。合同变更既可能形成新的具有法律约束力的权利和义务，也可能是变更了合同各方现有的具有法律约束力的权利和义务。

某些情况下，合同各方对于合同范围或价格的变更还存在争议，或者合同各方已批准合同范围的变更，但尚未确定相应的价格变动，企业应当考虑包括合同条款及其他证据在内的所有相关事实和情况，以确定该变更是否形成了新的有法律约束力的权利和义务，或者变更了现有的有法律约束力的权利和义务。合同各方已批准合同范围变更，但尚未确定相应价格变动的，企业应当按照企业会计准则有关可变对价的规定对合同变更所导致的交易价格变动进行估计。

【例 7-2】 太行建筑公司与万方公司签订合同，在万方公司厂区内为其修建一座大型综合性仓库。根据合同约定，万方公司应当在合同开始日起 30 天内允许太行建筑公司进场施工，导致太行建筑公司未能及时开始施工的任何事件（包括不可抗力的影响），太行建筑公司均能够获得补偿，补偿金额相当于太行建筑公司因工程延误而直接发生的实际成本。

由于当地连降暴雨对施工场地造成了破坏，太行建筑公司直到合同开始日后第 60 天才开始进场施工，太行建筑公司根据合同约定向万方公司提出了索赔申请，但是，直到会计期末，万方公司尚未同意对太行建筑公司进行补偿。

分析：太行建筑公司对于提出索赔申请的法律依据进行了评估，虽然万方公司直到会计期末尚未同意该索赔申请，但是，由于该申请是依据合同约定而提出，是一项有法律约束力的权利。因此，该索赔应作为合同变更进行会计处理，太行建筑公司在估计交易价格时应当考虑这一合同变更的影响。同时，该项变更并没有导致太行建筑公司向客户提供额外的商品。

企业应当区分以下三种情形对合同变更分别进行会计处理：

（1）合同变更部分作为单独合同。合同变更增加了可明确区分的商品及合同价款，且新增合同价款反映了新增商品单独售价的，应当将该合同变更部分作为一份单独的合同进行会计处理。此类合同变更不影响原合同的会计处理。

按照上述要求，工程承包合同变更如果增加了可明确区分的建筑产品及合同价款，且新增合同价款反映了新增建筑产品单独售价的，应当将该合同变更部分作为一份单独的工程承包合同进行会计处理。施工企业判断新增合同价款是否反映了新增建筑产品的单独售价时，应当考虑为反映该特定合同的具体情况而对新增建筑产品价格所做的适当调整，但该调整不影响新增建筑产品单独售价的判断。

【例 7-3】 中铁交建公司与业主签订写字楼工程承包合同，初始合同金额为6亿元。合同履行过程中，业主要求增加一座餐饮楼，商定金额为0.5亿元，该金额基本反映了其市场价格。

分析：合同变更增加了可明确区分的建筑产品和合同价款，而且议定的价格反映了新增建筑产品的单独售价，因此应将追加的工程作为一份新的合同进行会计处理。

如果本例中不是增加一座餐饮楼，而是增加写字楼楼层作为餐饮楼层，那么所增加工程并不能明确区分，该变更只增加原合同交易价格，并不形成新合同。

（2）合同变更作为原合同终止及新合同订立。合同变更不属于上述第（1）种情形，且在合同变更日已转让的商品或已提供的服务与未转让的商品或未提供的服务之间可明确区分的，应当视为原合同终止，同时，将原合同未履约部分与合同变更部分合并为新合同进行会计处理。

未转让的商品或未提供的服务既包括原合同中尚未转让的商品或未提供的服务，也包括合同变更新增的商品或服务。新合同的交易价格应当为下列两项金额之和：一是原合同交易价格中尚未确认为收入的部分（包括已从客户收取的金额）；二是合同变更中客户已承诺的对价金额。

【例 7-4】 20×9年3月1日，昌大建筑公司和政府签订了一份总金额为1亿元煤矿塌陷区填埋和场地平整工程合同。在完成了填埋工程并结算相应工程款0.8亿元后，甲方要求改变合同内容，在塌陷区填埋后进行园林绿化施工，建设一座开放式城市公园，增加0.5亿元的工程造价。合同增加金额并未反映新增建筑产品的单独售价。

分析：该项合同变更不属于合同变更的第（1）种情形，且在合同变更日已转让的建筑产品与未转让建筑产品之间可明确区分的，应当视为原合同终止，同时，将原合同未履约部分与合同变更部分合并为新合同进行会计处理，新合同的交易价格应当为0.7亿元。

（3）合同变更部分作为原合同的组成部分。合同变更不属于上述第（1）种情形，且在合同变更日已转让的商品与未转让的商品之间不可明确区分的，应当将该合同变更部分作为原合同的组成部分，在合同变更日重新计算履约进度，并调整当期收入和相应成本等。

【例7-5】 20×8年1月15日，中大建筑公司和客户签订了一份总金额为1 000万元的固定造价合同，在客户自有土地上建造一幢办公楼，预计合同总成本为700万元。假定该建造服务属于在某一时段内履行的履约义务，并根据累计发生的合同成本占合同预计总成本的比例确定履约进度。

截至20×8年末，中大建筑公司累计已发生成本420万元，履约进度为60%。因此，中大建筑公司在20×8年确认收入600万元。

20×9年初，合同双方同意更改该办公楼屋顶的设计，合同价格和预计总成本因此而分别增加200万元和120万元。

分析：由于合同变更后拟提供的剩余服务与在合同变更日或之前已提供的服务不可明确区分，因此，中大建筑公司应当将合同变更作为原合同的组成部分进行会计处理，合同变更后的交易价格为1 200万元。

（四）识别合同中的单项履约义务

合同开始日，企业应当对合同进行评估，识别该合同所包含的各单项履约义务，并确定各单项履约义务是在某一时段内履行，还是在某一时点履行，然后，在履行了各单项履约义务时分别确认收入。

履约义务，是指合同中企业向客户转让可明确区分商品的承诺。下列情况下，企业应当将向客户转让商品的承诺作为单项履约义务：一是企业向客户转让可明确区分商品（或者商品的组合）的承诺；二是企业向客户转让一系列实质相同且转让模式相同的、可明确区分商品的承诺。

承诺向客户转让的商品通常会在合同中明确约定，然而，虽然合同中没有明确约定，但是企业已公开宣布的政策、特定声明或以往的习惯做法等可能隐含了企业将向客户转让额外商品的承诺。这些隐含的承诺不一定具有法律约束力，但是，在某些情况下，如果在合同订立时，客户根据这些隐含的承诺能够对企业将向其转让某项商品形成合理的预期，则企业在识别合同中所包含的单项履约义务时，应当考虑此类隐含的承诺。例如，企业向客户提供装修装饰工程服务，虽然合同没有约定，但是企业在广告宣传中宣称免费向客户提供窗帘一套，则提供一套窗帘也成为一项履约义务。

在识别合同中的单项履约义务时，如果合同承诺的某项商品不可明确区分，企业应当将该商品与合同中承诺的其他商品进行组合，直到该组合满足可明确区分的条件。某些情况下，合同中承诺的所有商品组合在一起构成单项履约义务。

1. 可明确区分的商品

企业向客户承诺的商品同时满足下列两项条件的，应当作为可明确区分的商品：(1) 客户能够从该商品本身或从该商品与其他易于获得资源一起使用中受益，即该商品本身能够明确区分；(2) 企业向客户转让该商品的承诺与合同中其他承诺可单独区分，即转让该商品的承诺在合同中是可明确区分的。

下列情形通常表明企业向客户转让商品的承诺与合同中的其他承诺不可单独区分：

(1) 企业需提供重大的服务以将该商品与合同中承诺的其他商品进行整合，形成合同约定的某个或某些组合产出转让给客户。换言之，企业以该商品作为投入，生产或向客户交付其所要求的组合产出。

【例 7-6】 接例 7-5，假设不涉及合同变更。中大建筑公司向客户提供的单项商品可能包括砖头、水泥、人工等，虽然这些单项商品本身都能够使客户获益（如客户可将这些建筑材料以高于残值的价格出售，也可以将其与其他建筑承包商提供的材料或人工等资源一起使用），但是，在该合同下，中大建筑公司向客户承诺的是为其建造一栋办公楼，而并非提供这些砖头、水泥和人工等。中大建筑公司需提供重大的服务将这些单项商品进行整合，以形成合同约定的一项组合产出（即写字楼）转让给客户。因此，在该合同中，砖头、水泥和人工等商品彼此之间不能单独区分。

(2) 该商品将对合同中承诺的其他商品予以重大修改或定制。如果某项商品将对合同中的其他商品做出重大修改或定制，实质上每一项商品将被整合在一起（即作为投入）以生产合同约定的组合产出。

【例 7-7】 丰华公司与客户签订合同，向客户出售一台其生产的设备并提供安装服务。该设备可以不经任何定制或改装而直接使用，不需要复杂安装，除丰华公司外，市场上还有其他供应商也能提供此项安装服务。

分析：客户可以使用该设备或将其以高于残值的价格转售，能够从该设备与市场上其他供应商提供的此项安装服务一起使用中获益，也可从安装服务与客户已经获得的其他资源（例如设备）一起使用中获益，表明该设备和安装服务能够明确区分。

此外，在该合同中，丰华公司对客户的承诺是交付设备之后再提供安装服务，而非两者的组合产出，该设备仅需简单安装即可使用，丰华公司并未对设备和安装提供重大整合服务，安装服务没有对该设备做出重大修改或定制，虽然客户只有在获得设备的控制权之后才能从安装服务中获益，但是企业履行其向客户转让设备的承诺能够独立于其提供安装服务的承诺，因此安装服务并不会对设备产生重大影响。该设备与安装服务彼此之间不会产生重大的影响，也不具有高度关联性，表明两者在合同中彼此之间可明确区分。因此，该项合同包含两项履约义务，即销售设备和提供安装服务。

假定其他条件不变，但是按照合同规定只能由丰华公司向客户提供安装服务。在这种情况下，合同限制并没有改变相关商品本身的特征，也没有改变企业对客户的承诺。虽然根据合同约定，客户只能选择由丰华公司提供安装服务，但是设备和安装服务本身仍然符合可明确区分的条件，仍然是两项履约义务。

值得注意的是，如果丰华公司提供的安装服务很复杂，该安装服务可能对其销售的设备进行定制化的重大修改，即使市场上有其他的供应商也可以提供此项安装服务，丰华公司也不能将该安装服务作为单项履约义务，而是应当将设备和安装服务合并作为单项履约义务。

（3）该商品与合同中承诺的其他商品具有高度关联性。也就是说，合同中承诺的每一单项商品均受到合同中其他商品的重大影响。合同中包含多项商品时，如果企业无法通过单独交付其中的某一单项商品而履行其合同承诺，可能表明合同中的这些商品会受到彼此的重大影响。例如，企业承诺以 EPC（Engineering Procurement Construction）总承包方式为客户设计并建造一个厂区。企业在设计、施工的过程中需要对设计进行不断的修正，甚至导致对已完工的工程进行不同程度的返工。由于提供设计服务与提供建筑服务产生的风险不可分割，客户没有办法选择仅购买设计服务或者仅购买建筑服务，因此，企业提供的设计服务和建筑服务是高度关联，在合同层面是不可明确区分的。

2. 一系列实质相同且转让模式相同的、可明确区分的商品

当企业向客户连续转让某项承诺的商品时，如每天提供类似劳务的长期劳务合同等，如果这些商品属于实质相同且转让模式相同的一系列商品，企业应当将这一系列商品作为单项履约义务。其中，转让模式相同，是指每一项可明确区分的商品均满足企业会计准则规定的在某一时段内履行履约义务的条件，且采用相同方法确定其履约进度。

（五）履行每一单项履约义务时确认收入

企业应当在履行了合同中的履约义务，即客户取得相关商品控制权时确认收

入。企业将商品的控制权转移给客户，该转移可能在某一时段内（即履行履约义务的过程中）发生，也可能在某一时点（即履约义务完成时）发生。企业应当根据实际情况，首先应当按照企业会计准则规定判断履约义务是否满足在某一时段内履行的条件，如不满足，则该履约义务属于在某一时点履行的履约义务。对于在某一时段内履行的履约义务，企业应当选取恰当的方法来确定履约进度；对于在某一时点履行的履约义务，企业应当综合分析控制权转移的迹象，判断其转移时点。工程承包合同中的履约义务一般属于在某一时段内履行的履约义务。

满足下列条件之一的，属于在某一时段内履行履约义务，相关收入应当在该履约义务履行的期间内确认：

（1）客户在企业履约的同时即取得并消耗企业履约所带来的经济利益。

企业在履约过程中是持续地向客户转移企业履约所带来的经济利益的，该履约义务属于在某一时段内履行的履约义务，企业应当在履行履约义务的期间确认收入。对于例如保洁服务的一些服务类的合同而言，可以通过直观的判断获知，企业在履行履约义务（即提供保洁服务）的同时，客户即取得并消耗了企业履约所带来的经济利益。对于难以通过直观判断获知结论的情形，企业在进行判断时，可以假定在企业履约的过程中更换为其他企业继续履行剩余履约义务，当该继续履行合同的企业实质上无须重新执行企业累计至今已经完成的工作时，表明客户在企业履约的同时即取得并消耗了企业履约所带来的经济利益。例如，甲企业承诺将客户的一批货物从A市运送到B市，假定该批货物在途经C市时，由乙运输公司接替甲企业继续提供该运输服务，由于A市到C市之间的运输服务是无须重新执行的，表明客户在甲企业履约的同时即取得并消耗了甲企业履约所带来的经济利益，因此，甲企业提供的运输服务属于在某一时段内履行的履约义务。又如，丙公司按合同要求承诺为客户建造房屋，假定在基础工程完工后，经协商改由丁公司继续施工，由于已完工的基础工程是无须重新施工的，表明客户在丙公司履约的同时即取得并消耗了丙公司履约所带来的经济利益，因此，丙公司提供的建筑服务也属于在某一时段内履行的履约义务。

企业在判断其他企业是否实质上无须重新执行企业累计至今已经完成的工作时，应当基于下列两个前提：一是不考虑可能会使企业无法将剩余履约义务转移给其他企业的潜在限制，包括合同限制或实际可行性限制，在上述甲企业提供运输服务的例子中，甲企业为客户提供运输服务时，双方可能会在合同中约定，合同双方均不得解除合同，在进行上述判断时不需要考虑这一约定；二是假设继续履行剩余履约义务的其他企业将不会享有企业目前已控制的，且在剩余履约义务转移给其他企业后仍然控制的任何资产的利益。

（2）客户能够控制企业履约过程中在建的商品。

企业在履约过程中在建的商品包括在产品、在建工程、尚未完成的研发项目、正在进行的服务等，由于客户控制了在建的商品，客户在企业提供商品的过程中获得其利益，因此，该履约义务属于在某一时段内履行的履约义务，应当在该履约义务履行的期间内确认收入。

【例 7-8】 中房建设公司与客户签订合同，在客户拥有的土地上按照客户的设计要求为其建造厂房。在建造过程中客户有权修改厂房设计，并与中房建设公司重新协商设计变更后的合同价款。客户每月末按当月工程进度向中房建设公司支付工程款。如果客户终止合同，已完成建造部分的厂房归客户所有。

分析：中房建设公司为客户建造厂房，该厂房位于客户的土地上，客户终止合同时，已建造的厂房归客户所有。这些均表明客户在该厂房建造的过程中就能够控制该在建的厂房。因此，中房建设公司提供的该建造服务属于在某一时段内履行的履约义务，企业应当在提供该服务的期间内确认收入。

（3）企业履约过程中所产出的商品具有不可替代用途，且该企业在整个合同期间内有权就累计至今已完成的履约部分收取款项。

具有不可替代用途，是指因合同限制或实际可行性限制，企业不能轻易地将商品用于其他用途。当企业产出的商品只能提供给某特定客户，而不能被轻易地用于其他用途（例如销售给其他客户）时，该商品就具有不可替代用途。在判断商品是否具有不可替代用途时，企业既应当考虑合同限制，也应当考虑实际可行性限制，但无须考虑合同被终止的可能性。

有权就累计至今已完成的履约部分收取款项，是指在由于客户或其他方原因终止合同的情况下，企业有权就累计至今已完成的履约部分收取能够补偿其已发生成本和合理利润的款项，并且该权利具有法律约束力。需要强调的是，合同终止必须是由于客户或其他方而非企业自身的原因所致，在整个合同期间内的任一时点，企业均应当拥有此项权利。

对于在某一时段内履行的履约义务，企业应当在该段时间内按照履约进度确认收入，但是，履约进度不能合理确定的除外。企业应当考虑商品的性质，采用产出法或投入法确定恰当的履约进度，并且在确定履约进度时，应当扣除那些控制权尚未转移给客户的商品和服务。企业按照履约进度确认收入时，通常应当在资产负债表日按照合同的交易价格总额乘以履约进度扣除以前会计期间累计已确认的收入后的金额，确认为当期收入。

（六）履约进度的确定

企业计算履约进度的方法包括产出法和投入法。对于类似情况下的类似履约义务，企业应当采用相同的方法确定履约进度。

1. 产出法

产出法是根据已转移给客户的商品对于客户的价值确定履约进度的方法，通常可采用实际测量的完工进度、评估已实现的结果、已达到的节点、时间进度、已完工或交付的产品等产出指标确定履约进度。

【例 7-9】 中铁东方公司与客户签订合同，为该客户拥有的一条铁路更换 100 根铁轨，合同价格为 10 万元（不含税价）。截至 20×8 年 12 月 31 日，中铁东方公司共更换铁轨 60 根，剩余部分预计在 20×9 年 3 月 31 日之前完成。该合同仅包含一项履约义务，且该履约义务满足在某一时段内履行的条件。假定不考虑其他情况。

分析： 中铁东方公司提供的更换铁轨的服务属于在某一时段内履行的履约义务，中铁东方公司按照已完成的工作量确定履约进度。因此，截至 20×8 年 12 月 31 日，该合同的履约进度为 60%。

企业在评估是否采用产出法确定履约进度时，应当考虑具体的事实和情况，并选择能够如实反映企业履约进度和向客户转移商品控制权的产出指标。当选择的产出指标无法计量控制权已转移给客户的商品时，不应采用产出法。

例如，当处于生产过程中的在产品在其完工或交付前已属于客户时，如果该在产品对本合同或财务报表具有重要性，则在确定履约进度时不应使用已完工或已交付的产品作为产出指标，这是因为处于生产过程中的在产品的控制权也已经转移给了客户，而这些在产品并没有包括在产出指标的计量中，因此该指标并未如实反映已向客户转移商品的进度。又如，如果企业在合同约定的各个节点之间向客户转移了重大的商品的控制权，则很可能表明基于已达到的节点确定履约进度的方法是不恰当的。

实务中，为便于操作，当企业向客户开具发票的对价金额与向客户转让增量商品价值直接相一致时，如企业按照固定的费率以及发生的工时向客户开具账单，企业直接按照发票对价金额确认收入也是一种恰当的产出法。

产出法是根据能够代表向客户转移商品控制权的产出指标直接计算履约进度的，因此通常能够客观地反映履约进度。但是，产出法下有关产出指标的信息有时可能无法直接观察获得，企业为获得这些信息需要花费很高的成本，这就可能需要采用投入法来确定履约进度。

2. 投入法

投入法是根据企业履行履约义务的投入确定履约进度的方法，通常可采用投入的材料数量、花费的人工工时或机器工时、发生的成本和时间进度等投入指标确定履约进度。当企业从事的工作或发生的投入是在整个履约期间内平均发生时，企业也可以按照直线法确认收入。

投入法所需要的投入指标虽然易于获得，但是，投入指标与企业向客户转移商品的控制权之间未必存在直接的对应关系。因此，企业在采用投入法确定履约进度时，应当扣除那些虽然已经发生，但是未导致向客户转移商品的投入。例如，企业为履行合同应开展一些初始活动，如果这些活动并没有向客户转移企业承诺的服务，则企业在使用投入法确定履约进度时，不应将为开展这些活动发生的相关投入包括在内。

实务中，通常按照累计实际发生的成本占预计总成本的比例（即成本法）确定履约进度，累计实际发生的成本包括企业向客户转移商品过程中所发生的直接成本和间接成本，如直接人工、直接材料、分包成本以及其他与合同相关的成本。在下列情形下，企业在采用成本法确定履约进度时，可能需要对已发生的成本进行适当的调整：

（1）已发生的成本并未反映企业履行履约义务的进度。例如，因企业生产效率低下等原因而导致的非正常消耗，包括非正常消耗的直接材料、直接人工及制造费用等，不应包括在累计实际发生的成本中，这是因为这些非正常消耗并没有为合同进度做出贡献，但是，企业和客户在订立合同时已经预见会发生这些成本并将其包括在合同价款中的除外。

（2）已发生的成本与企业履行履约义务的进度不成比例。当企业已发生的成本与履约进度不成比例，企业在采用成本法确定履约进度时需要进行适当调整，通常仅以其已发生的成本为限确认收入。对于施工中尚未安装、使用或耗用的商品（不包括服务）或材料成本等，当企业在合同开始日就预期将能够满足下列所有条件时，应在采用成本法确定履约进度时不包括这些成本：第一，该商品或材料不可明确区分，即不构成单项履约义务；第二，客户先取得该商品或材料的控制权，之后才接受与之相关的服务；第三，该商品或材料的成本相对于预计总成本而言是重大的；第四，企业自第三方采购该商品或材料，且未深入参与其设计和制造，对于包含该商品的履约义务而言，企业是主要责任人。

【例 7-10】 20×8 年 10 月，中建永利公司与客户签订合同，为客户装修一栋办公楼，包括安装一部电梯，合同总金额为 100 万元。中建永利公司预计的合同总成本为 80 万元，其中包括电梯的采购成本 30 万元。

20×8 年 12 月，中建永利公司将电梯运达施工现场并经过客户验收，客户已取得对电梯的控制权，但是，根据装修进度，预计到 20×9 年 2 月才会安装该电梯。截至 20×8 年 12 月，中建永利公司累计发生成本 40 万元，其中包括支付给电梯供应商的采购成本30万元以及因采购电梯发生的运输和人工费相关成本5万元。

假定该装修服务（包括安装电梯）构成单项履约义务，并属于在某一时段内履行的履约义务，中建永利公司是主要责任人，但不参与电梯的设计和制造；中建永利公司采用成本法确定履约进度；上述金额均不含增值税。

分析：截至20×8年12月，中建永利公司发生成本40万元（包括电梯采购成本30万元以及因采购电梯发生的运输和人工等相关成本5万元），中建永利公司认为其已发生的成本和履约进度不成比例，因此需要对履约进度的计算做出调整，将电梯的采购成本排除在已发生成本和预计总成本之外。在该合同中，该电梯不构成单项履约义务，其成本相对于预计总成本而言是重大的，中建永利公司是主要责任人，但是未参与该电梯的设计和制造，客户先取得了电梯的控制权，随后才接受与之相关的安装服务，因此，中建永利公司在客户取得该电梯控制权时，按照该电梯采购成本的金额确认转让电梯产生的收入。

20×8年12月，该合同的履约进度为20%[(40－30)÷(80－30)],应确认的收入和成本金额分别为44万元[(100－30)×20%＋30]和40万元[(80－30)×20%＋30]。

在每个会计期末，施工企业还应当组织测算履行合同义务预计将要发生的履约成本。设置成本管理部门的公司，应当由公司成本管理部门组织测算，并将测算结果下发项目经理部。不设置成本管理部门的公司，应当由财务部门组织技术、设备、物资等相关业务部门进行测算。在工程施工期间，施工项目预计合同总成本是动态的。

企业为履行属于在某一时段内履行的单项履约义务而发生的支出并非均衡发生的，在采用某种方法（例如成本法）确定履约进度时，可能会导致企业对于较早生产的产品确认更多的收入和成本。例如，企业承诺向客户交付一定数量的商品，且该承诺构成单项履约义务，在履约的前期，由于经验不足、技术不成熟、操作不熟练等原因，企业可能会发生较高的成本，而随着经验的不断累积，企业的生产效率逐步提高，导致企业的履约成本逐步下降。这一结果是合理的，因为这表明企业在合同早期的履约情况具有更高的价值，正如企业只销售一件产品的售价可能会高于销售多件产品时的平均价格一样。

每一资产负债表日，企业应当对履约进度进行重新估计。当客观环境发生变化时，企业也需要重新评估履约进度是否发生变化，以确保履约进度能够反映履约情况的变化，该变化应当作为会计估计变更进行会计处理。对于每一项履约义务，企业只能采用一种方法来确定其履约进度，并加以一贯运用。

对于在某一时段内履行的履约义务，只有当其履约进度能够合理确定时，才应当按照履约进度确认收入。企业如果无法获得确定履约进度所需的可靠信息，则无法合理地确定其履行履约义务的进度。当履约进度不能合理确定时，企业已经发生的成本预计能够得到补偿的，应当按照已经发生的成本金额确认收入，直到履约进度能够合理确定为止。

三、工程承包合同收入的计量

企业应当首先确定合同的交易价格，再按照分摊至各单项履约义务的交易价格计量收入。

（一）确定交易价格

交易价格，是指企业因向客户转让商品而预期有权收取的对价金额。企业代第三方收取的款项（例如增值税）以及企业预期将退还给客户的款项，应当作为负债进行会计处理，不计入交易价格。合同标价并不一定代表交易价格，企业应当根据合同条款，并结合以往的习惯做法确定交易价格。在确定交易价格时，企业应当考虑可变对价、合同中存在的重大融资成分、非现金对价以及应付客户对价等因素的影响，并应当假定将按照现有合同的约定向客户转移商品，且该合同不会被取消、续约或变更。

1. 可变对价

企业与客户的合同中约定的对价金额可能是固定的，也可能会因折扣、价格折让、返利、退款、奖励积分、激励措施、业绩奖金、索赔等因素而发生变化。此外，企业有权收取的对价金额，将根据一项或多项或有事项的发生有所不同的情况，也属于可变对价的情形。例如，企业售出商品但允许客户退货时，由于企业有权收取的对价金额将取决于客户是否退货，因此该合同的交易价格是可变的。企业在判断交易价格是否为可变对价时，应当考虑各种相关因素（如企业已公开宣布的政策、特定声明、以往的习惯做法、销售战略以及客户所处的环境等），以确定其是否会接受一个低于合同标价的金额，即企业向客户提供一定的价格折让。

【例 7-11】 中南建设公司为其客户建造一栋厂房，合同约定的价款为 100 万元，但是，如果中南建设公司不能在合同签订之日起的 120 天内竣工，则须支付 10 万元罚款，该罚款从合同价款中扣除。上述金额均不含增值税。

分析：该合同的对价金额实际由两部分组成，即 90 万元的固定价格以及 10 万元的可变对价。

企业在判断合同中是否存在可变对价时，不仅应当考虑合同条款的约定，而且需要考虑其他情况。在下列情况下，即使合同中没有明确约定，合同的对价金额也是可变的：一是根据企业已公开宣布的政策、特定声明或者以往的习惯做法等，客户能够合理预期企业将会接受低于合同约定的对价金额，即企业会以折扣、返利等形式提供价格折让。二是其他相关事实和情况表明，企业在与客户签订合同时即打算向客户提供价格折让。例如，企业与一新客户签订合同，虽然企业没有对该客户销售给予折扣的历史经验，但是，根据企业拓展客户关系的战略安排，企业愿意接受低于合同约定的价格。合同中存在可变对价的，企业应当对计入交易价格的可变对价进行估计。

（1）可变对价最佳估计数的确定。

在对可变对价进行估计时，企业应当按照期望值或最可能发生金额确定可变对价的最佳估计数。这并不意味着企业可以在两种方法之间随意进行选择，而是应当选择能够更好地预测其有权收取的对价金额的方法，并且对于类似的合同，应当采用相同的方法进行估计。

期望值是按照各种可能发生的对价金额及相关概率计算确定的金额。如果企业拥有大量具有类似特征的合同，企业据此估计合同可能产生多个结果时，按照期望值估计可变对价金额通常是恰当的。

【例 7-12】 20×8 年 3 月，康美装饰公司向客户提供装饰装修服务销，合同价款为 300 万元。康美装饰公司向客户提供质量保证，同意完工 3 个月后，如果室内环境不达标，则按照合同价格的 10%向客户支付赔偿；完工 6 个月后，如果室内环境不达标，则按照合同价格的 20%向客户支付赔偿。康美装饰公司根据以往执行类似合同的经验，预计各种结果发生的概率如表 7-1 所示（价格均不包含增值税）。

表 7-1　　完工后金额发生赔偿的概率情况

未来赔偿金额	概率
0	50%
30	30%
60	20%

分析：康美装饰公司认为期望值能够更好地预测其有权获取的对价金额。假定不考虑企业会计准则有关将可变对价计入交易价格的限制要求，在该方法下，康美装饰公司估计交易价格为 279 万元（300×50%＋270×30%＋240×20%）。

最可能发生金额是一系列可能发生的对价金额中最可能发生的单一金额，即合同最可能产生的单一结果。当合同仅有两个可能结果（例如，企业能够达到或不能达到某业绩奖金目标）时，按照最可能发生金额估计可变对价金额可能是恰当的。

【例 7-13】　接例 7-11，中南建设公司对合同结果的估计如下：工程按时完工的概率为 90%，工程延期的概率为 10%。

分析：由于该合同涉及两种可能结果，中南建设公司认为按照最可能发生金额能够更好地预测其有权获取的对价金额。因此，中南建设公司估计的交易价格为 100 万元，即为最可能发生的单一金额。

需要说明的是，对于某一事项的不确定性对可变对价金额的影响，企业应当在整个合同期间一致地采用同一种方法进行估计。但是，当存在多个不确定性事项均会影响可变对价金额时，企业可以采用不同的方法对其进行估计。企业在对可变对价进行估计时，应当考虑能够合理获得的所有信息（包括历史信息、当前信息以及预测信息），并且在合理的数量范围内估计各种可能发生的对价金额以及概率。通常情况下，企业在估计可变对价金额时使用的信息，应当与其在对相关商品进行投标或定价时所使用的信息一致。

【例 7-14】　中冶建公司与客户签订固定造价合同，在客户的厂区内为其建造一栋办公楼，合同价款为 500 万元。根据合同约定，该项工程的完工日期为 20×8 年3 月 31 日，如果中冶建公司能够在该日期之前完工，则每提前一天，合同价款将增加 2 万元；相反，如果中冶建公司未能按期完工，则每推迟一天，合同价款将会减少 2 万元。此外，合同约定，该项工程完工之后将参与省级优质工程奖的评选，如果能够获奖，客户将额外奖励中冶建公司 20 万元。

分析：产生可变对价的事项有两个：一是是否按期完工，二是能否获得省级优质工程奖。中冶建公司可以采用不同的方法对其进行估计：对于前者，中冶建公司按照期望值进行估计；对于后者，中冶建公司按照最有可能的金额进行估计。

（2）计入交易价格的可变对价金额的限制。

企业按照期望值或最可能发生金额确定可变对价金额之后，计入交易价格的可变对价金额还应该满足限制条件，即包含可变对价的交易价格，应当不超过在相关不确定性消除时，累计已确认的收入极可能不会发生重大转回的金额。企业在评估与可变对价相关的不确定性消除时，累计已确认的收入金额是否极可能不会发生重大转回时，应当同时考虑收入转回的可能性及转回金额的比重。其中，“极可能”是一个比较高的门槛，其发生的概率应远高于“很可能（即可能性超过 50%）”，但不要求达到“基本确定（即可能性超过 95%）”，目的是避免因为一些不确定性因素的发生导致之前已经确认的收入发生转回；在评估收入转回金额的比重时，应同时考虑合同中包含的固定对价和可变对价，也就是说，企业应当评估可能发生的收入转回金额相对于合同总对价（包括固定对价和可变对价）

而言的比重。企业应当将满足上述限制条件的可变对价的金额，计入交易价格。

导致收入转回的可能性增强或转回金额比重增加的因素包括但不限于：一是对价金额极易受到企业影响范围之外的因素影响，例如市场波动性、第三方的判断或行动、天气状况、已承诺商品存在较高的陈旧过时风险等。二是对价金额的不确定性预计在较长时期内无法消除。三是企业对类似合同的经验（或其他证据）有限，或者相关经验（或其他证据）的预测价值有限。四是企业在以往实务中对于类似情况下的类似合同，或曾提供了多种不同程度的价格折扣，或曾给予不同的付款条件。五是合同有多种可能的对价金额，且这些对价金额分布非常广泛。需要说明的是，将可变对价计入交易价格的限制条件不适用于企业向客户授予知识产权许可并约定按客户实际销售或使用情况收取特许权使用费的情况。

每一资产负债表日，企业应当重新估计可变对价金额（包括重新评估对可变对价的估计是否受到限制），以如实反映报告期末存在的情况以及报告期内发生的情况变化。

2. 合同中存在的重大融资成分

当企业将商品的控制权转移给客户的时间与客户实际付款的时间不一致时，如企业以赊销的方式销售商品，或者要求客户支付预付款等，如果各方以在合同中明确（或者以隐含的方式）约定的付款时间为客户或企业就转让商品的交易提供了重大融资利益，则合同中包含了重大融资成分，企业在确定交易价格时，应当对已承诺的对价金额做出调整，以剔除货币时间价值的影响。

合同中存在重大融资成分的，企业应当按照假定客户在取得商品控制权时即以现金支付的应付金额（即现销价格）确定交易价格。在评估合同中是否存在融资成分以及该融资成分对于该合同而言是否重大时，企业应当考虑所有相关的事实和情况，包括：一是已承诺的对价金额与已承诺商品的现销价格之间的差额，如果企业（或其他企业）在销售相同商品时，不同的付款时间会导致销售价格有所差别，则通常表明各方知晓合同中包含了融资成分。二是企业将承诺的商品转让给客户与客户支付相关款项之间的预计时间间隔和相应的市场现行利率的共同影响，尽管向客户转让商品与客户支付相关款项之间的时间间隔并非决定性因素，但是，该时间间隔与现行利率两者的共同影响可能提供了是否存在重大融资利益的明显迹象。

企业向客户转让商品与客户支付相关款项之间存在时间间隔并不足以表明合同包含重大融资成分。企业向客户转让商品与客户支付相关款项之间虽然存在时间间隔，但两者之间的合同没有包含重大融资成分的情形有：一是客户就商品支付了预付款，且可以自行决定这些商品的转让时间。例如，企业向客户出售其发行的储值卡，客户可随时到该企业持卡购物；又如，企业向客户授予奖励积分，客户可随时到该企业兑换这些积分等。二是客户承诺支付的对价中有相当大的部分是可变的，该对价金额或付款时间取决于某一未来事项是否发生，且该事项实质上不受客户或企业控制。例如，按照实际销售量收取的特许权使用费。三是合同承诺的对价金额与现销价格之间的差额是由于向客户或企业提供融资利益以外的其他原因所导致的，且这一差额与产生该差额的原因是相称的。例如，合同约定的支付条款是为了向企业或客户提供保护，以防止另一方未能依照合同充分履行其部分或全部义务。

【例 7-15】 20×8 年 1 月，广宏建设公司与客户签订了一项施工总承包合同。合同约定的工期为 30 个月，工程造价为 8 亿元（不含税价）。双方每季度进行一次工程结算，并于完工时进行竣工结算，每次工程结算额（除质保金及相应的增值税外）由客户于工程结算后 5 个工作日内支付；除质保金外的工程尾款于竣工结算后 10 个工作日内支付；合同金额的 3%作为质保金，用以保证项目在竣工后 2 年内正常运行，在质保期满后 5 个工作日内支付。

分析：客户保留了 3%的质保金直到项目竣工 2 年后支付，虽然服务完成时间与客户付款的时间间隔较长，但是，该质保金旨在为客户提供工程质量保证，以防广宏建设公司未能完成其合同义务，而并非向客户提供融资。因此，广宏建设公司的承包合同中不包含重大融资成分，无须就延期支付质保金的影响调整交易价格。

需要说明的是，企业应当在单个合同层面考虑融资成分是否重大，而不应在合同组合层面考虑这些合同中的融资成分的汇总影响对企业整体而言是否重大。

合同中存在重大融资成分的，企业在确定该重大融资成分的金额时，应使用将合同对价的名义金额折现为商品现销价格的折现率。该折现率一经确定，不得因后续市场利率或客户信用风险等情况的变化而变更。企业确定的交易价格与合同承诺的对价金额之间的差额，应当在合同期间内采用实际利率法摊销。

为简化实务操作，如果在合同开始日，企业预计客户取得商品控制权与客户支付价款间隔不超过一年的，可以不考虑合同中存在的重大融资成分。企业应当对类似情形下的类似合同一致地应用这一简化处理方法。

3. 非现金对价

当企业因转让商品而有权向客户收取的对价是非现金形式时，如实物资产、无形资产、股权、客户提供的广告服务等，企业通常应当按照非现金对价在合同开始日的公允价值确定交易价格。非现金对价公允价值不能合理估计的，企业应当参照其承诺向客户转让商品的单独售价间接确定交易价格。

非现金对价的公允价值可能会因对价的形式而发生变动（例如，企业有权向客户收取的对价是股票，股票本身的价格会发生变动），也可能会因为其形式以外的原因而发生变动（例如，企业有权收取非现金对价的公允价值因企业的履约情况而发生变动）。合同开始日后，非现金对价的公允价值因对价形式以外的原因而发生变动的，应当作为可变对价，按照与计入交易价格的可变对价金额的限制条件相关的规定进行处理；合同开始日后，非现金对价的公允价值因对价形式而发生变动的，该变动金额不应计入交易价格。

【例 7-16】 泛华公司承包某市净月湖治理改造工程。合同约定，泛华公司负责提供该污水治理及环境改造工程的建设，政府（客户）以规划中的湖畔北侧的商业地块的土地使用权作为工程施工价款，除此之外，业主无须支付任何资金。泛华公司在投标阶段开展成本测算工作，聘请评估师评估该地块的土地使用权公允价值为人民币 10 亿元。由于城市规划、房地产市场的波动导致周边类似地块的土地出让价格逐步提高，泛华公司中标后，在合同开始日评估该地块的土地使用权公允价值为人民币 11 亿元。

分析：土地使用权公允价值发生变动属于由于形式以外的原因而发生的变动，因此该非现金对价应该作为可变对价计入交易价格。

企业在向客户转让商品的同时，如果客户向企业投入材料、设备或人工等商品，以协助企业履行合同，企业应当评估其是否取得了对这些商品的控制权，取得这些商品控制权的，企业应当将这些商品作为从客户收取的非现金对价进行会计处理。

4. 应付客户对价

企业在向客户转让商品的同时，需要向客户或第三方支付对价的，应当将该应付对价冲减交易价格，但应付客户对价是为了自客户取得其他可明确区分商品的除外。这里的应付客户对价还包括可以抵减应付企业金额的相关项目金额，如优惠券、兑换券等。这里的第三方通常指向企业的客户购买本企业商品的一方，即处于企业分销链上的“客户的客户”，例如，企业将其生产的建筑产品销售给房地产开发商，开发商再将这些产品销售给最终用户，最终用户即是第三方。有时，企业需要向其支付款项的第三方是本企业客户的客户，但处于企业分销链之外，如果企业认为该第三方也是本企业的客户，或者根据企业与其客户的合同约定，企业有义务向该第三方支付款项，则企业向该第三方支付的款项也应被视为应付客户对价进行会计处理。应付客户对价中包含可变金额的，企业应当根据《企业会计准则第 14 号——收入》有关可变对价的相关规定对其进行估计。

企业应付客户对价是为了自客户取得其他可明确区分商品的，比如从客户

（房地产开发商）处购买写字楼，应当采用与企业其他采购相一致的方式确认所购买的商品。企业应付客户对价超过自客户取得的可明确区分商品公允价值的，超过金额应当作为应付客户对价冲减交易价格。自客户取得的可明确区分商品公允价值不能合理估计的，企业应当将应付客户对价全额冲减交易价格。

在对应付客户对价冲减交易价格进行会计处理时，企业应当在确认相关收入与支付（或承诺支付）客户对价二者孰晚的时点冲减当期收入。

（二）将交易价格分摊至各单项履约义务

当合同中包含两项或多项履约义务时，需要将交易价格分摊至各单项履约义务，以使企业分摊至各单项履约义务（或可明确区分的商品）的交易价格能够反映其因向客户转让已承诺的相关商品而预期有权收取的对价金额。

1. 分摊的一般原则

合同中包含两项或多项履约义务的，企业应当在合同开始日，按照各单项履约义务所承诺商品的单独售价的相对比例，将交易价格分摊至各单项履约义务。

企业在类似环境下向类似客户单独销售商品的价格，应作为确定该商品单独售价的最佳证据。单独售价无法直接观察的，企业应当综合考虑其能够合理取得的全部相关信息，采用市场调整法、成本加成法、余值法等方法合理估计单独售价。在估计单独售价时，企业应当最大限度地采用可观察的输入值，并对类似的情况采用一致的估计方法。

当客户购买的一组商品中所包含的各单项商品的单独售价之和高于合同交易价格时，表明客户因购买该组商品而取得了合同折扣。合同折扣，是指合同中各单项履约义务所承诺商品的单独售价之和高于合同交易价格的金额。企业应当在各单项履约义务之间按比例分摊合同折扣。有确凿证据表明合同折扣仅与合同中一项或多项（而非全部）履约义务相关的，企业应当将该合同折扣分摊至相关的一项或多项履约义务。

合同中包含可变对价的，该可变对价可能与整个合同相关，也可能仅与合同中的某一特定组成部分有关，后者包括两种情形：一是可变对价可能与合同中的一项或多项（而非全部）履约义务有关，例如，是否获得奖金取决于企业能否在指定时期内转让某项已承诺的商品。二是可变对价可能与企业向客户转让的构成单项履约义务的一系列可明确区分商品中的一项或多项（而非全部）商品有关，例如，为期两年的设施维修服务合同中，第二年的服务价格将根据指定的通货膨胀率确定。

同时满足下列两项条件的，企业应当将可变对价及可变对价的后续变动额全部分摊至与之相关的某项履约义务，或者构成单项履约义务的一系列可明确区分商品中的某项商品：一是可变对价的条款专门针对企业为履行该项履约义务或转让该项可明确区分商品所作的努力（或者是履行该项履约义务或转让该项可明确区分商品所导致的特定结果）；二是企业在考虑了合同中的全部履约义务及支付条款后，将合同对价中的可变金额全部分摊至该项履约义务或该项可明确区分商品符合分摊交易价格的目标。对于不满足上述条件的可变对价及可变对价的后续变动额，以及可变对价及其后续变动额中未满足上述条件的剩余部分，企业应当按照分摊交易价格的一般原则，将其分摊至合同中的各单项履约义务。对于已履行的履约义务，其分摊的可变对价后续变动额应当调整变动当期的收入

2. 交易价格的后续变动

合同开始日之后，由于相关不确定性的消除或环境的其他变化等原因，交易价格可能会发生变化，从而导致企业因向客户转让商品而预期有权收取的对价金额发生变化。交易价格发生后续变动的，企业应当按照在合同开始日所采用的基础将该后续变动金额分摊至合同中的履约义务。企业不得因合同开始日之后单独售价的变动而重新分摊交易价格。

对于合同变更导致的交易价格后续变动，应当按照企业会计准则有关合同变更的规定进行会计处理。合同变更之后发生可变对价后续变动的，企业应当区分不同情形分别进行会计处理：属于前述合同变更第一种情形的，企业应当判断可变对价后续变动与哪一项合同相关，并按照分摊可变对价的相关规定进行会计处理；属于合同变更的第二种情形，且可变对价后续变动与合同变更前已承诺可变对价相关的，企业应当首先将该可变对价后续变更日尚未变动额以原合同开始日确定的单独售价为基础进行分摊，然后再将分摊至合同履行履约义务的该可变对价后续变动额以新合同开始日确定的基础进行二次分摊；属于合同变更第三种情形的可变对价后续变动的，企业应当将该可变对价后续变动额分摊至合同变更日尚未履行（或部分未履行）的履约义务。

四、工程承包合同收入与费用的核算

施工企业应设置“主营业务收入”“主营业务成本”“合同资产”“合同负债”等科目，核算工程承包合同收入与费用。

“主营业务收入”科目可按主营业务的种类进行明细核算。企业在履行了合同中的单项履约义务时，应按照已收或应收的合同价款，加上应收取的增值税税额，借记“银行存款”“应收账款”“应收票据”“合同资产”等科目；按应确认

的收入金额，贷记本科目；按应收取的增值税税额；贷记“应交税税费——应交增值税（销项税额）”“应交税费——待转销项税额”等科目。

合同中存在企业为客户提供重大融资利益的，企业应按照应收合同价款，借记“长期应收款”等科目，按照假定客户在取得商品控制权时即以现金支付而需支付的金额（即现销价格）确定的交易价格，贷记本科目，按其差额，贷记“未实现融资收益”科目；合同中存在客户为企业提供重大融资利益的，企业应按照已收合同价款，借记“银行存款”等科目，按照假定客户在取得商品控制权时即以现金支付的应付金额（即现销价格）确定的交易价格，贷记“合同负债”等科目，按其差额，借记“未确认融资费用”科目。涉及增值税的，还应进行相应的处理。

企业收到的对价为非现金资产时，应按该非现金资产在合同开始日的公允价值，借记“存货”“固定资产”“无形资产”等有关科目，贷记本科目。涉及增值税的，还应进行相应的处理。

“主营业务成本”科目核算企业确认主营业务收入时应结转的成本，可按主营业务的种类进行明细核算。期末，企业应根据本期提供建筑服务等实际成本，计算应结转的主营业务成本，借记本科目，贷记“合同履约成本——工程施工”等科目（注：本书在其他部分，将“工程施工”科目作为一级科目使用）。

“合同资产”科目核算企业已向客户转让商品而有权收取对价的权利，仅取决于时间流逝因素的权利不在本科目核算，本科目应按合同进行明细核算。企业在客户实际支付合同对价或在该对价到期应付之前，已经向客户转让了商品的，应当按因已转让商品而有权收取的对价金额，借记本科目或“应收账款”科目，贷记“主营业务收入”等科目；企业取得无条件收款权时，借记“应收账款”等科目，贷记本科目。涉及增值税的，还应进行相应的处理。

合同资产发生减值的，还应通过“合同资产减值准备”科目核算其减值损失，按应减记的金额，借记“资产减值损失”科目，贷记本科目；转回已计提的资产减值准备时，做相反的会计分录。

“合同负债”科目核算企业已收或应收客户对价而应向客户转让商品的义务，应按合同进行明细核算。企业在向客户转让商品之前，客户已经支付了合同对价或企业已经取得了无条件收取合同对价权利的，企业应当在客户实际支付款项与到期应支付款项孰早时点，按照该已收或应收的金额，借记“银行存款”“应收账款”“应收票据”等科目，贷记本科目；企业向客户转让相关商品时，借记本科目，贷记“主营业务收入”等科目。涉及增值税的，还应进行相应的处理。

通常情况下，企业对其已向客户转让商品而有权收取的对价金额应当确认为合同资产或应收账款；对于其已收或应收客户对价而应向客户转让商品的义务，应当按照已收或应收的金额确认合同负债。由于同一合同下的合同资产和合同负债应当以净额列示，企业也可以设置“合同结算”科目（或其他类似科目），以核算同一合同下属于在某一时段内履行履约义务涉及与客户结算对价的合同资产或合同负债，并在此科目下设置“合同结算——价款结算”科目反映定期与客户进行结算的金额，设置“合同结算——收入结转”科目反映按履约进度结转的收入金额。资产负债表日，“合同结算”科目的期末余额在借方的，根据其流动性，在资产负债表中分别列示为“合同资产”或“其他非流动资产”项目；期末余额在贷方的，根据其流动性，在资产负债表中分别列示为“合同负债”或“其他非流动负债”项目。

【例 7-17】 20×8 年 1 月 1 日，中路华公司与客户签订一项大型工程（A 项目）建造承包合同，根据双方合同，该工程的造价为 6 300 万元，工程期限为 1 年半，中路华公司负责工程的施工及全面管理，客户按照第三方工程监理公司确认的工程完工量，每半年与中路华结算一次；预计 20×9 年 6 月 30 日竣工；预计可能发生的总成本为 4 000 万元。假定该建造工程整体构成单项履约义务，并属于在某一时段履行的履约义务，中路华公司采用成本法确定履约进度，增值税税率为 10%，不考虑其他相关因素。

20×8 年 6 月 30 日，工程累计实际发生成本 1 500 万元，中路华公司与客户结算合同价款 2 500 万元，中路华公司实际收到价款 2 000 万元；20×8 年 12 月 31 日，工程累计实际发生成本 3 000 万元，中路华公司与客户结算合同价款 1 100 万元，中路华公司实际收到价款 1 000 万元；20×9 年 6 月 30 日，工程累计实际发生成本 4 100 万元，客户与中路华公司结算了合同竣工价款 2 700 万元，并支付剩余工程款 3 300 万元。上述价款均不含增值税税额。假定中路华公司与客户结算时即发生增值税纳税义务，客户在实际支付工程价款的同时支付其对应的增值税款。中路华公司的账务处理为：

(1) 20×8 年 1 月 1 日至 6 月 30 日实际发生工程成本时。

借：工程施工——A 项目合同成本	15 000 000	
贷：原材料、应付职工薪酬等		15 000 000

(2) 20×8 年 6 月 30 日。

履约进度＝15 000 000÷40 000 000＝37.5%

合同收入＝63 000 000×37.5%＝23 625 000(元)

借：合同结算——收入结转	23 625 000	
贷：主营业务收入		23 650 000
借：主营业务成本	15 000 000	
贷：工程施工——A 项目合同成本		15 000 000

借：应收账款　　27 500 000

　贷：合同结算——价款结算　　25 000 000

　　应交税费——应交增值税（销项税额）　　2 500 000

借：银行存款　　22 000 000

　贷：应收账款　　22 000 000

当日，"合同结算"科目的余额为贷方137.5万元（2 500－2 362.5），表明中路华公司已经与客户结算但尚未履行履约义务的金额为137.5万元，由于中路华公司预计该部分履约义务将在20×8年内完成，因此，应在资产负债表中作为合同负债列示。

(3) 20×8年7月1日至12月31日实际发生工程成本时。

借：工程施工——A项目合同成本　　15 000 000

　贷：原材料、应付职工薪酬等　　15 000 000

(4) 20×8年12月31日。

履约进度＝30 000 000÷40 000 000＝75%

合同收入＝63 000 000×75%－23 625 000＝23 625 000(元)

借：合同结算——收入结转　　23 625 000

　贷：主营业务收入　　23 650 000

借：主营业务成本　　15 000 000

　贷：工程施工——A项目合同成本　　15 000 000

借：应收账款　　12 100 000

　贷：合同结算——价款结算　　11 000 000

　　应交税费——应交增值税（销项税额）　　1 100 000

借：银行存款　　11 000 000

　贷：应收账款　　11 000 000

当日，"合同结算"科目的余额为借方1 125万元（2 362.5－1 100－137.5），表明中路华公司已经履行履约义务但尚未与客户结算的金额为1 125万元，由于该部分金额将在20×9年内结算，因此，应在资产负债表中作为合同资产列示。

(5) 20×9年1月1日至6月30日实际发生工程成本时。

借：工程施工——A项目合同成本　　11 000 000

　贷：原材料、应付职工薪酬等　　11 000 000

(6) 20×9年6月30日。

由于当日该工程已竣工决算，其履约进度为100%。

合同收入＝63 000 000－23 625 000－23 625 000＝15 750 000(元)

借：合同结算——收入结转　15 750 000
　贷：主营业务收入　15 750 000
借：主营业务成本　10 000 000
　贷：工程施工——A项目合同成本　10 000 000
借：应收账款　29 700 000
　贷：合同结算——价款结算　27 000 000
　　应交税费——应交增值税（销项税额）　2 700 000
借：银行存款　36 300 000
　贷：应收账款　36 300 000

当日，“合同结算”科目的余额为零（1 125＋1 575－2 700）。

在工程施工中，由于承包价格偏低、材料费上涨、管理不善等原因，会导致工程承包合同出现亏损。根据《企业会计准则第13号——或有事项》的相关规定，待执行合同变成亏损合同的，该亏损合同产生的义务满足相关条件的，则应当对亏损合同确认预计负债。

【例7-18】 大成建筑公司签订了一项总金额为240万元的工程承包合同（B项目），工期3年。第一年实际发生成本为130万元，年末合同预计总成本为260万元，与业主结算并收到120万元工程款。该项目第二年实际发生成本40万元，年末合同预计总成本为250万元，与业主结算并收到50万元工程款。第三年该项目实际发生成本100万元，合同完工，与业主结算并收到剩余70万元工程款。

大成建筑公司各年度相关会计处理如下：

(1) 第一年末：

履约进度＝1 300 000÷2 600 000＝50%

合同收入＝2 400 000×50%＝1 200 000(元)

借：合同结算——收入结转　1 200 000
　贷：主营业务收入　1 200 000
借：主营业务成本　1 300 000
　贷：工程施工——B项目合同成本　1 300 000
借：银行存款　1 320 000
　贷：合同结算——价款结算　1 200 000
　　应交税费——应交增值税（销项税额）　120 000

年末合同预计总成本为260万元，而合同总收入是240万元，预计发生总亏损20万元。由于其中10万元已经反映在损益中，因此，应将未来为完成工程将要发生的10万元损失计入当期损益，并确认为预计负债，做如下账务处理：

借：主营业务成本　100 000
　贷：预计负债　100 000

（2）第二年末：

履约进度＝1 700 000÷2 500 000＝68%
合同收入＝2 400 000×68%－1 200 000＝432 000（元）

借：合同结算——收入结转　432 000
　贷：主营业务收入　432 000
借：主营业务成本　400 000
　贷：工程施工——B项目合同成本　400 000
借：银行存款　550 000
　贷：合同结算——价款结算　500 000
　　应交税费——应交增值税（销项税额）　50 000

年末合同预计总成本为250万元，而合同总收入是240万元，预计发生总亏损10万元。由于累计已经有6.8万元（10万元×68%）反映在损益中，第二年末预计未来完成工程的损失为3.2万元，即预计负债的余额应为3.2万元。做如下账务处理：

借：预计负债　68 000
　贷：主营业务成本　68 000

（3）第三年合同完工时：

履约进度＝100%
合同收入＝2 400 000－1 200 000－432 000＝768 000（元）

借：合同结算——收入结转　768 000
　贷：主营业务收入　768 000
借：主营业务成本　1 000 000
　贷：工程施工——B项目合同成本　1 000 000
借：银行存款　770 000
　贷：合同结算——价款结算　700 000
　　应交税费——应交增值税（销项税额）　70 000

项目结束后该项目未来损失为0，即预计负债的余额应该为0。将预计负债全部转回，做如下账务处理：

借：预计负债　32 000

贷：主营业务成本　　32 000

五、与合同成本有关的资产减值准备的核算

与合同成本有关的资产，其账面价值高于下列第一项减去第二项的差额的，超出部分应当计提减值准备，并确认为资产减值损失：一是企业因转让与该资产相关的商品预期能够取得的剩余对价；二是为转让该相关商品估计将要发生的成本。这里，企业应当按照确定交易价格的原则（关于可变对价估计的限制要求除外）预计其能够取得的剩余对价。估计将要发生的成本主要包括直接人工、直接材料、制造费用（或类似费用）、明确由客户承担的成本以及仅因该合同而发生的其他成本等。以前期间减值的因素之后发生变化，使得企业上述第一项减去第二项后的差额高于该资产账面价值的，应当转回原已计提的资产减值准备，并计入当期损益，但转回后的资产账面价值不应超过假定不计提减值准备情况下该资产在转回日的账面价值。

在确定与合同成本有关的资产的减值损失时，企业应当首先对按照其他相关企业会计准则确认的、与合同有关的其他资产确定减值损失；然后，按照前述的要求确定与合同成本有关的资产的减值损失。企业按照《企业会计准则第8号——资产减值》测试相关资产组的减值情况时，应当将按照上述要求确定上述资产减值后的新账面价值计入相关资产组的账面价值。

六、工程价款结算与会计核算

（一）工程价款结算的办法

工程价款结算是指施工企业因承包建筑安装工程，按照承包合同的规定向发包单位点交已完工程，收取工程价款的结算行为。通过工程价款结算，可以及时补偿企业在施工生产过程中发生的资金耗费，保证再生产活动的顺利进行。同时，正确及时地办理工程价款结算，还有利于促使承、发包双方切实履行承、发包合同，促进基本建设计划的顺利完成，保证施工企业经营目标的实现。

按照财政部、原建设部颁布的《建设工程价款结算暂行办法》（以下简称《暂行办法》）的规定，工程价款结算应按合同约定办理，合同未做约定或约定不明的，发、承包双方应依照下列规定与文件协商处理：①国家有关法律、法规和规章制度；②国务院建设行政主管部门、省、自治区、直辖市或有关部门发布的工程造价计价标准、计价办法等有关规定；③建设项目的合同、补充协议、变更签证和现场签证，以及经发、承包人认可的其他有效文件；④其他可依据的

材料。

按照《暂行办法》的规定，包工包料工程的预付款按合同约定拨付，原则上预付比例不低于合同金额的10%，不高于合同金额的30%，对重大工程项目，按年度工程计划逐年预付。在具备施工条件的前提下，发包人应在双方签订合同后的一个月内或不迟于约定的开工日期前的7天内预付工程款，发包人不按约定预付，承包人应在预付时间到期后10天内向发包人发出要求预付的通知，发包人收到通知后仍不按要求预付的，承包人可在发出通知14天后停止施工，发包人应从约定应付之日起向承包人支付应付款的利息（利率按同期银行贷款利率计），并承担违约责任。预付的工程款必须在合同中约定抵扣方式，并在工程进度款中进行抵扣。凡是没有签订合同或不具备施工条件的工程，发包人不得预付工程款，不得以预付款为名转移资金。

工程进度款结算方式主要包括两种：

（1）按月结算与支付。即实行按月支付进度款，竣工后清算的办法。合同工期在两个年度以上的工程，在年终进行工程盘点，办理年度结算。

（2）分段结算与支付。即当年开工、当年不能竣工的工程按照工程形象进度，划分不同阶段支付工程进度款。具体划分办法在合同中明确。

按照《暂行办法》的规定，根据确定的工程计量结果，承包人向发包人提出支付工程进度款申请，14天内发包人应按不低于工程价款的60%、不高于工程价款的90%向承包人支付工程进度款。按约定时间发包人应扣回的预付款，与工程进度款同期结算抵扣。发包人超过约定的支付时间不支付工程进度款，承包人应及时向发包人发出要求付款的通知，发包人收到承包人通知后仍不能按要求付款的，可与承包人协商签订延期付款协议，经承包人同意后可延期支付，协议应明确延期支付的时间和从工程计量结果确认后第15天起计算应付款的利息（利率按同期银行贷款利率计）。发包人不按合同约定支付工程进度款，双方又未达成延期付款协议，导致施工无法进行的，承包人可停止施工，由发包人承担违约责任。

（二）工程价款结算的核算

为了总括地核算和监督与发包单位的工程价款结算情况，施工企业应设置“应收账款”“合同资产”“合同负债”“合同结算”等科目。

【例7-19】 某建筑企业承建一项土石方工程，开工前施工项目部按工程承包合同的规定，收到发包单位通过银行转账拨付的工程备料款33万元。月末，企业以工程价款结算账单与发包单位办理工程价款结算：本月已完工程价款19万元，按规定应扣还预收备料款16.5万元。施工项目部收到发包单位支付的工程价款 2.5 万元。

施工项目部相关账务处理如下：

(1) 开工前预收工程备料款：

借：银行存款　　330 000

　贷：合同负债　　330 000

(2) 月末办理结算：

借：应收账款——应收工程款　　25 000

　　合同负债　　165 000

　贷：合同结算——价款结算　　172 727.27

　　　应交税费——应交增值税（销项税额）　　17 272.73

(3) 收到发包单位支付的工程价款 2.5 万元：

借：银行存款　　25 000

　贷：应收账款——应收工程款　　25 000

七、工程分包的会计核算

（一）工程项目分包及其特征分析

工程项目的分包是指总承包人经过发包人同意，将其承包的某一非主要或专业性较强的部分工程再另行发包给具备相应资质的其他承包人，并与其签订分包工程合同。《中华人民共和国建筑法》第二十九条规定：建筑工程总承包单位可以将承包工程中的部分工程发包给具有相应资质条件的分包单位，但是除总承包合同中约定的分包外，必须经发包单位认可。

存在分包情况的工程总承包合同一般包括两层承包关系，即总包合同和分包合同。总包合同是建设单位（业主）与总承包人之间订立的合同，分包合同是承包合同中的总承包人与分包人之间订立的合同。按照《中华人民共和国合同法》的规定，总承包人应当就承包合同的履行向建设单位承担全部的责任，即总承包人根据合同约定或者业主的同意将承包合同范围内的部分工程项目分包给他人，总承包人也要就分包的工程向业主负责。分包人就其完成的工作成果向总承包人负责，并与总承包人承担连带责任。

工程分包不同于工程转包。转包是指工程承包单位承包工程项目后，不履行合同约定的责任和义务，未获得发包方同意，以营利为目的，将其承包的全部建设工程转给他人或者将其承包的全部建设工程进行肢解，以分包的名义转给其他单位承包，并且不对所承包工程的技术、管理、质量和经济承担责任的行为。转包与分包的根本区别在于：在转包行为中，原承包人将其工程全部倒手转给他人，自己并不实际履行合同约定的义务；而在分包行为中，承包人只是将其承包工程的某一部分或某几部分再分包给其他承包人，承包人仍然要就承包合同约定的全部义务的履行向业主负责。同时，在《中华人民共和国建筑法》《中华人民共和国合同法》等法律中，对于工程转包都做出了禁止性规定。

总之，分包行为必须在承发包合同中事先约定或者经发包方认可；总承包方与分包方对分包工程向建设单位承担连带责任；符合合同约定或建设单位许可的工程分包属施工企业正常的经营行为，它与工程转包有着本质的区别。工程分包的这些特征决定了对分包工程会计处理的原则和方法。

（二）分包业务的账务处理

按照《企业产品成本核算制度（试行）》（财会〔2013〕17 号）的规定，建筑企业将部分工程分包的，可以设置分包成本项目。也就是说，总承包方应将分包方的工程收入纳人总承包方公司的收入核算，将所支付的分包工程款作为本公司的工程施工成本来核算。

【例 7-20】　申达建筑公司承包一项工程（C 项目），工期 10 个月，增值税按照一般计税方法计税，税前总承包价款为 8 000 万元，其中土石方开挖工程税前金额 2 000 万元，分包给丁公司承建。申达公司完成工程累计发生合同履约成本 5 500 万元，项目在当年 12 月如期完工（假定仅考虑增值税）。申达公司账务处理如下：

（1）申达公司完成项目发生成本费用时：

借：工程施工——C 项目合同成本	55 000 000	
贷：原材料等		55 000 000

（2）收到业主一次性结算的总承包款时：

借：银行存款	88 000 000	
贷：合同结算——价款结算		80 000 000
应交税费——应交增值税（销项税额）		8 000 000

（3）分包工程完工验工结算时：

借：工程施工——C 项目合同成本	20 000 000	
应交税费——应交增值税（进项税额）	2 000 000	
贷：应付账款		22 000 000

（4）支付工程款时：

借：应付账款	22 000 000	
贷：银行存款		22 000 000

（5）申达公司在完工时一次性确认该项目收入时：

借：合同结算——收入结转　　80 000 000
　贷：主营业务收入　　80 000 000
借：主营业务成本　　75 000 000
　贷：工程施工——C项目合同成本　　75 000 000

丁公司针对所分包的2 000万元（不含税）土石方开挖工程，按照工程承包合同收入与费用的一般方法进行账务处理。

第三节 其他利润项目

一、利润总额的组成

利润是指企业在一定会计期间的经营成果，包括收入减去费用后的净额、直接计入当期利润的利得和损失等。对利润进行核算，可及时反映企业在一定会计期间的经营业绩和获利能力，反映企业的投入产出效果和经营效益，有助于企业投资者和债权人据此进行盈利预测，做出正确的决策。

（一）营业利润

营业利润是企业利润的主要来源，它是指企业在提供建筑劳务等日常活动中所产生的利润。营业利润的计算公式为：

$$\text{营业利润}=\text{营业收入}-\text{营业成本}-\text{税金及附加}-\text{销售费用}-\text{管理费用}-\text{财务费用}-\text{研发费用}-\text{信用减值损失}-\text{资产减值损失}+\text{公允价值变动收益}\left(-\text{公允价值变动损失}\right)+\text{投资收益}\left(-\text{投资损失}\right)+\text{资产处置收益}\left(-\text{资产处置损失}\right)$$

1. 营业收入

营业收入指企业经营业务所确定的收入总额，包括主营业务收入和其他业务收入。其中，主营业务收入是指企业为完成其经营目标而从事的经常性活动所实现的收入，如施工企业工程承包合同收入、工业企业产品销售收入、商业企业商品销售收入等。其他业务收入是指企业为完成其经营目标从事的与经常性活动相关的活动所实现的收入，指企业除主营业务收入以外的其他销售或其他业务的收入，如施工企业对外出售不需用的材料、出租投资性房地产等。

2. 营业成本

营业成本是指企业经营业务所发生的实际成本总额，包括主营业务成本和其他业务成本。其中，主营业务成本是指企业经营主营业务发生的支出。其他业务成本是指企业除主营业务以外的其他销售或其他业务所发生的支出，包括销售材料、设备出租、出租投资性房地产等发生的相关成本、费用等。

3. 税金及附加

税金及附加是指企业经营活动发生的消费税、城市维护建设税、资源税、教育费附加及房产税、土地使用税、车船使用税等相关税费。

4. 研发费用

研发费用是指企业进行研究与开发过程中发生的费用化支出。

5. 信用减值损失

信用减值损失是指企业按照《企业会计准则第 22 号——金融工具确认和计量》（2017 年修订）的要求计提的各项金融工具减值准备所形成的预期信用损失。

6. 资产减值损失

资产减值损失是指企业计提非信用资产减值准备所形成的损失。

7. 公允价值变动收益（或损失）

公允价值变动收益（或损失）是指企业交易性金融资产等公允价值变动形成的应计入当期损益的利得（或损失）。

8. 资产处置收益（或损失）

资产处置收益（或损失）是指企业出售划分为持有待售的非流动资产（金融工具、长期股权投资和投资性房地产除外）或处置组（子公司和业务除外）时确认的处置利得或损失，以及处置未划分为持有待售的固定资产、在建工程、生产性生物资产及无形资产而产生的处置利得或损失。

（二）利润总额

企业的利润总额是指营业利润加上营业外收入，减去营业外支出后的金额。

利润总额=营业利润+营业外收入-营业外支出

其中，营业外收入（或支出）是指企业发生的与其日常生产经营活动没有直接关系的各项收入（或支出）。

企业当期利润总额减去所得税费用后的金额，即企业的税后利润或净利润。

二、其他业务利润的核算

施工项目部的其他业务主要包括：材料销售业务、对外机械作业服务、出租机械设备业务、临管运输业务和其他经营业务等。

企业应当设置“其他业务收入”和“其他业务成本”两个科目对其他业务利润进行核算，并按照业务类别设置明细科目。“其他业务收入”科目核算企业确认的除主营业务活动以外的其他经营活动实现的收入，包括出租固定资产、出租无形资产、出租包装物和商品、销售材料、用材料进行非货币性交换（非货币性资产交换具有商业实质且公允价值能够可靠计量）或债务重组等实现的收入。“其他业务成本”科目核算企业确认的除主营业务活动以外的其他经营活动所发生的支出，包括销售材料的成本、出租固定资产的折旧额、出租无形资产的摊销额、出租包装物的成本或摊销额等。除主营业务活动以外的其他经营活动发生的相关税费，在“税金及附加”科目核算。

在其他业务收入核算中，对于不属于在某一时段内履行的履约义务，应当属于在某一时点履行的履约义务，企业应当在客户取得相关商品控制权时点确认收入。在判断客户是否已取得商品控制权（即客户是否能够主导该商品的使用并从中获得几乎全部的经济利益）时，企业应当考虑以下五个因素：(1) 企业就该商品享有现时收款权利，即客户就该商品负有现时付款义务；(2) 企业已将该商品的法定所有权转移给客户，即客户已拥有该商品的法定所有权；(3) 企业已将该商品实物转移给客户，即客户已占有该商品实物；(4) 企业已将该商品所有权上的主要风险和报酬转移给客户，即客户已取得该商品所有权上的主要风险和报酬；(5) 客户已接受该商品。

企业按照企业会计准则规定的条件，确认其他业务收入的实现时，借记“银行存款”“应收账款”等科目，贷记“其他业务收入”科目；确认发生的成本时，借记“其他业务成本”科目，贷记“原材料”“机械作业”“辅助生产”“无形资产”“累计折旧”“应交税费”等科目。

（一）出售材料

【例 7-21】 某建筑公司华东项目部设置仓库对施工用材料进行管理，12 月

20 日，对另一施工单位出售水泥 30 吨，出售单价 200 元，该水泥的账面价值为 5 500 元。按照 16%税率缴纳增值税。编制如下会计分录：

借：银行存款	6 000	
贷：其他业务收入（销项税额）		5 454.55
应交税费——应交增值税（销项税额）		545.45

结转出售水泥的成本：

借：其他业务成本	5 500	
贷：原材料		5 500

（二）出租机械

【例 7-22】　华东项目部承担某公路施工。施工过程中，临时出租给西河工程公司装载机 2 台，获得租金 70 000 元。华东项目部仅承担设备折旧费 35 000 元，油料及修理费等由承租方负担，收入已经存入银行。假设按照 3%征收率缴纳增值税。编制如下会计分录：

借：银行存款	70 000	
贷：其他业务收入		67 961
应交税费——应交增值税		2 039

结转应负担的费用：

借：其他业务成本	35 000	
贷：累计折旧		35 000

（三）对外提供机械作业服务

【例 7-23】　华南项目部担负某公路施工。20×9 年 4—6 月，其所属的独立核算机械队为西河工程公司提供土方运输作业服务，共使用台班 5 000 个，每个台班单位成本 80 元。运土方 5 万方，获得收入 600 000 元，款项尚未收到，假设不考虑相关税费。账务处理如下：

（1）按照提供劳务收入的确认原则，确认收入：

借：其他应收款——西河工程公司	600 000	
贷：其他业务收入——对外提供机械作业		600 000

（2）结转机械作业成本：

借：其他业务成本	400 000	
贷：机械作业		400 000

会计期末，将"其他业务收入"和"其他业务成本"科目的余额转入"本年利润"科目。

三、资产处置损益的核算

资产处置损益反映企业出售划分为持有待售的非流动资产（金融工具、长期股权投资和投资性房地产除外）或处置组（子公司和业务除外）时确认的处置利得或损失，以及处置未划分为持有待售的固定资产、在建工程、生产性生物资产及无形资产而产生的处置利得或损失。债务重组中因处置非流动资产产生的利得或损失和非货币性资产交换中换出非流动资产产生的利得或损失也包括在本项目内。企业设置“资产处置损益”科目核算资产处置的收益和损失。

企业在生产经营期间，固定资产清理所取得的收益，借记“固定资产清理”科目，贷记“资产处置损益”科目。固定资产清理发生的损失，按照“固定资产清理”科目借方余额，借记“营业外支出——非流动资产处置损失”科目，贷记“固定资产清理”科目。

企业出售无形资产，按实际取得的转让收入，借记“银行存款”等科目；按该项无形资产已计提的减值准备，借记“无形资产减值准备”科目；按无形资产的账面余额，贷记“营业外收入”科目；按应支付的相关税费，贷记“应交税费”等科目；按其差额，贷记“资产处置损益”科目，发生的处置损失记入“资产处置损益”科目的借方。

期末，将“资产处置损益”科目的余额转入“本年利润”科目，结转后该科目无余额。

四、营业外收支的核算

营业外收支虽然与企业生产经营活动没有多大关系，但从企业主体来考虑，同样会带来收入或形成支出，也是增加或减少利润的因素，对企业的利润总额及净利润产生较大的影响。企业在进行会计核算时，应当区别营业外收入和营业外支出进行核算，不得以营业外支出直接冲减营业外收入，也不得以营业外收入冲减营业外支出。

（一）营业外收入的核算

营业外收入是指企业发生的除营业利润以外的收益，主要包括债务重组利得、与企业日常活动无关的政府补助、盘盈利得、捐赠利得（企业接受股东或股东的子公司直接或间接的捐赠，经济实质属于股东对企业的资本性投入的除外）等。企业应设置“营业外收入”科目，对各种利得进行核算。“营业外收入”科目一般按各营业外收入项目设置以下明细科目：债务重组利得、政府补助、盘盈利得、捐赠利得、罚款净收入、赔偿金收入、违约金收入、滞纳金收入、其他。

确认的政府补助利得、盘盈利得、罚款净收入、违约金收入、滞纳金收入等，借记“银行存款”“待处理财产损溢”等科目，贷记“营业外收入”科目。

期末，应将“营业外收入”科目的余额转入“本年利润”科目，结转后该科目应无余额。

（二）营业外支出的核算

营业外支出是指企业发生的与日常活动无直接关系的各项损失，主要包括：债务重组损失、公益性捐赠支出、非常损失、盘亏损失、非流动资产毁损报废损失等。企业应设置“营业外支出”科目核算各种损失。“营业外支出”科目一般按各营业外支出项目设置明细科目。

资产盘亏，按照确定的损失金额，借记“营业外支出——盘亏损失”科目，贷记“待处理财产损溢”科目。

捐赠支出，企业发生对外公益性捐赠，在实际发生并取得对方开具的收据时，按该资产的账面价值和应缴纳的税金之和，借记“营业外支出——公益性捐赠支出”科目；按资产的账面价值，贷记“固定资产”“原材料”“银行存款”等科目；按应缴纳的税金，贷记“应交税费”科目。

罚款支出、赔偿金支出、违约金支出、滞纳金支出，按照实际发生数额，借记“营业外支出——罚款支出”等相关科目，贷记“银行存款”等科目。

期末，将“营业外支出”的余额转入“本年利润”，结转后该科目无余额。

重要概念

商品控制权　　合同取得成本　　合同履约成本　　合同资产　　合同负债
投入法　　产出法　　履约进度

复习思考题

一、简答题

1. 工程承包合同收入确认和计量大致分为哪几个步骤？

2. 合同合并的条件有哪些?

3. 可明确区分的商品的条件有哪些?

4. 履约进度的确定方法有哪两种?

二、单项选择题

1. 20×5 年 7 月 1 日，某建筑公司与客户签订一项固定造价工程承包合同，承建一幢办公楼，预计 20×6 年 12 月 31 日完工；不含税合同总金额为 12 000 万元，预计总成本为 10 000 万元。截至 20×5 年 12 月 31 日，该建筑公司实际发生合同成本 3 000 万元。假定该合同按照投入法计算履约进度，20×5 年度对该项工程承包合同确认的收入为（　　）万元。

A. 3 000　　B. 3 200　　C. 3 500　　D. 3 600

2. 按照企业会计准则的规定，下列各项中不属于工程承包合同收入内容的是（　　）。

A. 合同中规定的初始收入　　B. 客户预付的定金

C. 因奖励形成的收入　　D. 因合同变更形成的收入

3. 下列关于工程承包合同收入和成本内容的表述中，不正确的是（　　）。

A. 工程承包合同收入包括合同中规定的初始收入和因合同变更、索赔、奖励等形成的收入

B. 因合同变更、索赔、奖励等形成的收入不构成合同初始收入

C. 工程承包合同成本包括从合同签订开始至合同完成为止为履约所发生的直接费用和间接费用

D. 不包括可变对价、合同中存在的重大融资成分、非现金对价以及应付客户对价等

4. 施工企业代扣当月职工应交的水电费 800 元，代扣水电费时应贷记（　　）科目。

A. "应付账款"　　B. "应付职工薪酬"

C. "其他应付款"　　D. "银行存款"

5. 下列各项中，属于施工企业工程承包合同收入的是（　　）。

A. 劳务作业收入　　B. 索赔收入

C. 设备租赁收入　　D. 多种经营收入

6. 根据企业会计准则的规定，下列各项中，不应包括在工程承包合同收入之中的是（　　）。

A. 工程承包合同变更所取得的收入

B. 向客户索赔所取得的收入

C. 因奖励所取得的收入

D. 取得的与合同履约有关的零星收入

7. 在资产负债表日，项目部应当根据（　　）确认工程承包合同收入与费用。

A. 个别计价法　　B. 销售百分比法

C. 加权平均法　　D. 履约进度

三、多项选择题

1. 工程承包合同可分为（　　）等几类。

A. 固定造价合同　　B. 成本加成合同

C. 固定成本合同　　D. 成本造价合同

2. 采用累计实际发生的合同成本占合同预计总成本的比例确定合同履约进度的，累计实际发生的合同成本不包括（　　）。

A. 施工中使用的材料成本

B. 施工中发生的人工成本

C. 施工中尚未安装或使用的材料成本

D. 在分包工程的工作量完成之前预付给分包单位的款项

3. 下列项目中，不构成合同履约成本的有（　　）。

A. 从合同签订开始至合同完成止所发生的、与履约有关的直接费用

B. 从合同签订开始至合同完成止所发生的、与履约有关的间接费用

C. 因订立合同而发生的有关费用

D. 合同订立前发生的费用

4. 下列各项中，属于收入确认范围的有（　　）。

A. 工程承包合同收入　　B. 罚没收入

C. 处置固定资产净收益　　D. 销售收入

E. 投资者投入资本

5. 下列各项中，属于施工企业的其他业务收入的有（　　）。

A. 销售辅助材料产生的收入

B. 提供运输劳务所取得的收入

C. 出售无形资产所有权所取得的收入

D. 出租固定资产的租金收入

E. 处置固定资产收益

6. 下列各项中，列入企业营业外支出项目的有（　　）。

A. 捐赠支出　　B. 固定资产盘亏

C. 非常损失　　D. 所得税支出

E. 资产减值损失

7. 下列各项收入中，可增加企业营业利润的有（　　）。

A. 工程承包合同收入　　B. 出售固定资产的收入

C. 罚没收入　　D. 银行存款的利息收入

E. 投资收益

四、判断题

1. 因合同奖励形成的收入，在实际收到工程发包方的奖励款项时确认，并在当季末按实际收到的奖励款项金额调增合同预计总收入。（　　）

2. 工程承包合同收入是指客户能够认可的，金额能够可靠计量的，通过履行该合同所能取得的各项收入，包括与客户签订的合同中最初商定的合同总金额以及合同执行期间以不同形式追加的与该合同相关的净增加收入。（　　）

3. 合同履约成本是指为建造某项合同而发生的相关费用，包括从合同签订开始至合同结束期间所发生的，与履行合同义务有关费用。（　　）

4. 合同执行过程中的预计总成本＝累计实际发生的成本＋剩余工程量尚需发生的成本。（　　）

5. 为订立合同而发生的差旅费、投标费等，如当年取得合同，可以计入合同取得成本；不满足上述条件的，应当计入当期损益。（　　）

6. 工程竣工，成本投入完毕，客户办理完竣工决算后在质保期内项目所发生的收账费用、质量缺陷修复等费用应于发生时计入当期损益，不再按照企业会计准则规定的方法确认成本。（　　）

五、业务核算题

1. 某企业签订了一项合同总金额为 1 000 万元的固定造价合同（不含增值税），合同规定的工期为三年。假定第一年履约进度为 30%，第二年履约进度为 80%，前两年的合同预计总成本均为 800 万元，第三年工程全部完成，累计实际发生合同成本 750 万元。

要求：计算各年度应确认的合同收入并编制相应的会计分录。

2. 立远建筑公司签订了一项总金额为 2 000 万元（不含税）的工程承包合同，承建了一项铁路工程，该项工程于 20×5 年 1 月 1 日开工，合同规定的建造日期为 3 年。从 20×5 年 1 月 1 日至 20×5 年 12 月 31 日，预计的合同总成本为 1 500 万元。到 20×6 年底，由于原材料价格上涨等原因，调整了预计总成本，预计总成本为 2 100 万元。该项工程在 20×7 年 12 月 31 日完工，由于工程质量较好，客户支付奖励款 300 万元。假定立远公司承建的该项工程在各年发生的成本支出均为职工薪酬等，建造该工程的其他资料如下表所示（单位：万元）：

×工程相关资料表

项目	20×5 年 12 月 31 日	20×6 年 12 月 31 日	20×7 年 12 月 31 日
至目前为止已发生的成本	600	1470	2 100
完成合同尚需发生的成本	900	630	0
已结算的工程价款	900	600	800
实际收到的价款（含税）	660	550	1 320

要求：

（1）确定 20×5 年、20×6 年的合同履约进度；

（2）计算确认各年的收入；

（3）编制 20×5 年至 20×7 年各年的有关会计分录。

3. 某施工企业月初对外销售预制构件一批，不含税售价为 25 200 元，增值税税额为 756 元。以银行存款代垫运杂费 1 600 元，货已运达购货单位，委托银行收款手续已办妥。

要求：

（1）编制开出销售发票、确认销售收入时的会计分录；

（2）编制收到货款时的会计分录。

8 CHAPTER 第八章 债权债务

第一节 应收及预付款项

在施工企业，债权主要是指因提供建筑服务等形成的各种应收款项和预付款项。施工项目部涉及的债权主要是各种应收款项，包括应收票据、应收账款、预付账款、其他应收款。这些金融资产在活跃的市场上没有报价，但回收金额固定或可确定。应收款项应按从建设单位或总包方应收的合同或协议价款作为初始确认金额；按照实际利率法，采用摊余成本进行后续计量。其中，短期应收款项的预计未来现金流量与其现值相差很小，一般按其余额作为摊余成本计量。

一、应收账款的核算

应收账款是指企业承建工程应向发包单位收取的工程进度款和列入营业收入的其他款项，以及销售材料物资、提供劳务等，应向购货单位或接受劳务单位收取的款项。施工项目的应收账款一般可分为应收工程款和应收销货款。

应收工程款是指施工项目部与发包单位办理工程价款结算时，按照工程合同规定应收取的工程款及质量保证金。也有单位将质量保证金作为其他应收款来核算。施工项目部应根据实际完成的工程量、预算单价及各项取费标准计算工程价款，向发包单位办理结算。

应收销货款是指施工项目部因销售材料物资等，应向购货单位收取的款项，应收账款按实际发生额计价入账。在有商业折扣和现金折扣的情况下，还要考虑折扣因素。

施工项目部应收账款的总分类核算是通过“应收账款”账户进行的。该科目属于资产类账户，其借方登记企业应收的款项、未能按期收回的商业承兑汇票结算款、转回的已注销坏账等，贷方登记已收回的款项、改用商业汇票结算的应收账款、已转为坏账损失的应收款项、以债务重组方式收回的债权等。期末余额在借方，反映尚未收回的各种应收账款。该科目应设置“应收工程款”和“应收销货款”两个明细科目，并在“应收工程款”下设置“应收工程款”“应收工程质量保证金”两个明细科目。在此基础上，分别按不同的发包单位和购货单位或接受劳务单位设置明细账，进行明细核算。

应收账款的账务处理主要包括：生产经营中应收账款的形成和收回、应收账款与应收票据间的转换以及企业与债务人进行债务重组等。

（一）生产经营中应收账款的形成和收回

施工项目部收到业主批复的验工计价单时，按办理结算金额，借记“应收账款——应收工程款”科目，贷记“工程结算”“应交税费——应交增值税”等科目。收回应收账款时，借记“银行存款”科目，贷记“应收账款”科目。

【例 8-1】 平谷地铁项目 20×7 年 4 月开工，6 月 30 日工程项目完工后与业主一次性办理工程价款结算，税前工程价款为 1 000 万元，增值税税额 100 万元。按照合同约定办理工程价款结算后 10 日内付款。该项目相关账务处理如下（单位：万元）：

（1）办理工程价款结算时：

借：应收账款　　1 100

　贷：工程结算　　1 000

　　应交税费——待转销项税额　　100

（2）10 日内收到款项或到第 10 日未收到款时：

借：应交税费——待转销项税额　　100

　贷：应交税费——应交增值税（销项税额）　　100

【例 8-2】 华东项目部将多余原材料向飞亚公司销售，价款 8 000 元，增值税为 1 280 元，规定的现金折扣条件为“2/10，1/20，n/30”，材料已发出，并办妥托收手续。假设该企业为增值税小规模纳税人。

借：应收账款——应收销货款（飞亚公司）　　9 280

　贷：其他业务收入　　8 000

　　应交税费——应交增值税（销项税额）　　1 280

若飞亚公司在 10 天内支付货款，则账务处理如下：

借：银行存款　　9 094.4

　　财务费用　　185.6

　贷：应收账款——应收销货款（飞亚公司）　　9 280

若飞亚公司在 11～20 天内支付货款，则账务处理如下：

借：银行存款　　9 187.2

财务费用　　92.8
　　贷：应收账款——应收销货款（飞亚公司）　　9 280

若飞亚公司超过20天后支付货款，则账务处理如下：

借：银行存款　　9 280
　　贷：应收账款——应收销货款（飞亚公司）　　9 280

（二）应收账款与应收票据间的转换

施工项目部所持有的应收账款，后来由于某些原因又改用商业汇票结算方式的，应在收到承兑的商业汇票时，借记“应收票据”科目，贷记“应收账款”科目。

【例 8-3】 若例 8-1 中应收工程款后来又改为商业承兑汇票结算，则应按商业承兑汇票票面金额 380 000 元，账务处理如下：

借：应收票据——宏大公司　　380 000
　　贷：应收账款——应收工程款——应收工程款（宏大公司）　　380 000

对于已到承兑期而由于某些原因尚未承兑的商业汇票，应在票据到期日后，按票面金额，借记“应收账款”科目，贷记“应收票据”科目。

（三）企业与债务人进行债务重组

施工企业与债务人进行债务重组的业务主要包括债务人以低于施工项目部应收债权账面价值的现金或非现金资产的债务。债务人以低于债务账面价值的现金清偿债务，债权人对债务人做出让步，对于债权人而言，债权的账面价值与收到的现金之间的差额，应确认为当期损失。债务人以非现金资产清偿某项债务的，债权人应按受让的非现金资产的公允价值入账，重组债权的账面余额与受让的非现金资产的公允价值之间的差额，确认为债务重组损失，计入营业外支出。需要注意的是，债权人已对债权计提坏账准备的，在确认当期损失时，应先将差额冲减坏账准备，冲减后有余额的，计入营业外支出；冲减后坏账准备仍有余额的，应予转回并抵减当期坏账损失。

这里所说的账面价值，是指某科目的账面余额减去相关的备抵项目后的净额。账面余额是指某科目的账面实际余额，不扣除作为该科目备抵的项目（如累计折旧、相关资产的减值准备等）。对债务而言，其账面价值通常就是该债务的账面余额。

【例 8-4】 20×9 年 2 月 10 日，兰铁项目部销售一批材料给中州公司，发生的应收账款为 115 000 元。当年 3 月 20 日，中州公司发生财务困难，无法按合同规定偿还债务，经双方协议，并经公司总部批准，兰铁项目部同意减免中州公司 20 000 元债务，余额立即用现金偿清。兰铁项目部对债权计提坏账准备 10 000 元。

（1）债务重组日，重组债权的账面价值与收到的现金之间的差额=(115 000－10 000)－95 000=10 000（元）。

兰铁项目部账务处理如下：

借：银行存款　95 000
　　营业外支出——债务重组损失　10 000
　　坏账准备　10 000
　贷：应收账款　115 000

（2）若兰铁项目部计提的坏账准备为30 000元，则账务处理如下：

借：银行存款　95 000
　　坏账准备　30 000
　贷：应收账款　115 000
　　　资产减值损失　10 000

【例8-5】　20×9年1月1日，吉铁项目部销售一批材料给丰越公司，发生应收账款105 000元。20×9年7月1日，丰越公司发生财务困难，无法按合同规定偿还债务，经双方协议，吉铁项目部报公司总部批准，同意丰越公司用另一种材料抵偿该应收账款。该材料市价为80 000元，增值税征收率为3%。吉铁项目部为债权计提了坏账准备500元。

债务重组日，重组债权的账面价值为104 500元（105 000－500），减去所受让材料的公允价值80 000元以及增值税进项税额2 400元（80 000×3%），债务重组损失为22 100元。

吉铁项目部账务处理如下：

借：坏账准备　500
　　原材料　80 000
　　应交税费——应交增值税（进项税额）　2 400
　　营业外支出——债务重组损失　22 100
　贷：应收账款　105 000

二、应收票据的核算

应收票据是指施工项目部因结算工程价款，对外销售材料物资、提供劳务等而收到的商业汇票。应收票据是项目部未来收取货款的权利，这种权利和将来应收取的货款金额以书面文件的形式约定下来，因此它受到法律的保护，具有法律上的约束力。

一般情况下，施工项目部应在收到商业汇票时，按应收票据的票面价值入账。但对于带息的应收票据，应于期末按应收票据的票面价值和确定的利率计提利息，计提的利息应增加应收票据的账面余额。需要指出的是，到期不能收回的应收票据，应按其账面余额转入应收账款，且不再计提利息。

应收票据的总分类核算是通过“应收票据”账户进行的。本科目属于资产类账户，借方登记因销售材料物资、提供劳务等收到的商业汇票的票面金额及其应计提利息，贷方登记到期收回、背书转让、到期承兑人拒付以及未到期向银行贴现的票面金额和应计提利息，本账户期末余额在借方，反映企业持有的商业汇票的票面价值和应计利息。

在“应收票据”账户下，应按不同的债务单位分别设置明细账，进行明细核算。同时，项目部应设置应收票据备查簿，逐笔登记每一笔应收票据的种类、号数、出票日期、票面金额、票面利率，交易合同号和付款人、承兑人、背书人的姓名或单位名称，到期日，背书转让日，贴现日期，贴现率和贴现净额，以及收款日期和收回金额、退票情况等资料，应收票据到期结清票款或退票等，都应在备查簿内逐笔注销。

（一）应收票据的一般业务

施工项目部因结算工程价款收到商业汇票，按应收票据的面值，借记“应收票据”科目，按开出的工程结算单金额，贷记“工程结算”科目。以应收票据抵偿应收账款时，按应收票据面值，借记“应收票据”科目，贷记“应收账款”科目。

对于带息应收票据，期末应按其票面价值和确定的利率计提利息，计提的利息增加应收票据的账面余额，并同时计入当期损益，借记“应收票据”科目，贷记“财务费用”科目。应收票据到期收回时，按收回的本息，借记“银行存款”科目；按应收票据的账面余额，贷记“应收票据”科目；按其差额（即带息票据尚未计提利息部分），贷记“财务费用”科目。

【例 8-6】 20×9 年 3 月 1 日，华东项目部收到业主胜桦公司批复的验工计价单，办理结算金额 100 000 元。同日收到胜桦公司出具的 6 个月期限商业承兑汇票一张，面值 100 000 元，票面利率为 9%。账务处理如下：

（1）取得商业承兑汇票时：

借：应收票据——胜桦公司	100 000	
贷：工程结算		90 909.09
应交税费——应交增值税（销项税额）		9 090.91

（2）于 20×9 年 6 月 30 日计息：

票据利息＝100 000×9%×4÷12＝3 000(元)

借：应收票据——胜桦公司	3 000	

贷：财务费用　　3 000

（3）票据到期，收回款项时：

票据到期值＝100 000×（1＋9%×6÷12）＝104 500（元）

借：银行存款　　104 500
　　贷：应收票据——胜桦公司　　103 000
　　　　财务费用　　1 500

（4）若持有的商业承兑汇票到期，胜桦公司企业无力支付票款：

借：应收账款——应收工程款（胜桦公司）　　103 000
　　贷：应收票据——胜桦公司　　103 000

待以后实际收到款项时：

借：银行存款　　104 500
　　贷：应收账款——应收工程款（胜桦公司）　　103 000
　　　　财务费用　　1 500

应收票据的期限可以按月或按日表示。不同计期方式下，应收票据的期限计算略有不同。

（1）按月计算的票据，以到期月份中与出票日相同的日期为到期日，次月对日为整月。如5月16日出票的3个月票据，到期日为8月16日。月末出票的票据，不论月份大小，以到期月份的月末一天为到期日。如1月31日出票的1个月票据，到期日为2月28日。与此同时，计算利息使用的利率要换算成月利率。

（2）按日计算的票据，应从出票日起按实际经历天数计算，通常出票日和到期日只能算一天。如3月3日出票的60天票据，3月份算28天，4月份30天，尚有2天，所以到期日为5月2日。与此同时，计算利息使用的利率，要换算成日利率。

（二）应收票据的贴现

票据贴现是指持票人为了满足临时的资金需要，将尚未到期的票据在背书后送交银行，银行受理后从票据到期值中扣除按银行贴现率计算确定的贴现利息，然后将余额付给持票人，作为银行对企业提供短期贷款的行为。可见，票据贴现即以票据向银行借入短期资金，其实质是企业融通资金的一种形式。

在票据贴现中，不带息票据的到期值就是其票面价值；带息票据的到期值就是其票面价值加上到期利息。票据贴现日至票据到期日的间隔期称为贴现天数，但通常是在贴现日与到期日两天中，只计算其中的一天。贴现中所使用的利率称为贴现率。贴现银行按贴现率计算扣除的利息称为贴现息。贴现银行将票据到期值扣除贴现息后支付给企业的资金额，即企业以票据贴现而实际收到的贴现所得，称为贴现净额或票据贴现值。

有关计算公式如下：

$$\text{票据贴现净值}=\text{票据到期值}-\text{贴现息}=\text{票据到期值}-\text{票据到期值}\times\text{贴现率}\times\text{贴现期}$$

【例 8-7】 华东项目部因结算工程价款，收到一张出票日期为 3 月 23 日、期限为 6 个月、面值为 100 000 元的不带息商业承兑汇票。20×9 年 5 月 2 日，持该商业汇票到银行贴现，且银行不拥有追索权，银行年贴现率为 10%。则贴现值的计算如下：

贴现天数＝30＋30＋31＋31＋23－1＝144（天）
贴现息＝100 000×10%×144÷360＝4 000（元）
贴现净额＝100 000－4 000＝96 000（元）

项目部持未到期的应收票据向银行贴现，应根据银行盖章退回的贴现凭证，按实际收到的金额（即减去贴现息后的净额），借记“银行存款”科目；按贴现息部分，借记“财务费用”科目；按应收票据的票面余额，贷记“应收票据”科目。如为带息应收票据，按实际收到的金额，借记“银行存款”科目；按应收票据的账面余额，贷记“应收票据”科目；按其差额，借记或贷记“财务费用”科目。

贴现的商业承兑汇票到期，因承兑人的银行账户不足支付，申请贴现的收款人收到银行退回的应收票据、支款通知和拒绝付款理由书或付款人未付票款通知书时，按所付本息，借记“应收账款”科目，贷记“银行存款”科目；如果申请贴现的收款人银行存款账户余额不足，银行做逾期贷款处理时，应按转作贷款的本息，借记“应收账款”科目，贷记“短期借款”科目。

项目部将持有的应收票据背书转让，以取得所需材料物资时，按应计入取得材料物资成本的价值，借记“材料采购”或“原材料”等科目（原材料采用计划成本核算时，需要通过“材料采购”科目计算确定材料成本差异）；按应收票据的账面余额，贷记“应收票据”科目；如有差额，借记或贷记“银行存款”等科目。项目部将持有的带息票据背书转让，以取得所需物资时，按应计入取得物资成本的价值，借记“材料采购”或“原材料”等科目；按应收票据的账面余额，贷记“应收票据”科目；按尚未计提的利息，贷记“财务费用”科目；按应收或应付的金额，借记或贷记“银行存款”等科目。

【例 8-8】 华东项目部将持有的一张面值 20 000 元、利率 9%、20×9 年 6 月 1 日开出、期限 5 个月的带息票据，于 7 月 22 日背书转让采购一批材料，取得供应单位发票账单等报销凭证 21 060 元（含增值税，取得了增值税普通发票），差额款以银行存款补付。假设每半年末计息。

计算分析如下：

应收票据的账面余额＝票面价值＋已计利息(6 月份)
＝20 000＋150＝20 150(元)

至到期日尚未计提的利息(即 7 月 1 日至 11 月 1 日)＝20 000×9%×4÷12
＝600(元)

取得材料物资价值总额＝21 060(元)

企业应付金额＝21 060－(20 150＋600)＝310(元)

账务处理如下：

借：原材料	21 060	
贷：应收票据		20 150
财务费用		600
银行存款		310

三、预付账款的核算

预付账款是指项目部作为总包方，按照分包合同规定预付给分包单位的款项，包括预付工程款和备料款，以及按照购货合同规定预付给供应单位的购货款。预付工程款是指根据工程合同的规定，向分包单位预付的工程款。除按规定在竣工时一次结算的工程外，预付工程款应在月（季）终与分包单位结算已完工程价款时，从应付分包单位工程款中扣回。在最后一次验工计价时，应按规定保留适当工程尾款，待工程竣工验收后结清。预付备料款是指按照工程合同规定预付给分包单位的备料款（包括拨付给抵作备料款的材料）。预付备料款是按分包单位承包的建安工作量所需的储备材料计算的，随着工程进度的推进而减少储备材料时，预付分包单位备料款应陆续扣回，在工程竣工前扣完。

预付账款的总分类核算是通过“预付账款”科目进行的。本科目属于资产类账户，借方登记项目部预付分包单位工程款和备料款金额、拨付分包单位抵作备料款的材料、预付购货单位购货款及补付的款项和材料，贷方登记施工项目部与分包单位结算已完工程款金额、收到所购物资的金额、退回多付款项和材料、预计无法收回所购货物的款项。期末余额在借方，反映企业实际预付的款项；期末如为贷方余额，反映企业尚未补付的款项。施工项目部应按供应单位设置明细账，进行明细核算。本科目应设置“预付工程款”、“预付备料款”和“预付购货款”三个明细科目，并分别按分包单位和供应单位名称设置明细账，进行明细核算。

施工项目部预付分包单位工程款和备料款时，借记“预付账款”科目，贷记“银行存款”科目。补付的款项，借记“预付账款”科目，贷记“银行存款”等科目；退回多付的款项，借记“银行存款”等科目，贷记“预付账款”科目。企业与分包单位结算已完工程款时，借记“应付账款”科目，贷记“预付账款”科目。

施工项目部因购货而按照购货合同规定预付给供货单位款项时，借记“预付账款”科目，贷记“银行存款”科目。收到所购货物时，根据发票账单等列明应计购入物资成本的金额，借记“材料采购”或“原材料”等科目；按应付金额，贷记“预付账款”科目。补付的款项，借记“预付账款”科目，贷记“银行存款”科目；退回多付的款项，借记“银行存款”科目，贷记“预付账款”科目。

【例 8-9】 20×9 年 5 月 6 日，华东项目部以银行存款预付分包单位丁公司工程款 68 000 元。华东项目部单设“预付账款”科目进行核算。

借：预付账款——预付工程款（丁公司）　　68 000

　贷：银行存款　　68 000

20×9 年 5 月 30 日，华东项目部与分包单位丁公司结算已完工程款时，应付丁公司工程款 80 000 元。

借：工程施工——合同成本　　72 727.27

　　应交税费——应交增值税（进项税额）　　7 272.73

　贷：应付账款——应付工程款（丁公司）　　80 000

借：应付账款——应付工程款（丁公司）　　80 000

　贷：预付账款——预付工程款（丁公司）　　80 000

20×9 年 5 月 31 日，华东项目部以银行存款补付丁公司工程款 12 000 元。

借：预付账款——预付工程款（丁公司）　　12 000

　贷：银行存款　　12 000

拨付分包单位抵作备料款的材料，属于转让材料所有权，应按销售业务处理，借记“预付账款”科目，贷记“其他业务收入”“应交税费——应交增值税”等科目，同时结转材料成本，借记“其他业务成本”科目，贷记“原材料”等科目。

如有确凿证据表明预付账款不符合其性质，或者因分包单位、供货单位破产、撤销等原因无望再收到所购货物的，施工项目部应将原计入预付账款的金额转入其他应收款。施工项目部应按预计不能收到所购货物的预付账款账面余额，借记“其他应收款——预付账款转入”科目，贷记“预付账款”科目。

四、其他应收款的核算

其他应收款是指施工项目部除应收票据、应收账款、预付账款以外的投标保证金、履约保证金、其他存出保证金、应收租金、应收垫付职工款等其他各种应收、暂付款项，应收的各种赔款、罚款等，以及已不符合预付账款性质而按规定转入的预付账款等。

其他应收款的总分类核算是通过“其他应收款”科目进行的。该科目属于资产类账户，借方登记发生的各种其他应收款项；贷方登记收回的各种款项；期末借方余额，反映企业尚未收回的其他应收款。该科目应按其他应收款的项目分类，并按不同的债务人设置明细账，进行明细核算。

施工项目部发生其他应收款时，借记“其他应收款”科目，贷记“库存现金”“银行存款”“营业外收入”等科目；收回其他应收款时，借记“库存现金”“银行存款”等科目，贷记“其他应收款”科目。

【例 8-10】 京华项目部工程师张伟出差，预借差旅费 3 000 元，以现金支付。

借：其他应收款——张伟　　3 000

　贷：库存现金　　3 000

张伟出差归来，报销交通费 2 600 元，并将其余现金 400 元退还。

借：库存现金　　400

　　工程施工——间接费用　　2 600

　贷：其他应收款——张伟　　3 000

有些项目部把拨付给内部职能部门或职工备作差旅费、零星采购或零星开支等使用的款项作为备用金，并设置“备用金”科目来核算。这种情况下，各单位应指定专人负责管理，按照规定用途使用，不得转借给他人或挪作他用。支用的备用金，应在规定期限内办理报销手续，交回余额。前账未清，不得继续支付。例如，项目部因支付内部职工出差等原因所需的现金，按支出凭证所记载的金额，借记“备用金”科目，贷记“库存现金”或“银行存款”科目；收到出差人员交回的差旅费剩余款并结算时，按实际收回的现金，借记“库存现金”或“银行存款”科目，按应报销的金额，借记“工程施工”等科目，按实际借出的现金，贷记“备用金”科目。

实行定额备用金制度的施工项目部，备用金领用部门支用备用金后，应根据各种费用凭证编制费用明细表，定期向财务部门报销，领回所支用的备用金。财务部门根据费用明细表，将支用数直接记入有关成本、费用科目，并给备用金领用部门补足备用金。财务部门根据报销数用现金补足备用金定额时，借记“工程施工”等科目，贷记“库存现金”或“银行存款”科目，除了增加或减少拨入的备用金外，使用或报销有关备用金支出时不再通过“备用金”科目核算。

在编制资产负债表时，“备用金”科目余额应合并填列在“其他应收款”项目。

五、应收款项减值损失的核算

根据《企业会计准则》的规定，应收款项属于以摊余成本计量的金融资产。企业对于应收款项，应当始终按照整个存续期内预期信用损失的金额计量其损失准备。预期信用损失是以违约概率为权重的、金融工具现金流缺口（即合同现金流量与预期收到的现金流量之间的差额）的现值的加权平均值。

企业可在计量预期信用损失时运用简便方法。如对于应收账款的预期信用损失，企业可参照历史信用损失经验，编制应收账款逾期天数与固定准备率对照表，以此为基础计算预期信用损失。

对于应收票据、应收账款、预付账款、其他应收款等短期应收款项，施工项目部应根据本单位规定和施工项目实际情况，将这些应收款项按类似信用风险特征划分为若干组合，再按这些应收款项组合在资产负债表日余额的一定比例（如不同账龄期末余额×坏账损失比率），计算确定减值损失，计提坏账准备。施工项目部一般需设置“坏账准备”科目，对应收款项的减值损失进行总分类核算，并按应收款项的类别进行明细核算。

在会计期末（可以是年末、季末或月末），应收款项发生减值的，按应减记的金额，借记“信用减值损失”科目，贷记“坏账准备”科目。本期应计提的坏账准备大于其账面余额的，应按其差额计提；对应计提的坏账准备小于其账面余额的差额，做相反的会计分录。

对于确实无法收回的应收款项，按管理权限报经批准后作为坏账，转销应收款项，借记“坏账准备”科目，贷记“应收票据”“应收账款”“预付账款”“其他应收款”等科目。

已确认不能收回并转销的应收款项以后又收回的，应按实际收回的金额，借记“应收票据”“应收账款”“预付账款”“其他应收款”等科目，贷记“坏账准备”科目；同时，借记“银行存款”科目，贷记“应收票据”“应收账款”“预付账款”“其他应收款”等科目。对于已确认不能收回并转销的应收款项以后又收回的，也可以按照实际收回的金额，借记“银行存款”科目，贷记“坏账准备”科目。

【例 8-11】 20×9 年 3 月 31 日，华东项目部应收款项余额为 9 600 万元，采用组合方式按账龄对其进行减值测试，应计提的坏账准备为1 500万元。20×9年1月1日，应收款项余额为7 600万元，坏账准备余额为1 600万元。20×9年，坏账准备的借方发生额为200万元（为本年核销的应收账款），贷方发生额为40万元（为收回以前年度已核销的预付账款而转回的坏账准备）。

计提坏账准备前坏账准备的余额＝1 600－200＋40＝1 440（万元）

20×9年第一季度末应计提的坏账准备＝1 500－1 440＝60（万元）

借：信用减值损失　　600 000

　贷：坏账准备　　600 000

坏账准备政策即计提坏账准备的范围、提取方法、账龄的划分和提取比例。按照管理权限，坏账准备政策一般需经公司股东大会或董事会批准，按照法律、行政法规的规定报有关各方备案，并备置于公司所在地，以供投资者查阅。坏账准备计提方法一经确定，不得随意变更。如需变更，仍需按上述程序，经批准后报送有关各方备案，并在会计报表附注中予以说明。

第二节　应付及预收款项

在施工企业，债务主要是指因物资、劳务采购等形成的各种应付款项和预收款项。施工项目部涉及的债务主要包括短期借款、应付票据、应付账款、合同负债、预收账款、应付职工薪酬、应交税费、其他应付款等。这里主要介绍施工项目部短期借款、应付票据、应付账款、合同负债、应交税费、其他应付款的核算。

一、短期借款的核算

短期借款是指施工项目部向银行或其他金融机构等借入的期限在一年以下（含一年）的各种借款。通过内部资金中心取得的短期限借款也属于短期借款。项目部发生的各种短期借款，应设置“短期借款”科目核算。项目部借入的各种短期借款，借记“银行存款”科目，贷记“短期借款”科目；归还借款时，借记“短期借款”科目，贷记“银行存款”科目。对于短期借款的利息，符合资本化条件的，项目部应当按照应计的金额，借记“工程施工——间接费用”科目，贷记“银行存款”“应付利息”等科目；不符合资本化条件的，直接记入“财务费用”科目。

二、应付票据的核算

应付票据是由出票人出票，委托付款人在指定日期无条件支付特定的金额给收款人或者持票人的票据。项目部应设置“应付票据”科目进行核算。应付票据根据其是否带息，分为带息应付票据和不带息应付票据两种。

施工项目部以承兑商业汇票抵付货款、工程款、应付账款时，借记“材料采购”“原材料”“工程施工”“应付账款”等科目，贷记“应付票据”科目。支付银行承兑汇票的手续费，借记“工程施工——间接费用”或“财务费用”科目，贷记“银行存款”科目。收到银行支付到期票据的付款通知，借记“应付票据”科目，贷记“银行存款”科目。

如为带息票据，应于期末计算应付利息，借记“工程施工——间接费用”或“财务费用”科目，贷记“应付票据”科目；票据到期支付本息时，按票据账面余额，借记“应付票据”科目，按未计的利息，借记“工程施工——间接费用”或“财务费用”科目，按实际支付的金额，贷记“银行存款”科目。

应付票据到期，企业如无力支付票款，应按应付票据的账面余额，借记“应付票据”科目，贷记“应付账款”科目。到期不能支付的带息应付票据，转入“应付账款”科目核算后，期末不再计提利息。

【例 8-12】 20×8 年 11 月 1 日，华南项目部用一张面额为 300 000 元、期限为 3 个月的带息银行承兑汇票购买材料，年利率为 10%。银行已办理承兑手续（手续费 1‰），该汇票于当天交给供货企业。

（1）20×8 年 11 月 1 日，按规定支付银行承兑手续费 300 元（300 000×1‰）时，假定借款费用符合资本化条件，账务处理如下：

借：工程施工——间接费用　　283
　　应交税费——应交增值税（进项税额）　　17
　贷：银行存款　　300

（2）20×8 年 11 月 1 日，用票据购买材料时，账务处理如下：

借：原材料　　258 620.69
　　应交税费——应交增值税（进项税额）　　41 379.31
　贷：应付票据——银行承兑汇票　　300 000

（3）20×8 年 11 月 30 日、12 月 31 日，分别计算两个月的应付利息各为 2 500 元，账务处理如下：

借：工程施工——间接费用　　2 500
　贷：应付票据——银行承兑汇票　　2 500

(4) 20×9 年 2 月 1 日，票据到期承兑时，账务处理如下：

借：应付票据——银行承兑汇票　305 000

　　工程施工——间接费用　2 500

　贷：银行存款　307 500

(5) 若华南项目部在票据到期时无力支付票据款项，应根据银行转来的贷款通知，账务处理如下：

借：应付票据——银行承兑汇票　305 000

　　工程施工——间接费用　2 500

　贷：短期借款——金融机构借款　307 500

(6) 若华南项目部在 10 天后才将票款归还银行，假定按日交纳 1‰的罚息，账务处理如下：

借：短期借款——金融机构借款　307 500

　　营业外支出——罚款支出　307.5

　贷：银行存款　307 807.5

【例 8-13】 接例 8-12，若华南项目部使用的是一张商业承兑汇票，则不需要向银行办理承兑，票据到期时，付款人应筹措资金以备及时付款。但如果到期付款人无力支付票款，银行应将票据退还给收款人，由双方自行协商处理。付款人将无力支付的票据款项转入“应付账款”科目，并应积极筹措款项予以归还。20×9 年 2 月 1 日，票据到期，无力支付票款时，账务处理如下：

借：应付票据——商业承兑汇票　305 000

　　工程施工——间接费用　2 500

　贷：应付账款　307 500

三、应付账款的核算

应付账款是指因工程结算、购买材料物资或接受劳务供应等应付给分包单位及供应单位的款项。应付账款入账时间的确定，应以与所购买物资所有权有关的控制权已经转移或劳务已经接受为标志。应付账款一般按应付金额入账，而不按到期应付金额的现值入账。如果购入的资产在形成一笔应付账款时是带有现金折扣的，应付账款的入账金额按发票上记载的应付金额的总值（即不扣除折扣）来确定。在这种方法下，应按发票上记载的全部应付金额，借记有关科目，贷记“应付账款”科目；获得的现金折扣冲减财务费用。

施工项目部应在“应付账款”科目下设置“应付工程款”和“应付购货款”明细科目进行核算。其中，“应付工程款”应区别“应付工程款”和“应付质量保证金”进一步明细核算，分别核算项目部已对分包单位验工计价，尚未拨付的工程款，以及验工计价过程中根据施工合同等确定的比例暂扣施工单位的工程质量保证金。

施工项目部与分包单位办理工程结算，但工程款尚未支付，根据有关凭证（合同、工程价款结算单等），借记“工程施工”等科目；按应付的价款，贷记“应付账款”科目。

施工项目部购入材料物资等验收入库，但货款尚未支付，应根据有关凭证（发票账单、随货同行发票上记载的实际价款或暂估价值），借记“材料采购”“原材料”等科目，按应付的价款，贷记“应付账款”科目；支付货款时，应借记“应付账款”科目，贷记“银行存款”科目。

施工项目部接受供应单位提供劳务而发生的应付未付款项，根据供应单位的发票账单，借记“工程施工”“机械作业”“辅助生产”“管理费用”等科目，贷记“应付账款”科目。

施工项目部将应付账款划转出去，或确实无法支付的应付账款，借记“应付账款”科目，贷记“营业外收入”科目。

【例 8-14】 西北项目部购入钢材一批，含税买价为 185 000 元，货款尚未支付。账务处理如下：

借：原材料　　159 482.76
　　应交税费——应交增值税（进项税额）　　25 517.24
　贷：应付账款——应付购货款　　185 000

若采购的上述材料已付定金 70 000 元，账务处理如下：

借：应付账款——应付购货款　　70 000
　贷：预付账款——预付购货款　　70 000

以后支付剩余货款时，账务处理如下：

借：应付账款——应付购货款　　115 000
　贷：银行存款　　115 000

【例 8-15】 20×9 年 5 月末，银川项目部批复工程分包施工单位的工程价款结算账单，应付含税工程价款 200 000 元，其中应付工程款 190 000 元，应付质量保证金 10 000 元，并扣回已预付分包单位工程款和备料款共计 60 000 元。

（1）与施工单位结算工程款 200 000 元，账务处理如下：

借：工程施工——合同成本　　181 818.18
　　应交税费——应交增值税（进项税额）　　18 181.82
　贷：应付账款——应付工程款——应付工程款　　190 000
　　　　　　　　　　　　　——应付质量保证金　　10 000

（2）应扣回预付工程施工单位的工程款和备料款 60 000 元，账务处理如下：

借：应付账款——应付工程款——应付工程款　　60 000

　贷：预付账款——预付工程款　　60 000

（3）以银行存款支付剩余的工程款 130 000 元，账务处理如下：

借：应付账款——应付工程款——应付工程款　　130 000

　贷：银行存款　　130 000

（4）工程完工且质保期满后，支付质量保证金 10 000 元，账务处理如下：

借：应付账款——应付工程款——应付质量保证金　　10 000

　贷：银行存款　　10 000

四、合同负债的核算

合同负债是指企业已收或应收客户对价而应向客户转让商品的义务。如企业在工程施工前已收取发包方预付的款项。也就是说，企业在履约义务履行之前（也就是达到收入确认条件前），先行收取了（包括已收取和应收取）客户支付的对价，应通过“合同负债”科目进行核算。合同负债是在构成履约义务的前提下形成的，如果一项预收款不构成履约义务时，仍需以“预收账款”科目进行核算。施工企业可设置“预收工程款”“预收备料款”“预收销货款”等二级明细科目，分别核算项目部根据承建工程合同规定按工程进度向业主或发包单位预收的工程款；根据承建工程合同规定，向业主或发包单位预收的备料款；销售产品、材料物资和提供劳务、作业之前，按购销合同规定向购货单位预收的货款。

施工项目部收到业主的预付款项时，借记“银行存款”科目，贷记“合同负债”科目；收到业主拨入抵作备料款的材料，借记“原材料”“材料采购”等科目，贷记“合同负债”科目。与业主结算工程价款时，借记“应收账款”科目，贷记“合同结算”等科目；同时，从应收工程款中扣还预收的工程款和备料款，借记“合同负债”科目，贷记“应收账款”科目。收到业主补付的工程款时，借记“银行存款”等科目，贷记“应收账款”科目。

【例 8-16】　海口项目部接受一项工程合同，按合同规定，含税工程造价金额总计 400 000 元，预计 6 个月完成。工程开工时，业主预付工程款 40%，另外 60%待工程完工后再支付。

（1）收到预付的工程款时，账务处理如下：

借：银行存款　　160 000

　贷：合同负债　　160 000

预收账款预交增值税金额＝160 000÷(1＋10%)×2%＝2 909.09(元)

借：应交税费——预交增值税　　2 909.09

　贷：银行存款　　2 909.09

（2）6个月后工程完工时，业主批复验工计价单400 000元，其中工程款380 000元，质量保证金20 000元，账务处理如下：

借：应收账款——应收工程款——应收工程款　　380 000

——应收质量保证金　　20 000

　贷：工程结算——价款结算　　363 636.36

　　应交税费——应交增值税（销项税额）　　34 545.46

　　——待转销项税额　　1 818.18

同时，从应收账款中扣还预收的工程款160 000元，账务处理如下：

借：合同负债　　160 000

　贷：应收账款——应收工程款——应收工程款　　160 000

（3）收到业主补付的工程款220 000元，账务处理如下：

借：银行存款　　220 000

　贷：应收账款——应收工程款——应收工程款　　220 000

（4）工程完工并质保期满后，收到业主支付工程质保金20 000元，账务处理如下：

借：银行存款　　20 000

　贷：应收账款——应收工程款——应收质量保证金　　20 000

借：应交税费——待转销项税额　　1 818.18

　贷：应交税费——应交增值税（销项税额）　　1 818.18

施工项目部涉及材料物资、自制结构件等业务。按合同规定预收销货款时，借记“银行存款”科目，贷记“合同负债”科目。结算销货款时，按实现的收入和应交的增值税税额，借记“合同负债”科目；按实现的收入，贷记“其他业务收入”科目；按应交的增值税税额，贷记“合同负债”科目。同时，将预收的销货款结转记入“应收账款”科目，借记“合同负债”科目，贷记“应收账款——应收销货款”科目。购货单位补付的款项，借记“银行存款”科目，贷记“应收账款”科目。

【例8-17】 20×9年1月1日，粤南项目部依照与深圳某公司签订的材料销售合同，收到该公司预付的购货款100 000元。20×9年3月31日发货时，收到剩余货款209 000元。假设该企业为增值税小规模纳税人。

（1）收到该公司预付款项100 000元，账务处理如下：

借：银行存款　　100 000

　贷：合同负债　　100 000

（2）与该公司结算销货款时，账务处理如下：

借：应收账款——应收销货款	309 000	
贷：其他业务收入		300 000
应交税费——应交增值税		9 000

同时，将预收的销货款结转记入“应收账款”科目，账务处理如下：

借：合同负债	100 000	
贷：应收账款——应收销货款		100 000

（3）20×9 年 3 月 31 日，该公司支付余款时，账务处理如下：

借：银行存款	209 000	
贷：应收账款——应收销货款		209 000

五、应交税费的核算

施工企业在一定时期内取得的营业收入和实现的利润，要按照规定向国家缴纳各种税金。企业设置“应交税费”科目，核算按照税法等规定计算应交纳的各种税费，包括增值税、消费税、所得税、资源税、土地增值税、城市维护建设税、房产税、土地使用税、车船税、教育费附加、矿产资源补偿费等。该科目一般按应交的税费项目进行明细核算。这些应交的税金，应按照权责发生制的原则预提记入有关科目。这里主要介绍施工企业各税种的核算。

（一）增值税

增值税一般纳税人应在“应交税费”科目下设置“应交增值税”“未交增值税”“预交增值税”“待抵扣进项税额”“待认证进项税额”“待转销项税额”“增值税留抵税额”“简易计税”“转让金融商品应交增值税”“代扣代交增值税”等明细科目进行核算。施工项目部主要涉及“应交增值税”“未交增值税”“预交增值税”“待认证进项税额”“待转销项税额”“简易计税”等明细科目。

增值税一般纳税人应在“应交增值税”明细账内设置“进项税额”“销项税额抵减”“已交税金”“转出未交增值税”“减免税款”“出口抵减内销产品应纳税额”“销项税额”“出口退税”“进项税额转出”“转出多交增值税”等专栏。其中，施工项目部一般涉及的主要有“进项税额”“转出未交增值税”“销项税额”“进项税额转出”等。

“未交增值税”明细科目核算一般纳税人月度终了从“应交增值税”或“预交增值税”明细科目转入当月应交未交、多交或预缴的增值税税额，以及当月交纳以前期间未交的增值税税额。

“预交增值税”明细科目核算一般纳税人转让不动产、提供不动产经营租赁服务、提供建筑服务、采用预收款方式销售自行开发的房地产项目等，以及其他按现行增值税制度规定应预缴的增值税税额。

“待认证进项税额”明细科目核算一般纳税人由于未经税务机关认证而不得从当期销项税额中抵扣的进项税额。包括：一般纳税人已取得增值税扣税凭证、按照现行增值税制度规定准予从销项税额中抵扣，但尚未经税务机关认证的进项税额；一般纳税人已申请稽核但尚未取得稽核相符结果的海关缴款书进项税税额。

“待转销项税额”明细科目核算一般纳税人销售货物、加工修理修配劳务、服务、无形资产或不动产，已确认相关收入（或利得）但尚未发生增值税纳税义务而需于以后期间确认为销项税额的增值税税额。

“简易计税”明细科目核算一般纳税人采用简易计税方法发生的增值税计提、扣减、预缴、缴纳等业务。

小规模纳税人只需在“应交税费”科目下设置“应交增值税”“转让金融商品应交增值税”“代扣代交增值税”明细科目。

【例 8-18】 桂林某工程公司为增值税小规模纳税人，本期购入原材料，按照增值税专用发票上记载的原材料价款为 100 万元，支付的增值税税额为 16 万元，企业开出承兑的商业汇票，材料尚未到达。该公司本期销售一批不再使用的钢材，销售价格总额为 90 万元，假定符合收入确认条件，货款尚未收到。根据上述经济业务，该公司应做如下账务处理：

（1）购进货物时：

借：原材料	1 160 000	
贷：应付票据		1 160 000

（2）销售货物时：

不含税价格＝90÷(1＋3%)＝87.378 6(万元)

应交增值税＝87.378 6×3%＝2.621 4(万元)

借：应收账款	900 000	
贷：其他业务收入		873 786
应交税费——应交增值税		26 214

（3）缴纳增值税时：

借：应交税费——应交增值税	26 214	
贷：银行存款		26 214

（二）资源税

资源税是国家对在我国境内开采矿产品或者生产盐的单位和个人征收的一种

税。企业按规定应交的资源税，在“应交税费”科目下设置“应交资源税”明细科目核算。“应交资源税”明细科目的借方发生额，反映企业已交的或按规定允许抵扣的资源税；贷方发生额，反映应交的资源税；期末借方余额，反映多交或尚未抵扣的资源税；期末贷方余额，反映尚未缴纳的资源税。

（三）土地增值税

我国从1994年起开征土地增值税。转让国有土地使用权、地上建筑物及其附着物并取得收入的单位和个人，均应缴纳土地增值税。土地增值税按照转让房地产所取得的增值额和规定的税率计算征收。这里的增值额是指转让房地产所取得的收入减去规定扣除项目金额后的余额。企业转让房地产所取得的收入，包括货币收入、实物收入和其他收入。计算土地增值额的主要扣除项目有：（1）取得土地使用权所支付的金额；（2）开发土地的成本、费用；（3）新建房屋及配套设施的成本、费用，或者旧房及建筑物的评估价格；（4）与转让房地产有关的税金。

在进行会计处理时，企业缴纳的土地增值税通过“应交税费——应交土地增值税”科目核算。兼营房地产业务的企业应由当期收入负担的土地增值税，借记“其他业务成本”科目，贷记“应交税费——应交土地增值税”科目。转让的国有土地使用权与其地上建筑物及其附着物一并在“固定资产”或“在建工程”科目核算的，转让时应缴纳的土地增值税，借记“固定资产清理”“在建工程”科目，贷记“应交税费——应交土地增值税”科目。企业在项目全部竣工结算前转让房地产取得的收入，按税法规定预交的土地增值税，借记“应交税费——应交土地增值税”科目，贷记“银行存款”等科目；待该项房地产销售收入实现时，再按上述销售业务的会计处理方法进行处理，该项目全部竣工、办理结算后进行清算。收到退回多交的土地增值税，借记“银行存款”等科目，贷记“应交税费——应交土地增值税”科目，补交的土地增值税作相反的会计分录。

（四）房产税、土地使用税、车船税和印花税

房产税是国家对在城市、县城、建制镇和工矿区征收的由产权所有人缴纳的一种税。房产税依照房产原值一次减除10%～30%后的余额计算缴纳。没有房产原值作为依据的，由房产所在地税务机关参考同类房产核定；房产出租的，以房产租金收入作为房产税的计税依据。

土地使用税是国家为了合理利用城镇土地，调节土地级差收入，提高土地使用效益，加强土地管理而开征的一种税，以纳税人实际占用的土地面积为计税依据，依照规定税额计算征收。

车船税由拥有并且使用车船的单位和个人缴纳。车船税按照适用税额计算

缴纳。

企业按规定计算应交的房产税、土地使用税、车船税时，借记“税金及附加”科目，贷记“应交税费——应交房产税（或土地使用税、车船税）”科目；上交时，借记“应交税费——应交房产税（或土地使用税、车船税）”科目，贷记“银行存款”科目。

印花税是对书立、领受购销合同等凭证行为征收的税款，实行由纳税人根据规定自行计算应纳税额，购买并一次贴足印花税票的缴纳方法。应纳税凭证包括：购销、加工承揽、建设工程承包、财产租赁、货物运输、仓储保管、借款、财产保险、技术合同或者具有合同性质的凭证；产权转移书据；营业账簿；权利、许可证照等。纳税人根据应纳税凭证的性质，分别按比例税率或者按件定额计算应纳税额。

一般情况下，企业需要预先购买印花税票，待发生应税行为时，再根据凭证的性质和规定的比例税率或者按件计算应纳税额，将已购买的印花税票粘贴在应纳税凭证上，并在每枚税票的骑缝处盖戳注销或者划销，办理完税手续。企业缴纳的印花税，不会发生应付未付税款的情况，不需要预计应缴纳金额，同时也不存在与税务机关结算或清算的问题，因此，企业缴纳印花税不需要通过“应交税费”科目核算，只需于购买印花税票时，直接借记“税金及附加”科目，贷记“银行存款”科目。

（五）城市维护建设税

城市维护建设税是国家为了加强城市的维护建设，扩大和稳定城市维护建设资金的来源而开征的一种税。它以企业缴纳的增值税、消费税为计税依据，分别与增值税、消费税同时缴纳。

$$\begin{matrix}\text{应交城市}\\\text{维护建设税}\end{matrix}=\begin{matrix}\text{纳税人实际缴纳的}\\\text{增值税、消费税税额}\end{matrix}\times\begin{matrix}\text{适用}\\\text{税率}\end{matrix}$$

企业按规定应交的城市维护建设税，在“应交税费”科目下设置“应交城市维护建设税”明细科目核算。“应交城市维护建设税”明细科目的借方发生额，反映企业已缴纳的城市维护建设税；其贷方发生额，反映企业应交的城市维护建设税；期末借方余额，反映企业多交的城市维护建设税；期末贷方余额，反映尚未缴纳的城市维护建设税。

（六）企业所得税

依照《中华人民共和国企业所得税法》及其实施条例的规定，企业的生产、经营所得和其他所得需要缴纳企业所得税。企业应缴纳的企业所得税，在“应交税费——应交所得税”明细科目核算；当期应计入损益的所得税，作为一种费用，在净收益前扣除。企业按照一定方法计算，计入损益的所得税，借记“所得税费用”等科目，贷记“应交税费——应交所得税”科目。

（七）个人所得税

企业职工按规定应缴纳的个人所得税通常由单位代扣代缴。企业按规定计算应代扣代缴的职工个人所得税，借记“应付职工薪酬”科目，贷记“应交税费——代扣代缴个人所得税”科目；实际缴纳个人所得税时，借记“应交税费——代扣代缴个人所得税”科目，贷记“银行存款”科目。

（八）教育费附加

教育费附加是国家为了发展教育事业，提高人民的文化素质而征收的一项费用，按照企业缴纳流转税的一定比例计征，并与流转税一起缴纳。

企业应缴纳的教育费附加，在“应交税费——应交教育费附加”明细科目核算。其贷方登记企业应缴纳的教育费附加；借方登记企业实际上交纳的教育费附加；期末贷方余额反映企业尚未缴纳的教育费附加，借方余额则反映企业多交的教育费附加。

六、其他应付款的核算

其他应付款是指施工项目部发生的各种应付、暂收的款项，包括存入保证金，应付租金，代扣基本养老保险、医疗保险、失业保险、工伤保险和住房公积金个人应承担的部分。发生的各种应付、暂收款项，借记“银行存款”“应付职工薪酬”等科目，贷记“其他应付款”科目；支付时，借记“其他应付款”科目，贷记“银行存款”等科目。

第三节　内部往来的核算

内部往来款是指施工企业与所属内部独立核算单位之间，或其他各内部独立核算单位之间，由于工程价款结算，产品、作业和材料销售，提供劳务等业务所发生的应收、应付、暂收、暂付款项等。

施工企业内部往来款的总分类核算可以通过“内部往来”账户进行。本科目是具有资产、负债双重性质的结算账户，借方登记企业与所属内部独立核算单位及各内部独立核算单位之间发生的各种应收、暂付和转销的应付、暂收的款项，贷方登记企业与所属内部独立核算单位及各内部独立核算单位之间应付、暂收和转销的应收、暂付款项。本科目的期末余额，应与其明细科目的借方余额合计与贷方余额合计的差额相等。

"内部往来"科目应按各内部独立核算单位户名设置明细账，进行明细核算。该科目明细科目的期末借方余额合计反映应收内部单位的款项，贷方余额合计反映应付内部单位的款项。企业与所属单位之间、所属单位与所属单位之间对该科目的记录应相互一致。

与所属内部独立核算单位有关生产和经营资金的上交、下拨业务，也可以通过"拨付分公司经营资金"等类似科目核算，而不在"内部往来"科目核算。

【例 8-19】 上海某建筑公司内部独立核算单位机械分公司出租挖土机一台给基础分公司（带操作人员，按建筑服务提供增值税专用发票），应收台班费 198 900 元。机械分公司账务处理如下：

借：内部往来——基础分公司　198 900
　贷：其他业务收入——机械作业收入　180 818.18
　　　应交税费——应交增值税（销项税额）　18 081.82

基础分公司账务处理如下：

借：工程施工——合同成本（机械使用费）　180 818.18
　　应交税费——应交增值税（进项税额）　18 081.82
　贷：内部往来——机械分公司　198 900

【例 8-20】 中铁某公司上海工程处非独立增值税纳税人收到上级单位签发的上交管理费通知书，金额 5 000 元。账务处理如下：

借：管理费用　5 000
　贷：内部往来　5 000

该工程处上交管理费 5 000 元时，账务处理如下：

借：内部往来　5 000
　贷：银行存款　5 000

为了确保往来单位之间往来款项的记录一致，每一笔经济业务必须单独记录以便对账，应使用内部往来记账通知单，由经济业务发生单位填制，送交对方及时记账，并由对方核对后，及时将副联退回。每月终了，由规定的一方根据明细账记录抄列内部往来清单，送交对方核对账目；对方应及时核对并将一份清单签回发出单位。如有未达账项或由于差错等原因不能核对相符的，应在签回的清单上详细注明。发出单位对于对方指出的差错项目，应及时查明并编制调整分录。

内部独立核算单位之间往来款项的结算一般有两种方式：通过公司集中结

算；平时由各内部独立核算单位直接结算，月末由公司组织集中对账并进行结账。

（一）通过公司集中结算

各内部独立核算单位之间的经济往来，都视为各单位与公司总部之间的经济往来，随时通过公司总部办理转账，各内部独立核算单位之间不发生直接结算关系。

【例 8-21】 某企业内部独立核算的材料供应站将一批木材销售给四工区，价款为 80 000 元，通过公司总部集中结算。材料供应站应填制内部往来记账通知单一式三联：一联自留，其余两联连同所附单证送交公司财会部门；公司留下一联；另一联连同单证交给四工区。材料供应站账务处理如下：

借：内部往来——公司	80 000	
贷：其他业务收入		80 000

公司总部账务处理如下：

借：内部往来——四工区	80 000	
贷：内部往来——材料供应站		80 000

四工区账务处理如下：

借：材料采购	80 000	
贷：内部往来——公司		80 000

（二）平时由各内部独立核算单位直接结算，月末由公司组织集中对账并进行结账

【例 8-22】 某企业内部独立核算的机械站出租给二工区挖土机一台，应收台班费 6 000 元，由双方直接办理结算，月末由公司组织集中对账，进行结账。机械站应填制内部往来记账通知单一式两联：一联自留；一联连同所附单证送交二工区。机械站账务处理如下：

借：内部往来——二工区	8 000	
贷：其他业务收入		8 000

二工区账务处理如下：

借：工程施工	8 000	
贷：内部往来——机械站		8 000

【例 8-23】 接例 8-22，假设月末机械站的"内部往来——二工区"明细科目的借方余额和二工区的"内部往来——机械站"明细科目的贷方余额经公司集中对账后核对相符，均为 30 000 元。机械站账务处理如下：

借：内部往来——公司 30 000

贷：内部往来——二工区 30 000

二工区账务处理如下：

借：内部往来——机械站 30 000

贷：内部往来——公司 30 000

公司总部账务处理如下：

借：内部往来——二工区 30 000

贷：内部往来——机械站 30 000

这里讨论的内部往来业务，系同一纳税人内部独立核算单位之间的交易，不涉及缴纳增值税。如果属于不同纳税人之间的交易，应该计算购销环节的增值税。

重要概念

应收账款　应收工程款　应收销货款　应收票据　预付账款
其他应收款　短期借款　应付票据　应付账款　预收账款
其他应付款　内部往来款

复习思考题

一、简答题

1. 施工项目的应收账款一般包括哪些内容？
2. 内部往来的核算内容有哪些？
3. 应交税费的内容包括哪些？如何进行核算？

二、单项选择题

1. 企业的应付账款确实无法支付，经确认后转作（　　）。

A. 营业外收入　　B. 补贴收入

C. 其他业务收入　　D. 资本公积

2. 某施工企业持有一张 20×5 年 2 月 28 日签发、期限为 3 个月的商业汇票。该商业汇票的到期日为（　　）。

A. 5 月 28 日　　B. 5 月 29 日

C. 5 月 30 日　　D. 5 月 31 日

3. 某建筑公司 5 月 1 日将本年 4 月 1 日签发、期限 3 个月，票面价值 60 000 元的不带息商业汇票向银行贴现，年贴现率为 6%。甲公司的贴现收入为（　　）元。

A. 59 100　　B. 59 400

C. 59 700　　D. 60 300

4. 企业开出并承兑的商业汇票到期无力支付时，正确的会计处理是将该应付票据（　　）。

A. 转作短期借款　　B. 转作应付账款

C. 转作其他应付款　　D. 仅做备查登记

5. 下列各项中，不通过“其他应收款”科目核算的是（　　）。

A. 应向购货方收取的代垫运杂费　　B. 应收的违约金罚款

C. 应向职工收取的各种垫付款项　　D. 存出保证金

三、多项选择题

1. 带息应收票据贴现时，影响其贴现款的因素有（　　）。

A. 票据的面值　　B. 票据的利息

C. 贴现率　　D. 票据的期限

E. 贴现日到到期日的时间

2. 商业汇票的签发人可以是（　　）。

A. 收款人　　B. 付款人

C. 承兑申请人　　D. 承兑银行

3. 按照结算办法规定，可以背书转让的票据有（　　）。

A. 银行汇票　　B. 银行本票

C. 现金支票　　D. 商业承兑汇票

4. 下列各项中，属于应付票据的有（　　）。

A. 商业承兑汇票　　B. 银行承兑汇票

C. 带息应付票据　　D. 不带息应付票据

E. 销货单位开出的发票

四、判断题

1. 无论应收票据是否计息，企业从银行获得的贴现款一定小于应收票据的面值。（　　）

2. 应付账款一般按到期的应付金额现值入账。（　　）

3. 无论是商业承兑汇票还是银行承兑汇票，付款人都负有到期无条件支付票款的责任。（　　）

4. 企业应交的各种税金，均应通过“应交税费”科目核算。（　　）

五、业务核算题

1. 某施工企业 10 月 31 日收到乙分包单位开出的“工程价款结算账单”，应付工程价款 200 000 元（含税），可扣回的已预付分包单位工程款和备料款共计

80 000 元。11 月 2 日以银行存款支付剩余的工程价款。

要求： 编制相关经济业务的会计分录。

2. 某建筑施工企业 20×5 年发生如下经济业务：

（1）2 月 1 日，企业向商业银行借入 300 000 元，期限为 6 个月，年利率为 10%，该款项到期一次还本，利息分月计提，按季支付。

（2）3 月 5 日，企业购入木材一批，增值税专用发票上列明，该批木材的价款为 500 000 元，增值税为 80 000 元，已预付 50 000 元货款，其余款项尚未支付。

（3）5 月 1 日，企业购买一批钢材，该批钢材买价为 90 000 元，增值税税额为 14 400 元，企业开出一张面值为 104 400 元、期限为 5 个月的不带息商业承兑汇票。票据到期后，企业如数支付全部票款。

（4）5 月 6 日，企业以银行存款支付上述购买木材的款项。

要求： 根据上述经济业务，编制相关会计分录。

9 CHAPTER 第九章 会计报表

第一节 会计报表概述

会计报表是反映企业某一特定日期财务状况和某一会计期间经营成果、现金流量的报告文件。编制会计报表是企业正式对外揭示并传递会计信息的手段，也是会计核算过程的最后一个环节。施工项目部作为一个会计主体，也应于会计期末编制和提供规范、真实、完整的会计报表。

一、会计报表的分类

会计报表是会计信息披露的主要形式，施工企业按照信息使用者的需要，应编制各种内容不同的会计报表。为了便于掌握各种会计报表的内容和用途，可以按照不同的标志进行分类。

1. 按照报送对象划分

按照报送对象不同，会计报表分为对外报送的报表和对内报送的报表。对外报送的会计报表是向企业外部利益相关者提供会计信息的报告文件。对内报送的会计报表是向企业管理当局提供会计信息的报告文件。对外报送的会计报表主要包括资产负债表、利润表、现金流量表和所有者权益变动表等。企业对外提供的会计报表的内容、种类和格式等，由《企业会计准则》统一规定，企业内部管理所需会计报表的格式与编制方法由企业自行规定。

2. 按照经济内容划分

按照经济内容不同，会计报表分为财务报表和成本报表。财务报表是反映企业财务状况和经营成果的报表，主要包括资产负债表、利润表和现金流量表等。成本报表是反映企业产品成本和期间费用水平及其构成情况的报表，施工企业的成本报表主要包括工程成本表、施工间接费用明细表等。

3. 按照编制时期划分

按照编制时期不同，会计报表分为月度、季度、半年度和年度报表。月度和季度报表是指月度和季度终了提供的会计报表。半年度报表是指在每个会计年度的前 6 个月结束后提供的会计报表。月度、季度和半年度会计报表统称为中期财务会计报告。年度报表是指年度终了时提供的会计报表。

二、施工项目会计报表的作用

在日常核算中，施工项目的会计人员对施工生产活动所产生的数据资料进行收集、确认和计量，运用复式记账法，依据会计凭证登记到账簿中。但是，积累在会计账簿中的核算资料分散在各个账户中，只能反映出生产经营过程中某一方面的情况，不能集中、概括地反映施工项目整体的财务状况、经营成果和施工成本费用情况，不便于企业管理者使用。因此，有必要在日常核算的基础上，对核算资料进一步加工处理，定期编制出能够总括反映施工项目财务状况、经营成果和成本费用情况的会计报表，满足企业各级管理者的需要。

通过编制会计报表，可以提供施工项目部拥有和控制的经济资源的信息、在一定期间内经营成果的信息、现金流入和流出以及施工成本费用的信息。企业管理者综合利用各施工项目的会计信息，分析评价企业的偿债能力、盈利能力和营运能力，判断企业财务状况好坏，做出相关经济决策。因此，施工项目会计报表所提供的会计信息，是企业管理者加强内部经营管理的重要依据之一。

三、会计报表的编制要求

为了保证会计信息质量，充分发挥会计报表的作用，施工项目作为一个独立的会计主体，应当根据真实的交易、事项以及完整、准确的账簿记录等资料，按照规定的方法编制会计报表。财务人员在编制会计报表时，应遵守以下基本要求。

1. 数字真实

会计报表中各项指标的数字要求真实可靠，应根据实际发生的经济活动客观确定，以正确无误的账簿记录为依据，如实反映施工项目财务状况、经营成果和成本费用情况，不得弄虚作假或隐瞒重要事实。为了保证会计报表数字真实可靠，账簿记录就必须真实完整。因此，在编制报表前，必须做好以下工作：

（1）清查资产、核实债务。查明财产物资的实存数量与账面数量是否一致、各项结算款项的拖欠情况及其原因、材料物资的实际储备情况等。施工项目部清查、核实后，应当将清查、核实的结果及处理办法向公司总部报告，并按照规定进行相应的会计处理，使账簿记录如实反映财产物资和债权的实有数，做到账实相符。

（2）核对各会计账簿记录与会计凭证的内容、金额等是否一致，记账方向是否相符，做到账证相符。

（3）依照有关法律、法规和制度规定的结账日进行结账。年度结账日为公历年度每年的 12 月 31 日；半年度、季度、月度结账日分别为公历年度每半年、每季度、每月的最后一天。会计人员不得为赶制会计报表而提前结账，也不得随意延迟结账。在结账日，应在本期所有已发生的经济业务、期末账项调整和转账业务全部登记入账的基础上，计算出每个账户的发生额合计数和期末余额，并进行试算平衡，做到账账相符。

（4）检查相关的会计核算是否按照《企业会计准则》的统一规定和企业的内部会计制度规定进行。

（5）检查是否存在因会计差错、会计政策变更等原因需要调整前期或者本期相关项目的内容。

会计报表编制完成后，应认真复核。各会计报表之间、各会计报表各项目之间，凡有对应关系的数字，应当相互一致；会计报表中，本期与上期的有关数字应当相互衔接，以确保报表数字的真实性，做到表表相符。

2. 内容完整

施工项目的会计报表，应全面地反映施工项目的经营成果、财务状况及其变动情况。在编制会计报表时，应按规定的报表种类和内容来编制，不得漏编报表，也不应漏填报表项目。对于不能列入会计报表，但又需要公开披露的一些重要信息，应在会计报表附注和财务情况说明书中给出真实、完整、清楚的说明，以便报表使用者理解和使用。

3. 手续齐备

施工项目部向公司总部提供的会计报表，应当依次编定页数，加具封面，装订成册，加盖公章。封面上应当注明：施工项目名称、地址、报表所属年度或者月份、报出日期，由施工项目负责人和主管会计工作的负责人、会计主管人员签名并盖章；设置总会计师的施工项目部，还应当由总会计师签名并盖章。

4. 编报及时

会计报表必须按规定的期限和程序，及时编制与报送，以便公司总部汇总，编制公司财务报表。为了及时编报会计报表，应当科学地组织好日常的会计核算工作，加强施工项目部内部各部门之间的协作，顺利完成会计报表的编制。

第二节 会计报表的编制与分析

企业对外报送的财务报表主要包括资产负债表、利润表、现金流量表和所有者权益变动表等。施工项目部涉及的主要是资产负债表、利润表和现金流量表。

一、资产负债表的编制

资产负债表是反映会计主体在某一特定日期财务状况的会计报表。它反映会计主体在某一特定日期所拥有或控制的经济资源、所承担的现时义务和所有者对净资产的要求权。资产负债表，可以提供某一日期的资产总额及其结构，表明会计主体拥有或控制的资源及其分布情况；可以提供某一日期的负债总额及其结构，表明企业未来需要多少资产或劳务清偿债务以及清偿时间；可以反映所有者所拥有的权益，据以判断资本保值、增值的情况以及对负债的保障程度。资产负债表可以提供进行财务分析的基本资料，如将流动资产与流动负债进行比较，计算出流动比率；将速动资产与流动负债进行比较，计算出速动比率等，可以表明企业的变现能力、偿债能力和资金周转能力，从而有助于报表使用者做出经济决策。

由于施工项目部并不是一个法人，因此施工项目的资产负债表主要反映施工项目特定日期资产、负债的基本情况。

（一）资产负债表的结构

资产负债表采用账户式结构，报表分为左右两部分，左侧列示资产类各项目，反映全部资产的分布及存在形态；右侧列示负债和所有者权益类各项目，反映全部负债和所有者权益的内容及构成情况。资产负债表左右两侧平衡，资产总计等于负债和所有者权益总计，即“资产＝负债＋所有者权益”。

此外，为了使使用者通过比较不同时点资产负债表的数据，掌握会计主体财务状况的变动情况及发展趋势，会计主体需要提供比较资产负债表。资产负债表就各项目再分为“年初余额”和“期末余额”两栏分别填列。其具体格式如表9-1所示。

表 9-1　　资产负债表

编制单位：××项目部　　20×9年6月30日　　单位：元

资产	期末余额	年初余额	负债和所有者权益（或股东权益）	期末余额	年初余额
流动资产：			流动负债：		
货币资金	9 689 766.36	0	短期借款	0	0
交易性金融资产	0	0	交易性金融负债	0	0
衍生金融资产	0	0	衍生金融负债	0	0
应收票据及应收账款	1 011 949.90	0	应付票据及应付账款	2 664 316.20	0
预付款项	46 000.00	0	预收款项	0	0
其他应收款	57 172.38	0	合同负债	0	0
存货	2 217 210.80	0	应付职工薪酬	98 898.76	0
合同资产	0	0	应交税费	0	0
持有待售资产	0	0	其他应付款	12 840 541.88	0
一年内到期的非流动资产	0	0	持有待售负债	0	0
其他流动资产	0	0	一年内到期的非流动负债	0	0
流动资产合计	13 022 099.44	0	其他流动负债	0	0
非流动资产：			流动负债合计	15 603 756.84	0
债权投资	0	0	非流动负债：		
其他债权投资	0	0	长期借款	0	0
长期应收款	0	0	应付债券	0	0
长期股权投资	0	0	其中：优先股	0	0
其他权益工具投资	0	0	永续债	0	0
其他非流动金融资产	0	0	长期应付款	0	0
投资性房地产	0	0	预计负债	0	0
固定资产	114 980.00	0	递延收益	0	0
在建工程	2 518 041.67	0	递延所得税负债	0	0
生产性生物资产	0	0	其他非流动负债	0	0
油气资产	0	0	非流动负债合计	0	0
无形资产	0	0	负债合计	15 603 756.84	0
开发支出	0	0	所有者权益（或股东权益）：		
商誉	0	0	实收资本（或股本）	0	0
长期待摊费用	0	0	其他权益工具	0	0
递延所得税资产	0	0	其中：优先股	0	0

续表

资产	期末余额	年初余额	负债和所有者权益（或股东权益）	期末余额	年初余额
其他非流动资产	0	0	永续债	0	0
非流动资产合计	2 633 021.67	0	资本公积	0	0
			减：库存股	0	0
			其他综合收益	0	0
			盈余公积	0	0
			未分配利润	51 364.27	0
			所有者权益（或股东权益）合计	51 364.27	0
资产总计	15 655 121.11	0	负债和所有者权益（或股东权益）总计	15 655 121.11	0

（二）资产负债表的填列方法

1. 年初余额栏的填列方法

资产负债表“年初余额”栏内各项数字，应根据上年末资产负债表“期末余额”栏内所列数字填列。如果上年度资产负债表规定的各个项目的名称和内容同本年度不一致，应对上年末资产负债表各项目的名称和数字按照本年度的规定进行调整，填入表中“年初余额”栏内。

2. 期末余额栏的填列方法

资产负债表“期末余额”栏内各项数字，一般应根据资产、负债和所有者权益类科目的期末余额填列，各项目的具体内容及填列方法如下：

（1）根据总账科目的余额填列。“固定资产清理”“短期借款”“应付票据”“应付职工薪酬”“应交税费”“应付利息”“其他应付款”“预计负债”等项目应根据有关总账科目的余额填列。

有些项目则应根据几个总账科目的余额计算填列。如“货币资金”项目，应根据“库存现金”“银行存款”“其他货币资金”三个总账科目余额的合计数填列。“其他流动负债”项目，应根据有关科目的期末余额分析填列。

（2）根据明细账科目余额计算填列。“应付账款”项目，应根据“应付账款”和“预付账款”两个科目所属的相关明细科目的期末贷方余额合计数填列；“预收款项”项目，应根据“预收账款”和“应收账款”科目所属各明细科目的期末贷方余额合计数填列；“一年内到期的非流动资产”“一年内到期的非流动负债”项目，应根据有关非流动资产或负债项目的明细科目余额分析填列。

（3）根据总账科目和明细账科目余额分析计算填列。“长期借款”项目，应根据“长期借款”总账科目余额扣除“长期借款”科目所属的明细科目中将在资产负债表日起一年内（含一年）到期且企业不能自主地将清偿义务展期的长期借款后的金额计算填列；“长期待摊费用”项目，应根据“长期待摊费用”科目的期末余额减去将于一年内（含一年）摊销的数额后的金额填列；“其他非流动资产”项目，应根据有关科目的期末余额减去将于一年内（含一年）到期偿还数后的金额填列。

（4）根据有关科目余额减去其备抵科目余额后的净额填列。“固定资产”项目，应根据相关科目的期末余额扣减相应的累计折旧填列，已计提减值准备的，还应扣减相应的减值准备；“长期应收款”项目，应根据“长期应收款”科目的期末余额，减去相应的“未实现融资收益”科目和“坏账准备”科目所属相关明细科目期末余额后的金额填列；“长期应付款”项目，应根据“长期应付款”科目的期末余额，减去相应的“未实现融资费用”科目期末余额后的金额填列。

（5）综合运用上述填列方法分析填列。主要包括：“应收票据”“应收利息”“应收股利”“其他应收款”项目，应根据相关科目的期末余额，减去“坏账准备”科目中有关坏账准备期末余额后的金额填列；“应收账款”项目，应根据“应收账款”和“预收账款”科目所属各明细科目的期末借方余额合计数，减去“坏账准备”科目中有关应收账款计提的坏账准备期末余额后的金额填列；“预付款项”项目，应根据“预付账款”和“应付账款”科目所属各明细科目的期末借方余额合计数，减去“坏账准备”科目中有关预付款项计提的坏账准备期末余额后的金额填列；“存货”项目，应根据“材料采购”“原材料”“周转材料”“委托加工物资”等科目期末余额合计，减去“存货跌价准备”科目期末余额后的金额填列，材料采用计划成本核算的企业，还应按加或减材料成本差异后的金额填列。

3. 特殊项目的填列

（1）“合同资产”和“合同负债”项目的填列方法。企业应按照《企业会计准则第 14 号——收入》的相关规定根据本单位履行履约义务与客户付款之间的关系在资产负债表中列示合同资产或合同负债。“合同资产”项目、“合同负债”项目，应分别根据“合同资产”科目、“合同负债”科目的相关明细科目期末余额分析填列，同一合同下的合同资产和合同负债应当以净额列示，其中净额为借方余额的，应当根据其流动性在“合同资产”或“其他非流动资产”项目中填列，已计提减值准备的，还应减去“合同资产减值准备”科目中相关的期末余额后的金额填列；其中净额为贷方余额的，应当根据其流动性在“合同负债”或

“其他非流动负债”项目中填列。

设置“合同结算——价款结算”和“合同结算——收入结转”科目的单位，资产负债表日，“合同结算”科目的期末余额在借方的，根据其流动性，在资产负债表中分别列示为“合同资产”或“其他非流动资产”项目；期末余额在贷方的，根据其流动性，在资产负债表中分别列示为“合同负债”或“其他非流动负债”项目。

（2）“内部往来”科目的填列方法。有的施工企业使用“内部往来”科目，施工项目部应对“内部往来”科目所属明细科目进行分析后填列，如果“内部往来”科目所属明细科目有借方余额，应填报在“其他应收款”项目内；如果“内部往来”科目所属明细科目有贷方余额，应在“其他应付款”项目填列。

（3）“临时设施”等相关科目的填列方法。有的施工企业设置了“临时设施”“临时设施摊销”“临时设施清理”“临时设施减值准备”等科目，施工项目部应将“临时设施”科目的期末余额减去“临时设施摊销”和“临时设施减值准备”等科目期末余额后的差额，填列计入“固定资产”项目。

（4）“低值易耗品”科目的填列方法。有的施工企业单独设置了“低值易耗品”科目，施工项目部应采取与“周转材料”科目相同的填列方式，将其填列计入“存货”项目。

值得注意的是，施工项目部不是法人单位，不存在实收资本、资本公积、盈余公积项目填列问题。因此，资产负债表的所有者权益部分，施工项目部主要填列“未分配利润”项目。

二、利润表的编制

利润表是反映会计主体在一定会计期间的经营成果的会计报表。利润表必须充分反映会计主体经营业绩的主要来源和构成，有助于使用者判断净利润的质量及其风险、预测净利润的持续性，从而做出正确的决策。通常情况下，企业管理者通过阅读施工项目的利润表，可以了解施工项目一定会计期间的收入与费用的实现情况。利润表与资产负债表中的信息相结合，还有助于企业管理者分析施工项目资金周转情况以及盈利能力和水平，便于公司管理者判断施工项目的未来发展趋势，做出经济决策。

（一）利润表的结构

目前，我国企业的利润表都采用多步式结构，即通过对当期的收入、费用、支出项目按性质加以归类，按利润形成的主要环节列示一些中间性利润指标，分步计算当期净损益。

利润表主要反映以下几方面的内容：

（1）营业收入，由主营业务收入和其他业务收入组成。

（2）营业利润，营业收入减去营业成本（主营业务成本、其他业务成本）、税金及附加、销售费用、管理费用、财务费用、研发费用、资产减值损失、信用减值损失，加上公允价值变动收益、其他收益、投资收益、资产处置收益，即为营业利润。

（3）利润总额，营业利润加上营业外收入，减去营业外支出，即为利润总额。

（4）净利润，利润总额减去所得税费用，即为净利润。

（5）其他综合收益的税后净额：反映企业根据《企业会计准则》规定未在当期损益中确认的各项利得和损失扣除所得税影响后的净额，主要包括以后会计期间不能重分类进损益的其他综合收益项目和以后会计期间在满足规定条件时将重分类进损益的其他综合收益项目。

（6）每股收益，普通股或潜在普通股已公开交易的企业，以及正处于公开发行普通股或潜在普通股过程中的企业，还应当在利润表中列示每股收益信息，包括基本每股收益和稀释每股收益两项指标。

此外，为了使报表使用者通过比较不同期间利润的实现情况，判断会计主体经营成果的未来发展趋势，会计主体需要提供比较利润表。利润表就各项目再分为“本期金额”和“上期金额”两栏分别填列。其具体格式如表 9-2 所示。

表 9-2　　　　利润表

编制单位：××项目部　　　　20×9 年 6 月　　　　单位：元

项目	本期金额	上期金额
一、营业收入	10 119 499.00	0
减：营业成本	9 380 131.53	0
税金及附加	315 728.37	0
销售费用	0	0
管理费用	372 392.40	0
研发费用	0	0
财务费用	−117.57	0
其中：利息费用		0
利息收入		0
资产减值损失	0	0
信用减值损失	0	0
加：其他收益	0	0

续表

项目	本期金额	上期金额
投资收益（损失以“—”号填列）	0	0
其中：对联营企业和合营企业的投资收益	0	0
净敞口套期收益（损失以“—”号填列）	0	0
公允价值变动收益（损失以“—”号填列）	0	0
资产处置收益（损失以“—”号填列）	0	0
二、营业利润（亏损以“—”号填列）	51 364.67	0
加：营业外收入	0	0
减：营业外支出	0	0
三、利润总额（亏损总额以“—”号填列）	51 364.27	0
减：所得税费用	0	0
四、净利润（净亏损以“—”号填列）	51 364.27	0
（一）持续经营净利润（净亏损以“—”号填列）		0
（二）终止经营净利润（净亏损以“—”号填列）		0
五、其他综合收益的税后净额	0	0
（一）不能重分类进损益的其他综合收益	0	0
1. 重新计量设定受益计划变动额	0	0
2. 权益法下不能转损益的其他综合收益	0	0
3. 其他权益工具投资公允价值变动	0	0
4. 企业自身信用风险公允价值变动	0	0
……		
（二）将重分类进损益的其他综合收益	0	0
1. 权益法下可转损益的其他综合收益	0	0
2. 其他债权投资公允价值变动	0	0
3. 金融资产重分类计入其他综合收益的金额	0	0
4. 其他债权投资信用减值准备	0	0
5. 现金流量套期储备	0	0
6. 外币财务报表折算差额	0	0
……		
六、综合收益总额	0	0
七、每股收益：		
（一）基本每股收益	0	0
（二）稀释每股收益	0	0

（二）利润表的填列方法

1. “上期金额”栏的填列方法

利润表“上期金额”栏内各项数字，应根据上年该期利润表“本期金额”栏内所列数字填列。如果上年该期利润表规定的各个项目的名称和内容同本期不一致，应对上年该期利润表各项目的名称和数字按本期的规定进行调整，填入利润表“上期金额”栏内。

2. “本期金额”栏的填列方法

利润表“本期金额”栏内各项数字，一般应根据“主营业务收入”“其他业务收入”“主营业务成本”“其他业务成本”“税金及附加”“销售费用”“管理费用”“财务费用”“资产减值损失”“信用资产减值损失”“公允价值变动收益”“营业外收入”“营业外支出”“所得税费用”等损益类科目的发生额分析填列。其中，“营业利润”“利润总额”“净利润”项目根据本表中相关项目计算填列。

对于一个施工项目部来说，仅需要填列利润表的一部分，比如不会涉及“每股收益”等项目的填列。

三、现金流量表的编制

现金流量表是反映会计主体在一定会计期间现金和现金等价物流入与流出的报表。从编制原则上看，现金流量表按照收付实现制原则编制，将权责发生制下的盈利信息调整为收付实现制下的现金流量信息，便于信息使用者了解会计主体净利润的质量。从内容上看，现金流量表被划分为经营活动、投资活动和筹资活动三个部分。每类活动又分为各具体项目，这些项目从不同角度反映会计主体业务活动的现金流入与流出，弥补了资产负债表和利润表所提供信息的不足。通过对各施工项目现金流量表的分析，企业管理者能够了解施工项目现金流量的影响因素，评价施工项目的支付能力、偿债能力和周转能力，预测施工项目未来现金流量，为其决策提供有力依据。

（一）现金流量表的结构

在现金流量表中，现金及现金等价物被视为一个整体，会计主体现金形式的转换不会产生现金的流入或流出。例如，企业从银行提取现金，是企业现金存放形式的转换，现金并未流出企业，不构成现金流量。同样，现金与现金等价物之间的转换也不属于现金流量。例如，企业用现金购买三个月到期的国库券。根据企业业务活动的性质和现金流量的来源，将企业一定期间产生的现金流量分为三类：经营活动产生的现金流量、投资活动产生的现金流量和筹资活动产生的现金流量。现金流量表的具体格式如表 9-3 所示，现金流量表补充资料如表 9-4 所示。

表 9-3　　　　现金流量表

编制单位：××项目部　　　　20×9 年 6 月　　　　单位：元

项目	本期金额	上期金额
一、经营活动产生的现金流量：		0
销售商品、提供劳务收到的现金	20 000 000.00	0
收到的税费返还	0	0
收到其他与经营活动有关的现金	1 240 000.00	0
经营活动现金流入小计	21 240 000.00	0
购买商品、接受劳务支付的现金	8 990 000.00	0
支付给职工以及为职工支付的现金	324 789.00	0
支付的各项税费	315 728.37	0
支付其他与经营活动有关的现金	1 804 736.27	0
经营活动现金流出小计	11 435 253.64	0
经营活动产生的现金流量净额	9 804 746.36	0
二、投资活动产生的现金流量：		0
收回投资收到的现金	0	0
取得投资收益收到的现金	0	0
处置固定资产、无形资产和其他长期资产收回的现金净额	0	0
处置子公司及其他营业单位收到的现金净额	0	0
收到其他与投资活动有关的现金	0	0
投资活动现金流入小计	0	0
购建固定资产、无形资产和其他长期资产支付的现金	114 980.00	0
投资支付的现金	0	0
取得子公司及其他营业单位支付的现金净额	0	0
支付其他与投资活动有关的现金	0	0
投资活动现金流出小计	114 980.00	0
投资活动产生的现金流量净额	−114 980.00	0
三、筹资活动产生的现金流量：		0
吸收投资收到的现金	0	0
取得借款收到的现金	0	0
收到其他与筹资活动有关的现金	0	0

续表

项目	本期金额	上期金额
筹资活动现金流入小计	0	0
偿还债务支付的现金	0	0
分配股利、利润或偿付利息支付的现金	0	0
支付其他与筹资活动有关的现金	0	0
筹资活动现金流出小计	0	0
筹资活动产生的现金流量净额	0	0
四、汇率变动对现金及现金等价物的影响	0	0
五、现金及现金等价物净增加额	9 689 766.36	0
加：期初现金及现金等价物余额	0	0
六、期末现金及现金等价物余额	9 689 766.36	0

表 9-4　　现金流量表补充资料

补充资料	本期金额	上期金额
1. 将净利润调节为经营活动现金流量：		
净利润		
加：资产减值准备		
固定资产折旧、油气资产折耗、生产性生物资产折旧		
无形资产摊销		
长期待摊费用摊销		
处置固定资产、无形资产和其他长期资产的损失（收益以“—”号填列）		
固定资产报废损失（收益以“—”号填列）		
公允价值变动损失（收益以“—”号填列）		
财务费用（收益以“—”号填列）		
投资损失（收益以“—”号填列）		
递延所得税资产减少（增加以“—”号填列）		
递延所得税负债增加（减少以“—”号填列）		
存货的减少（增加以“—”号填列）		
经营性应收项目的减少（增加以“—”号填列）		
经营性应付项目的增加（减少以“—”号填列）		
其他		
经营活动产生的现金流量净额		
2. 不涉及现金收支的重大投资和筹资活动：	—	—
债务转为资本		
一年内到期的可转换公司债券		
融资租入固定资产		
3. 现金及现金等价物净变动情况：	—	—

续表

补充资料	本期金额	上期金额
现金的期末余额		
减：现金的期初余额		
加：现金等价物的期末余额		
减：现金等价物的期初余额		
现金及现金等价物净增加额		

（二）现金流量表的编制方法及程序

编制现金流量表时，列报经营活动现金流量的方法有直接法和间接法两种。在直接法下，一般以利润表中的营业收入为起算点，调节与经营活动有关的项目的增减变动，然后计算出经营活动产生的现金流量。在间接法下，将净利润调节为经营活动现金流量，实际上是将按权责发生制原则确定的净利润调整为现金净收入，并剔除投资活动和筹资活动对现金流量的影响。

采用直接法编报的现金流量表，便于分析企业经营活动产生的现金流量的来源和用途，预测企业现金流量的未来前景；采用间接法编报的现金流量表，便于将净利润与经营活动产生的现金流量净额进行比较，了解净利润与经营活动产生的现金流量产生差异的原因，从现金流量的角度分析净利润的质量。《企业会计准则》规定，应当采用直接法编报现金流量表，同时要求在附注中提供以净利润为基础调节到经营活动现金流量的信息。

（三）现金流量表具体项目的内容及填列方法

1．“经营活动产生的现金流量”各项目的内容和填列方法

经营活动是指会计主体投资活动和筹资活动以外的所有交易和事项。会计主体经营活动产生的现金流量应当采用直接法填列。直接法，是指通过现金收入和现金支出的主要类别列示经营活动的现金流量。经营活动现金流量各项目的内容和填列方法如下：

（1）“销售商品、提供劳务收到的现金”项目。该项目反映会计主体销售商品、提供劳务实际收到的现金，包括本期销售商品、提供劳务收到的现金，以及前期销售商品、提供劳务本期收到的现金和本期预收的账款，减去本期退回本期销售的商品和前期销售本期退回的商品而支付的现金。企业销售材料和代购代销业务收到的现金，也在该项目反映。施工项目部可以根据“库存现金”“银行存款”“应收账款”“应收票据”“预收账款”“主营业务收入”“其他业务收入”等科目的记录分析填列该项目。

施工项目部根据账户记录分析计算该项目的金额，也可采用以下公式：

销售商品、提供劳务收到的现金 = "合同结算"科目贷方发生额和其他业务收入 + 增值税销项税额 + 应收账款净额（年初数－年末数）+ 应收票据净额（年初数－年末数）+ 合同负债（预收账款）（年末数－年初数）+ 销售商品材料、提供劳务而产生其他应收款（含内部往来相应内容）（年初数－年末数）± 特殊业务调整项目

特殊业务调整项目是指对没有现金流入或流出而影响销售商品、提供劳务产生的债权债务项目发生增减变动的特殊业务的调整。主要包括以下内容：

特殊业务调整项目 = －本年计提的坏账准备（或＋冲减的坏账准备）－ 非货币性资产清偿债务而减少的应收账款 － 应收票据计提利息以及贴现计入财务费用借方数（或＋计入财务费用贷方数）± 其他调整

（2）"收到的税费返还"项目。该项目反映会计主体收到返还的各种税费，包括收到返还的增值税、消费税、关税、企业所得税、教育费附加等。施工项目部根据"库存现金""银行存款""税金及附加""营业外收入""其他应收款"等科目的记录分析填列该项目。

（3）"收到的其他与经营活动有关的现金"项目。该项目反映会计主体除上述各项目以外所收到的其他与经营活动有关的现金流入，如罚款收入、经营租赁固定资产收到的现金、流动资产损失中由个人赔偿的现金收入、除税收返还以外的其他政府补助收入等。若某项其他与经营活动有关的现金流入金额较大，应单列项目反映。施工项目部根据"库存现金""银行存款""营业外收入"等科目的记录分析填列该项目。

（4）"购买商品、接受劳务支付的现金"项目。该项目反映会计主体购买商品、提供劳务实际支付的现金，包括本期购买材料、商品，接受劳务支付的现金（包括增值税进项税额），本期支付的前期购入商品、接受劳务的未付款以及本期预付账款，扣除本期发生购货退回而收到的现金。施工项目部根据"库存现金""银行存款""应付账款""应付票据""预付账款""主营业务成本""其他业务成本"等科目的记录分析填列该项目。

施工项目部根据账户记录分析计算该项目的金额，也可采用以下公式：

购买商品、接受劳务支付的现金 = 当期存货借方发生额（不含已完工未结算款、自制的半成品、在产品、产成品和其他自制材料）－ 存货贷方发生额中直拨协作队伍料款 + 本期对分包方验工结算 + 增值税进项税额 + 应付账款（年初数－年末数）+

＋应付票据（年初数－年末数）＋预付账款（年末数－年初数）＋购买商品材料、接受劳务产生的其他应付款（含内部往来相应内容）（年初数－年末数）±特殊业务调整项目

特殊业务调整项目是指对没有现金流入或流出而导致购买商品材料、接受劳务产生的应付预付及存货项目发生增减变动的特殊业务的调整。主要包括以下内容：

特殊业务调整项目＝－以非货币性资产清偿债务而减少的应付账款或增加的存货－无法支付而计入营业外收入的应付款项－非货币性资产交换换入的存货－接受投资、捐赠等业务增加的存货＋应付票据本期计提的票据利息±其他调整

（5）“支付给职工以及为职工支付的现金”项目。该项目反映会计主体实际支付给职工以及为职工支付的现金，包括本期实际支付给职工的工资、奖金、各种津贴和补贴等，以及为职工支付的其他费用。该项目不包括支付给离退休人员的各项费用及支付给在建工程人员的工资及其他费用。会计主体支付给离退休人员的各项费用（包括支付的统筹退休金以及未参加统筹的退休人员的费用），在“支付的其他与经营活动有关的现金”项目中反映；支付给在建工程人员的工资及其他费用，在“购建固定资产、无形资产和其他长期资产支付的现金”项目反映。

施工项目部根据“库存现金”“银行存款”“应付职工薪酬”等科目的记录分析填列该项目。为职工支付的养老、失业等社会保险基金，补充养老保险，住房公积金，支付给职工的住房困难补助，以及支付给职工或为职工支付的其他福利费用等，按职工的工作性质和服务对象，分别在该项目和“购建固定资产、无形资产和其他长期资产支付的现金”项目反映。

（6）“支付的各项税费”项目。该项目反映会计主体按规定支付的各种税费，包括会计主体本期发生并支付的税费，以及本期支付以前各期发生的税费和本期预交的税金。如预交的增值税、土地增值税、房产税、车船税、印花税、教育费附加等，但不包括计入固定资产价值的、实际支付的耕地占用税，也不包括本期退回的增值税、企业所得税。本期退回的增值税、企业所得税，在“收到的税费返还”项目反映。施工项目部根据“应交税费”“库存现金”“银行存款”等科目的记录分析填列该项目。

（7）“支付的其他与经营活动有关的现金”项目。该项目反映会计主体除上述各项目外所支付的其他与经营活动有关的现金，如罚款支出，支付的差旅费、业务招待费、保险费，经营租赁支付的现金等。若其他与经营活动有关的现金流

出金额较大，应单列项目反映。施工项目部根据“管理费用”“销售费用”“营业外支出”“库存现金”“银行存款”等有关科目的记录分析填列该项目。

2.“投资活动产生的现金流量”各项目的内容和填列方法

投资活动是指会计主体长期资产的购建和不包括在现金等价物范围内的投资及其处置活动。长期资产是指固定资产、无形资产、在建工程、其他资产等持有期限在一年或一个营业周期以上的资产。投资活动既包括实物资产投资，也包括金融资产投资。投资活动现金流量各项目的内容和填列方法如下：

（1）“收回投资所收到的现金”项目。该项目反映会计主体出售、转让或到期收回除现金等价物以外的交易性金融资产、债权投资、其他债权投资、其他权益工具投资、长期股权投资、投资性房地产而收到的现金，不包括收回的长期债权投资的利息、收回的非现金资产以及处置子公司及其他营业单位收到的现金净额。债权性投资收回的本金，在该项目反映；债权性投资收回的利息，在“取得投资收益所收到的现金”项目反映。处置子公司及其他营业单位收到的现金净额，单设项目反映。该项目根据“交易性金融资产”“债权投资”“其他债权投资”“其他权益工具投资”“长期股权投资”“投资性房地产”“库存现金”“银行存款”等科目的记录分析填列。不过，施工项目部很少涉及此类业务。

（2）“取得投资收益所收到的现金”项目。该项目反映会计主体因股权性投资分得的现金股利，从子公司、联营企业、合营企业分回利润而收到的现金，因债权性投资（包括现金等价物范围内的债券性投资）而取得的现金利息收入。股票股利不在该项目反映。该项目根据“应收股利”“应收利息”“投资收益”“库存现金”“银行存款”等科目记录分析填列。施工项目部不会涉及此类业务。

（3）“处置固定资产、无形资产和其他长期资产收回的现金净额”项目。该项目反映会计主体处置固定资产、无形资产和其他长期资产所取得的现金，减去为处置这些资产而支付的有关费用后的净额，包括因自然灾害所造成的固定资产等长期资产损失而收到的保险赔偿收入。如果所收回的现金净额为负数，则应在“支付的其他与投资活动有关的现金”项目反映。施工项目部根据“固定资产清理”“临时设施清理”“库存现金”“银行存款”等科目的记录分析填列该项目。

（4）“处置子公司及其他营业单位收到的现金净额”项目。该项目反映会计主体处置子公司及其他营业单位所取得的现金，减去子公司或其他营业单位持有的现金和现金等价物以及相关处置费用后的净额。该项目应根据有关科目的记录分析填列。处置子公司及其他营业单位收到的现金净额为负数的，则将该金额填列至“支付其他与投资活动有关的现金”项目中。施工项目部不会涉及此类业务。

（5）“收到的其他与投资活动有关的现金”项目。该项目反映会计主体除了上述各项目外所收到的其他与投资活动有关的现金流入。例如，企业收回购买股票和债券时支付的已宣告但尚未领取的现金股利，或已到付息期但尚未领取的债券的利息。若其他与投资活动有关的现金流入金额较大，应单列项目反映。该项目根据有关科目的记录分析填列。

（6）“购建固定资产、无形资产和其他长期资产支付的现金”项目。该项目反映会计主体购买、建造固定资产、取得无形资产和其他长期资产所实际支付的现金。包括购买机器设备所支付的现金及增值税款、建造工程支付的现金、支付在建工程人员的工资等现金支出。不包括为购建固定资产、无形资产和其他长期资产而发生的借款利息资本化的部分，以及融资租入固定资产支付的租赁费。会计主体支付的借款利息和融资租入固定资产支付的租赁费，在筹资活动产生的现金流量中反映。施工项目部根据“固定资产”“在建工程”“工程物资”“临时设施”“无形资产”“库存现金”“银行存款”等科目的记录分析填列该项目。

（7）“投资支付的现金”项目。该项目反映会计主体进行权益性投资和债权性投资支付的现金，包括会计主体取得的除现金等价物以外的交易性金融资产、持有至到期投资、可供出售金融资产而支付的现金，以及支付的佣金、手续费等交易费用。会计主体购买债券的价款中含有债券利息的，以及溢价或折价购入的，均按实际支付的金额反映。该项目根据“交易性金融资产”“债权投资”“其他债权投资”“其他权益工具投资”“长期股权投资”“投资性房地产”“库存现金”“银行存款”等科目的记录分析填列。不过，施工项目部很少涉及此类业务。

（8）“取得子公司及其他营业单位支付的现金净额”项目。该项目反映会计主体取得子公司及其他营业单位购买出价中以现金支付的部分，减去子公司或其他营业单位持有的现金和现金等价物后的净额。该项目根据有关科目的记录分析填列。取得子公司及其他营业单位支付的现金净额如为负数，则将该金额填列至“收到其他与投资活动有关的现金”项目中。施工项目部不会涉及此类业务。

（9）“支付的其他与投资活动有关的现金”项目。该项目反映会计主体除上述各项外的其他与投资活动有关的现金流出，如会计主体购买股票时实际支付的价款中包含的已宣告而尚未领取的现金股利、购买债券时支付的价款中包含的已到期而尚未领取的债券利息等。若其他与投资活动有关的现金流出金额较大，应单列项目反映。该项目根据有关科目的记录分析填列。

3.“筹资活动产生的现金流量”各项目的内容和填列方法

现金流量表中的筹资活动包括权益性投资的吸收与减少、银行借款的借入与偿还、债券的发行与偿还等。单独反映筹资活动产生的现金流量，能了解会计主体筹资活动产生现金流量的规模与能力，以及会计主体为获得现金流入而付出的代价。筹资活动现金流量各项目的内容和填列方法如下：

（1）“吸收投资所收到的现金”项目。该项目反映会计主体收到的投资者投入的现金，包括以发行股票、债券等方式筹集资金实际收取的款项净额（发行收入减去支付的佣金等发行费用后的净额）。该项目根据“实收资本”（股本）、“资本公积”、“库存现金”、“银行存款”等科目记录分析填列。不过，施工项目部不会涉及此类业务。

（2）“借款收到的现金”项目。该项目反映会计主体举借各种短期、长期借款所收到的现金。施工项目部根据“短期借款”“长期借款”“交易性金融负债”“应付债券”“库存现金”“银行存款”等科目的记录分析填列该项目。

（3）“收到其他与筹资活动有关的现金”项目。该项目反映会计主体除上述各项目外所收到的其他与筹资活动相关的现金流入。若某项其他与筹资活动有关的现金流入金额较大，应单列项目反映。该项目根据有关科目的记录分析填列。

（4）“偿还债务所支付的现金”项目。该项目反映会计主体偿还债务本金所支付的现金，包括偿还金融企业的借款本金、偿还债券本金等。支付的借款利息和债券利息在“分配股利、利润或偿付利息所支付的现金”项目反映，不在该项目反映。施工项目部根据“短期借款”“长期借款”“交易性金融负债”“应付债券”“库存现金”“银行存款”等科目的记录分析填列该项目。

（5）“分配股利、利润或偿付利息支付的现金”项目。该项目反映会计主体实际支付的现金股利、支付给其他投资单位的利润以及支付的借款利息、债券利息等。因借款用途不同而分别计入在建工程及财务费用等的利息，均在该项目反映。该项目根据“应付股利”“应付利息”“利润分配”“财务费用”“在建工程”“工程施工”“研发支出”“长期借款”“库存现金”“银行存款”等科目的记录分析填列。施工项目部主要涉及利息支付的现金。

（6）“支付其他与筹资活动有关的现金”项目。该项目反映会计主体除上述各项目外的其他与筹资活动有关的现金流出，如以发行股票、债券等方式筹集资金而由企业直接支付的审计、咨询等费用，融资租入固定资产支付的租赁费，以分期付款方式构建固定资产以后各期支付的现金等。若某项其他与筹资活动有关的现金流出金额较大，应单列项目反映。该项目根据有关科目的分析填列。

4.“汇率变动对现金的影响”项目的内容和填列方法

该项目反映会计主体外币现金流量及境外子公司的现金折算为人民币时，所采用的现金流量发生日的汇率或平均汇率折算的人民币金额，与“现金及现金等价物净增加额”中的外币现金净增加额按期末汇率折算的人民币金额之间的差额。

编制现金流量表时，应当将外币现金流量以及境外子公司的现金流量折算成记账本位币。外币现金流量以及境外子公司的现金流量，应当采用现金流量发生日的即期汇率或按照系统合理的方法确定的、与现金流量发生日即期汇率相近的汇率折算。汇率变动对现金的影响额应当作为调节项目，在现金流量表中单独列报。

编制现金流量表时，对当期发生的外币业务，也可不逐笔计算汇率变动对现金的影响，而通过对现金流量表补充资料中“现金及现金等价物净增加额”数额与现金流量表中“经营活动产生的现金流量净额”“投资活动产生的现金流量净额”“筹资活动产生的现金流量净额”三项之和做比较而得到，其差额即为“汇率变动对现金的影响额”。

5. 补充资料各项目的内容和填列方法

除现金流量表反映的信息外，施工项目部还应在附注中披露将净利润调节为经营活动现金流量、不涉及现金收支的重大投资和筹资活动、现金及现金等价物净变动情况等信息。

（1）“将净利润调节为经营活动现金流量”项目。现金流量表采用直接法反映经营活动产生的现金流量，同时，施工项目部还应采用间接法反映经营活动产生的现金流量。间接法是指以本期净利润为起点，通过调整不涉及现金的收入、费用、营业外收支以及经营性应收应付等项目的增减变动，调整不属于经营活动的现金收支项目，据此计算并列报经营活动产生的现金流量的方法。

①资产减值准备。反映会计主体当期实际计提的各项资产减值准备。施工项目部根据“资产减值损失”“信用减值损失”科目的记录分析填列该项目。

②固定资产折旧。反映会计主体本期累计计提的固定资产折旧、投资性房地产折旧及临时设施摊销。施工项目部根据“累计折旧”“投资性房地产累计折旧”“临时设施摊销”等科目的贷方发生额分析填列该项目。

③无形资产摊销。反映会计主体本期累计摊入成本费用的无形资产价值以及投资性房地产摊销金额。施工项目部根据“累计摊销”“投资性房地产累计摊销”等科目的贷方发生额分析填列该项目。

④长期待摊费用摊销。反映会计主体本期累计摊入成本费用的长期待摊费用。施工项目部根据“长期待摊费用”科目的贷方发生额分析填列该项目。

⑤处置固定资产、无形资产和其他长期资产的损失（减：收益）。反映会计主体本期处置固定资产、无形资产和其他长期资产发生的净损失（或净收益）。如为净收益，以“－”号填列。施工项目部根据“资产处置损益”科目的记录分析填列该项目。

⑥固定资产报废损失。反映会计主体本期发生的固定资产报废后的净损失。如为净收益，以“－”号填列。施工项目部根据“营业外支出”“营业外收入”科目所属有关明细科目的记录分析填列该项目。

⑦公允价值变动损失。反映会计主体应当计入当期损益的资产或负债公允价值变动净损失。该项目应根据“公允价值变动损益”科目的发生额分析填列。如为净收益，以“－”号填列。施工项目部一般不涉及该业务。

⑧财务费用。反映会计主体本期实际发生的应属于投资活动或筹资活动的财务费用。属于投资活动、筹资活动的部分，在计算净利润时已扣除，但这部分发生的现金流出不属于经营活动现金流量的范畴，所以，在将净利润调节为经营活动的现金流量时，需要予以加回。施工项目部应根据“财务费用”科目的本期借方发生额分析填列该项目。如为收益，以“－”号填列。

⑨投资损失。反映会计主体本期实际发生的投资损失减去收益后的净损失。可根据利润表“投资收益”项目的数字填列。如为投资收益，以“－”号填列。施工项目部一般不涉及该业务。

⑩递延所得税资产减少。反映会计主体本期实际发生的递延所得税资产的净减少。如为净增加，以“－”号填列。

⑪递延所得税负债增加。反映会计主体本期实际发生的递延所得税负债的净增加。如为净减少，以“－”号填列。

⑫存货的减少。反映会计主体本期存货的减少。可根据资产负债表“存货”项目的期初、期末余额的差额填列。期末数大于期初数的差额，以“－”号填列。

⑬经营性应收项目的减少。反映会计主体本期经营性应收项目的减少。经营性应收项目指应收账款、应收票据和其他应收款中与经营活动有关的部分及应收的增值税销项税额等。根据资产负债表“应收账款”“应收票据”“其他应收款”等项目的期初、期末余额的差额分析填列。期末数大于期初数的差额，以“－”号填列。

⑭经营性应付项目的增加。反映会计主体本期经营性应付项目的增加。经营性应付项目主要是指应付账款、应付票据、应付职工薪酬、应交税费、其他应付款中与经营活动有关的部分以及应付的增值税进项税额等。根据资产负债表“应付账款”“应付票据”“应付职工薪酬”“应交税费”“其他应付款”等项目的期初、期末余额的差额分析填列。期末数小于期初数的差额，以“－”号填列。

（2）“不涉及现金收支的重大投资和筹资活动”项目。不涉及现金收支的重大投资和筹资活动，反映会计主体一定期间内影响资产或负债但不形成该期现金收支的所有投资和筹资活动的信息。这些投资和筹资活动虽然不涉及现金收支，但对以后各期的现金流量有重大影响。例如，会计主体融资租入设备，将形成的负债记入“长期应付款”账户，当期并不支付设备款及租金，但以后各期必须为此支付现金，从而在一定期间内形成了一项固定的现金支出。

会计主体应当在会计报表附注中披露不涉及当期现金收支、但影响会计主体财务状况或在未来可能影响会计主体现金流量的重大投资和筹资活动。主要包括：

①债务转为资本，反映企业本期转为资本的债务金额；

②一年内到期的可转换公司债券，反映企业一年内到期的可转换公司债券的本息；

③融资租入固定资产，反映企业本期融资租入的固定资产。

（3）“现金及现金等价物净变动情况”项目。会计主体应当在会计报表附注中披露与现金和现金等价物有关的下列信息：

①现金和现金等价物的构成及其在资产负债表中的相应金额。

②企业持有但不能由母公司或集团内其他子公司使用的大额现金和现金等价物金额。例如，国外经营的子公司，由于受当地外汇管制或其他立法的限制，其持有的现金和现金等价物不能由母公司或其他子公司正常使用。

四、会计报表的分析

会计报表分析是以会计报表为主要依据，运用一系列方法和指标，对会计报表提供的数据资料进行的系统和深入分析。会计报表分析是会计核算工作的延伸和发展，属于会计分析的组成部分，是一种事后的总结分析。

会计报表分析的内容一般包括分析企业资产、负债的分布和构成情况，企业负债经营情况，评价企业的偿债能力；分析企业利润形成和盈利水平，评价和预测企业的盈利能力；分析企业现金流量及变动原因，评价企业现金流动状况及付现能力；分析企业资本保全和增值情况，评价企业的财务状况。会计报表分析应全面、系统地对企业的财务状况和经营成果进行分析，灵活运用各种分析法，具体问题具体分析，避免生搬硬套分析指标的错误做法。

（一）会计报表分析方法

会计报表分析是对会计报表提供的各项经济指标所进行的分析，一般采用定量分析方法，即通过数量分析实现对经济活动和经济现象的认识。常用的分析方法有比较分析法、比率分析法和因素替换法。

1. 比较分析法

比较分析法是将两个性质相同的经济指标相互对比，确定数量差异的一种分析方法。通过对比分析，找出数量上的差距，发现存在的问题，为进一步分析指明方向。根据分析的目的和要求，对经济指标的对比分析可以采取以下几种形式：

（1）实际指标与计划指标对比。对分析期的实际指标与计划指标进行比较，可以揭示实际指标与计划指标之间的差异，考核计划完成程度，为进一步分析指明方向。

（2）本期实际与前期实际指标对比。前期实际指标可以是上年同期实际指标、历史先进水平，或者某一特定时期的实际指标。通过对比分析，可以了解企业的发展速度和发展趋势。

（3）本期实际与国内外先进水平对比。通过对比，可以看出企业与其他企业之间的差距，有助于企业采取措施，赶超先进。

应用比较分析法时，要注意指标的可比性，相互对比的指标必须在时间区间、计算口径、计价基础等方面保持一致。在对企业间的同类指标进行对比时，需注意其技术上和经济上的可比性。这是正确运用比较法的必要条件，否则分析结果不能说明问题，甚至得出错误的结论。

2. 比率分析法

比率分析法是计算指标之间的相对数进行比较分析的方法。采用这种分析方法，可以具体表明经济指标之间的比例关系，使一些不能直接对比的经济指标，建立共同比较的基础。比率分析法有相关比率分析法、构成比率分析法和动态比率分析法。

（1）相关比率分析法。该方法通过对两种性质不同但又相关的指标进行对比，计算出比率，说明两个指标之间的关系，以便深入分析企业经营情况。例如，将利润同资本金相对比，计算出资本金利润率，可以评价企业的盈利能力。

（2）构成比率分析法。该方法通过计算某一指标各个组成部分占总体的比率，分析指标内在结构是否合理，找出影响指标变化的主要因素。其计算公式为：

构成比率＝某个组成部分数值÷总体数值×100％

根据分析目的，可计算资产构成比率、负债构成比率、利润构成比率等。

（3）动态比率分析法。该方法通过对不同时期同类经济指标进行对比，计算出动态比率，用以分析该项经济指标的发展趋势和速度。由于对比的标准不同，可分为定基动态比率和环比动态比率。其计算公式如下：

定基动态比率＝分析期数值÷固定基期数值

环比动态比率＝分析期数值÷前期数值

3. 因素替换法

因素替换法是把一项综合经济指标分解为各项因素，然后分别测定各项因素变动对综合经济指标影响程度的一种分析方法。通过这种分析方法，可以揭示出经济指标变动的具体原因，找出企业经营管理中存在的主要问题。

因素替换法的计算步骤如下：

（1）根据指标的计算公式，确定影响指标变动的各项因素。

（2）将指标的基数（计划数或上期数等）和实际数分解为两个指标体系。

（3）以基数指标体系为计算的基础，用实际指标体系中每项因素的实际数逐步顺序地替换其基数，每次替换后，实际数就被保留下来。有几项因素就替换几次，每次替换后计算出由于该因素变动所得的新结果。

（4）将每次替换计算的结果，与这一因素被替换前的结果进行比较，两者的差额，就是这一因素变化对经济指标差异的影响程度。

（5）将各个因素的影响数值相加，其代数和应同经济指标的实际数与基数之间的总差异数相等。

（二）主要财务评价指标

会计报表使用者依据会计报表提供的数据资料，从各个角度分析评价企业财务状况和经营成果，获取有用信息，做出相关经济决策。总结和评价企业财务状况和经营成果的财务指标包括：偿债能力指标、营运能力指标和盈利能力指标。

1. 评价企业偿债能力的财务指标

（1）资产负债率。又称负债比率，是负债总额与资产总额的比率。该指标表明企业资产总额中债权人提供的资金所占的比重，可衡量企业利用债权人提供资金进行经营活动的能力，也反映债权人提供债务资金的安全程度。计算公式为：

资产负债率＝负债总额÷全部资产总额×100％

从债权人角度分析，资产负债率越低，表明企业的长期偿债能力越强，债权人权益保障程度越高。从所有者角度分析，资产负债率高，表明企业经营中用较少的自有资金，形成较多的生产经营用资产，可获得较多的投资回报。但是，资产负债率大于100％，则表明企业已资不抵债，视为达到破产的警戒线。

(2) 流动比率。流动比率是流动资产与流动负债的比率。该指标表明每一元的流动负债有多少流动资产作为偿还的保障，用以衡量企业的短期偿债能力。计算公式为：

流动比率＝流动资产÷流动负债

流动比率高，反映企业短期偿债能力强，债权人的权益有保障。流动比率过低，则表明企业没有足够的资金偿还短期债务。但是，流动比率过高，则表明企业流动资产占用较多，资金使用效率不高。一般认为，流动比率为 2 比较合适。

(3) 速动比率。速动比率是速动资产与流动负债的比率。速动资产是指流动资产减去存货后的余额。由于剔除了变现能力差的资产，速动比率指标能够可靠地评价资产的流动性及其偿还短期债务的能力。计算公式为：

速动比率＝速动资产÷流动负债

一般认为，正常的速动比率为 1，表明企业每 1 元流动负债有 1 元的速动资产做保证。如果速动比率小于 1，表明企业短期偿债的能力差，但也应根据企业的具体情况而定。

2. 评价企业营运能力的财务指标

(1) 应收账款周转率。应收账款周转率是指赊销收入净额与平均应收账款余额的比值。该指标反映企业应收账款变现速度的快慢及管理效率的高低。计算公式为：

应收账款周转率(次)＝赊销收入净额÷平均应收账款余额

赊销收入净额＝主营业务收入－现销收入－销售退回与折让

平均应收账款余额＝(期初应收账款＋期末应收账款)÷2

实际工作中，可以把现销业务理解为赊销的同时收回货款，这样，上述公式中“赊销收入净额”即是“主营业务收入－销售退回与折让”。

(2) 存货周转率。存货周转率是一定时期内主营业务成本与存货平均资金占用额的比率。该指标表明存货的周转次数，用以分析评价企业销售能力和存货储存状况。计算公式为：

存货周转率＝主营业务成本÷平均存货

平均存货＝(期初存货＋期末存货)÷2

3. 评价企业盈利能力的财务指标

(1) 资本金利润率。资本金利润率是利润总额与资本金总额的比率，用以评价投资者投入企业资本金的获利能力。计算公式为：

资本金利润率＝利润总额÷资本金总额×100%

（2）主营业务收入利润率。主营业务利润率是利润总额与主营业务收入净额的比率，用以评价企业主营业务收入的收益水平。计算公式为：

主营业务利润率＝利润总额÷主营业务收入净额×100%

（3）主营业务成本利润率。主营业务成本利润率是利润总额与主营业务成本的比率，用以评价企业主营业务成本获利的水平。计算公式为：

主营业务成本利润率＝利润总额÷主营业务成本×100%

由于施工项目部不具备法人会计主体的全部特征，尤其是无法承担偿债责任，因此在对施工项目财务情况进行分析时，主要从其收入与费用、资产与负债的角度考查其盈利能力、周转能力，所采用的指标也仅限于部分常用财务指标。

【例 9-1】 华泰建筑公司某项目部某季度末资产负债表、季度利润表的相关资料见表 9-5。

表 9-5　　相关资料表　　单位：元

项目	金额	项目	金额
流动资产	785 200	长期负债	1 313 000
货币资金	58 000	未分配利润	49 000
应收账款	360 000	负债及所有者权益总额	1 612 000
存货	367 200	主营业务收入	1 200 000
资产总额	1 612 000	主营业务成本	800 000
流动负债	250 000	利润总额	240 000

补充资料：现销收入 100 000 元，期初应收账款 440 000 元，期初存货 432 800 元。

根据上述资料，各项指标的计算如下：

（1）反映盈利能力的指标：

主营业务收入利润率＝240 000÷1 200 000×100%＝20%

主营业务成本利润率＝240 000÷800 000×100%＝30%

以上计算结果只能说明该施工项目部主营业务收入利润率为 20%，主营业务成本利润率为 30%，还不能说明盈利能力的大小，需结合其他资料做进一步比较分析。

（2）反映营运能力的指标：

应收账款周转率＝1 100 000÷400 000＝2.75(次)

赊销收入＝1 200 000－100 000＝1 100 000(元)

应收账款平均余额＝(440 000＋360 000)÷2＝400 000(元)

存货周转率＝800 000÷400 000＝2(次)

平均存货＝(432 800＋367 200)÷2＝400 000(元)

以上计算结果表明，该施工项目部的应收账款在季度内周转了2.75次，存货周转了2次，周转速度是快还是慢，还应结合以前期间资料或同行业资料进行比较分析。

第三节　成本费用报表的编制与分析

一、项目成本费用报表的种类

项目成本费用报表是反映承包企业所承揽的工程项目成本及其降低情况，为企业管理部门提供成本信息的内部会计报表。项目成本费用报表主要包括工程成本表、竣工工程成本表、施工间接费用明细表等。按期编制成本报表是成本分析和成本考核的依据，同时也能为不同类型工程、产品积累经济技术资料。

（一）工程成本表

工程成本表用以反映在月度、季度或年度内已经向发包单位办理工程价款结算的工程成本的构成及其节约或超支情况。一般可按成本项目反映本期和本年累计已经办理工程价款结算的已完工程的目标成本（预算成本）、实际成本、成本降低额和降低率，如表9-6所示。

表9-6　　**工程成本表**

编制单位：　　20×9年度　　单位：元

成本项目	本期数				累计数			
	预算成本	实际成本	降低额	降低率	预算成本	实际成本	降低额	降低率
人工费								
材料费								
机械使用费								
其他直接费								
间接费用								
成本合计								

值得注意的是，在施工项目成本分析中，会用到以下关于工程及工程成本的概念：作为成本计算对象的单项合同工程全部完工后，称为竣工工程；尚未竣工，但已完成预算定额规定的一定组成部分的分部分项工程，称为已完工程；虽已投入工料机进行施工，但尚未完成预算定额所规定工序的分部分项工程，称为未完施工或未完工程。为了分期确定损益，在有未完工程的情况下，需要将按照成本计算对象归集的施工成本，在已完工程和未完工程之间划分。其划分是根据以下平衡公式进行的：

$$\text{已完工程实际成本}=\text{月初未完施工实际成本}+\text{本月发生全部施工成本}-\text{月末未完施工实际成本}$$

由上式可见，计算本期已完工程成本的关键是确定期末未完施工成本。在一般施工单位中，月末未完施工工程在全月工作量中所占的比重都比较小，且未完施工工程的实际成本不易求得，为了简化核算手续，通常把月末未完工程的预算成本视同其实际成本。

在工程成本表中，各栏目的含义及编制方法如下：

“预算成本”栏反映本期和本年累计已完工程的预算成本，根据已完工程结算表中的预算成本，按成本项目分析加总填列。如有单独计算计入工程成本的工程费用，也要按成本项目分析计入，比如对分包成本进行还原。对投标承包的工程，应根据编制的施工图预算分析填列。

“实际成本”栏反映本期和本年累计已完工程的实际成本，根据按施工单位设置的工程施工成本明细分类账中各成本项目的本期和本年工程实际成本合计，加期初（即上期末）、年初（即上年年末）未完施工（工程）盘点单中各成本项目的未完施工（工程）成本，减期末未完施工（工程）盘点单中各成本项目的未完施工（工程）成本填列。

“降低额”栏内数字根据“预算成本”栏内数字减“实际成本”栏内数字填列。出现成本超支时，应以“－”号填列。

“降低率”栏按本项目的降低额和预算成本计算填列。为了便于编表，对本期和本年已完工程各成本项目的实际成本，可在如表 9-7 所示的工作底稿中先行计算。

表 9-7　　　　　　　　　　工程成本表底稿

项目	人工费	材料费	机械使用费	其他直接费	工程直接费	间接费用	工程成本合计
本期工程成本合计							
加：期初未完施工（工程）成本合计							

续表

项目	人工费	材料费	机械使用费	其他直接费	工程直接费	间接费用	工程成本合计
减：期末未完施工（工程）成本合计							
本期已完工程实际成本							
本年工程实际成本累计							
加：年初未完施工（工程）成本合计							
减：年末未完施工（工程）成本合计							
本年已完工程实际成本							

（二）单位工程竣工成本决算

竣工成本决算是确定已竣工单位工程的预算成本和实际成本，全面考核竣工工程成本降低或超支情况的主要依据。编制竣工成本决算是单位工程成本核算工作的最后阶段，做好这项工作，不仅可以综合考核工程概预算和成本计划的执行情况，分析工程成本升降的原因，为同类工程管理积累成本资料，为企业今后参与工程的投标报价和与发包单位进行合同谈判提供参考依据，而且可以全面反映各单位工程施工的经济效果，总结各单位工程在施工生产和管理过程中的经验教训，找出存在的问题，从而促使企业改进施工和管理工作，不断降低工程成本，提高经济效益。因此，单位工程竣工后，施工企业必须及时、准确地编制竣工成本决算。

竣工成本决算的内容一般包括：竣工工程按成本项目分别反映的预算成本、实际成本及其降低额和降低率；竣工工程耗用人工、材料、机械的预算用量、实际用量及其节约或超支额、节约或超支率；竣工工程的简要分析及说明等。

编制竣工成本决算的一般步骤如下：

（1）单位工程竣工后，各施工单位的预算人员应根据竣工工程的施工图预算和工程变更、材料代用等有关技术经济签证资料，及时编制单位工程竣工结算书，计算确定已竣工单位工程的全部预算成本和预算总造价，以便与发包单位办理工程价款的最终结算。

（2）单位工程竣工后，应及时清理施工现场，盘点剩余材料，对于已计入工程成本但尚未使用的剩余材料，要办理退库手续，冲减有关工程成本。

（3）检查各项施工费用是否已经正确、完整地计入竣工工程的工程成本表。凡是应计而未计入工程成本的施工费用，应予以补计；凡是不应计入而已计入工程成本的施工费用，则应予以冲回。既要防止多计、重计或乱计施工费用，又要避免少计、漏计或转移施工费用，以保证竣工工程成本的正确无误。

（4）将工程成本表中所记录的已竣工单位工程自开工起至竣工止的施工费用进行汇总累计，正确计算竣工工程的实际成本。在此基础上，将工程实际成本与预算成本进行比较，计算工程成本降低额和降低率，编制竣工工程成本决算。

（5）将已竣工单位工程的工程成本表抽出，连同竣工结算书（包括工、料分析表）、竣工成本决算和其他有关资料合并保存，建立工程技术经济档案。

单位工程竣工决算用表如表 9-8、表 9-9 所示。

表 9-8　　竣工成本决算

发包单位：　　开工日期：×8 年 1 月 8 日
工程名称：A 工程　　竣工日期：×8 年 11 月 8 日
建筑面积：660m²　　20×8 年 11 月 18 日　　金额单位：元

成本项目	预算成本	实际成本	降低额	降低率（%）	简要分析及说明
人工费	84 000	85 000	－1 000	－1.19	人工费增加
材料费	610 000	550 000	60 000	9.84	材料单价与用量下降
机械使用费	90 450	85 000	5 450	6.03	台班效率提高
其他直接费	30 000	29 850	150	0.5	搬运费降低
间接费用	55 720	50 150	5 570	10	现场费用控制有效
工程成本总计	870 170	800 000	70 170	8.06	计划控制范围内

表 9-9　　工料机用量分析

发包单位：　　开工日期：20×8 年 1 月 8 日
工程名称：A 工程　　竣工日期：20×8 年 11 月 8 日
建筑面积：660m²　　20×8 年 11 月 18 日

项目	计量单位	预算用量	实际用量	节约（＋）或超支（－）	节约或超支率（%）
一、人工	工日	4 200	4 250	－50	－1.19
二、材料					
1. 钢材	吨	80	72	8	10
2. 水泥	吨	500	450	50	10
3. 木材	立方米	40	38	2	5
4. 标砖	千块				
……					
三、机械					
1. 大型	台班	150	136	14	9.33
2. 中、小型	台班	200	195	5	2.5

竣工成本决算的编制方法如下：

（1）预算成本各项目，应根据预算部门提供的已竣工单位工程的预算总成本和分项预算成本数填列。

（2）实际成本各项目，应根据已竣工单位工程的工程成本表中自开工起至竣工止各成本项目的累计数填列。

（3）工程成本降低额各项目，应根据工程预算成本减去实际成本后的差额填列。相减后的结果如为正数，即为降低额；反之，则为超支额，应以“－”号表示。

（4）工程成本降低率各项目，应根据工程成本降低额占工程预算成本的比率计算，以百分比表示。如为超支率，则应以“－”号表示。

（5）工、料、机用量分析各项目，预算用量应根据预算部门提供的有关资料汇总填列，实际用量应根据各施工班组提供的用工台账、用料台账和使用机械台账等资料汇总填列，节约或超支量以及节约或超支率应根据预算用量和实际用量计算填列。

（6）竣工工程的简要分析及说明，一般可列示预算总造价、单位工程量造价、单位工程量预算成本、单位工程量实际成本等，应根据有关资料分析计算填列。

编制的竣工成本决算一般应一式多份，其中一份应连同竣工工程的“工程成本表”和竣工结算书等资料合并保存，建立竣工工程的技术经济档案，以备日后查阅。

（三）施工间接费用明细表

施工间接费用明细表反映施工单位在一定时期内为组织和管理工程施工所发生的费用总额和各明细项目数额的报表。该表按费用项目，分别“本年计划数”和“本年累计实际数”进行反映。通过本表，可以了解施工间接费用的开支情况，并为分析施工间接费用计划完成情况和节约或超支的原因提供依据。

为了反映施工单位各期施工间接费用计划的执行情况，施工间接费用明细表应按月进行编制，其格式如表 9-10 所示。

表 9-10　　**施工间接费用明细表**

工程名称：　　单位：　　项目经理：　　日期：

项目	行次	本年计划数（元）	本年累计实际数（元）
工作人员工资薪金			
办公费			
固定资产使用费			
差旅交通费			
工具用具使用费			
劳动保护费			
检验试验费			
工程保养费			

续表

项目	行次	本年计划数（元）	本年累计实际数（元）
财产保险费 取暖及水电费 排污费 其他			
合计			

表中“本年计划数”按当期计划资料分项目填列，12 月份的施工间接费用明细表按当年计划数填列；“本年累计实际数”栏可根据“工程施工——间接费用”明细账中资料填列。

二、施工项目成本分析

在对施工项目成本进行分析时，常用的有比较分析法、因素分析法等方法。从分析的内容来看，主要包括以下几个方面。

（一）综合成本的分析

综合成本是指涉及多种生产要素、并受多种因素影响的成本费用，如分部分项工程成本，月（季度）成本、年度成本等。由于这些成本都是随着项目施工的进展而逐步形成的，与生产经营有密切的关系，因此，做好上述成本的分析工作，无疑将促进项目的生产经营管理，提高项目的经济效益。

1. 分部分项工程成本分析

分部分项工程成本分析是施工项目成本分析的基础。分部分项工程成本分析的对象为已完分部分项工程。分析的方法是：进行预算成本、计划成本和实际成本的“三算”对比，分别计算实际偏差和目标偏差，分析偏差产生的原因，为今后的分部分项工程成本寻求节约途径。

分部分项工程成本分析的资料来源是：预算成本来自施工图预算，计划成本来自企业预算，实际成本来自施工任务单的实际工程量、实耗人工和限额领料单的实耗材料。

由于施工项目包括很多分部分项工程，不可能也没有必要对每一个分部分项工程都进行成本分析，特别是一些工程量小、成本费用微不足道的零星工程。但是，对于那些主要分部分项工程，则必须进行成本分析，而且要从开工到竣工进行系统的成本分析。这是一项很有意义的工作，因为通过主要分部分项工程成本的系统分析，基本可以了解项目成本形成的全过程，为竣工成本分析和今后的项目成本管理提供宝贵的参考资料。

2. 月（季）度成本分析

月（季）度成本分析，是施工项目定期的、经常性的中间成本分析。对于有一次性特点的施工项目来说，具有特别重要的意义。因为通过月（季）度成本分析，可以及时发现问题，以便按照成本目标指示的方向进行监督和控制，保证项目成本目标的实现。月（季）度的成本分析的依据是当月（季）的成本报表。分析的方法通常有以下几种：

（1）通过实际成本与预算成本的对比，分析当月（季）的成本降低水平；通过累计实际成本与累计预算成本的对比，分析累计的成本降低水平，预测实现项目成本目标的前景。

（2）通过实际成本与计划成本的对比，分析计划成本的落实情况，以及目标管理中的问题和不足，进而采取措施，加强成本管理，保证成本计划的落实。

（3）通过对各成本项目的成本分析，可以了解成本总量的构成比例和成本管理的薄弱环节。例如，在成本分析中，发现人工费、机械费和间接费等项目大幅度超支，就应该对这些费用的收支配比关系认真研究，并采取对应的增收节支措施，防止今后再超支；如果是属于预算定额规定的“政策性”亏损，则应从控制支出着手，把超支额压缩到最低限度。

（4）通过将主要技术经济指标的实际与计划对比，分析产量、工期、质量、机械利用率以及钢材、木材、水泥等“三材”节约率等对成本的影响。

（5）通过对技术组织措施执行效果的分析，寻求更加有效的节约途径。

（6）分析其他有利条件和不利条件对成本的影响。

3. 年度成本分析

企业成本要求一年结算一次，不得将本年成本转入下一年度。项目成本则以项目的寿命周期为结算期，要求从开工到竣工到保修期结束连续计算，最后结算出成本总量及其盈亏。由于项目的施工周期一般都比较长，除了要进行月（季）度成本的核算和分析外，还要进行年度成本的核算和分析。这不仅是为了满足企业汇编年度成本报表的需要，同时也是项目成本管理的需要。因为通过年度成本的综合分析，可以总结一年来成本管理的成绩和不足，为今后的成本管理提供经验和教训，从而对项目成本进行更有效的管理。

年度成本分析的依据是年度成本报表。年度成本分析的内容，除月（季）度成本分析的六个方面以外，重点是针对下一年度的施工进展情况规划切实可行的成本管理措施，以保证施工项目成本目标的实现。

4. 竣工成本综合分析

凡是有几个单位工程而且是单独进行成本核算（即成本核算对象）的施工项目，其竣工成本分析应以各单位工程竣工成本分析资料为基础，再加上施工项目部的经营效益（如资金调度、对外分包等所产生的效益）进行综合分析。如果施工项目只有一个成本核算对象（单位工程），就以该成本核算对象的竣工成本资料作为成本分析的依据。

单位工程竣工成本分析，应包括以下三方面内容：竣工成本分析，主要资源节超对比分析，主要技术节约措施及经济效果分析。

通过以上分析，可以全面了解单位工程的成本构成和降低成本的来源，对今后同类工程的成本管理具有重要参考价值。

（二）成本项目的分析

成本项目分析主要是指对工、料、机等成本组成要素的分类分析。

1. 人工费分析

在实行管理层和作业层分离的情况下，对项目施工需要的人工，由施工项目部代表公司与施工队签订劳务承包合同，明确承包范围、承包金额和双方的权利与义务。

对施工项目部来说，除了按合同规定支付劳务费以外，还可能发生一些其他人工费支出。例如，因实物工程量增减而调整的人工和人工费；定额人工以外的估点工工资（如果已按定额人工的一定比例由施工队包干，并已列入承包合同的，不再另行支付）；对在进度、质量、节约、文明施工等方面做出贡献的班组和个人进行奖励的费用等。

施工项目部应结合劳务合同的管理，对上述人工费的增减进行分析。

2. 材料费分析

材料费分析包括主要材料、结构件和周转材料使用费分析以及材料储备分析。

（1）主要材料和结构件费用分析。主要材料和结构件费用的高低，主要受价格和消耗数量的影响。材料价格的变动，又要受采购价格、运输费用、途中损耗、来料不足等因素的影响；材料消耗数量的变动，也要受操作损耗、管理损耗和返工损失等因素的影响，可在价格变动较大和数量超用异常的时候再做深入分析。为了分析材料价格和消耗数量的变化对材料和结构件费用的影响程度，可依据因素分析法，按下列公式计算：

因材料价格变动对材料费的影响=(预算单价−实际单价)×实际用量

因消耗数量变动对材料费的影响=(预算用量−实际用量)×预算单价

（2）周转材料使用费分析。在实行周转材料内部租赁制的情况下，项目周转材料费的节约或超支，取决于周转材料的周转利用率和损耗率。因为周转慢，周转材料的使用时间就长，同时也会增加租赁费支出；而超过规定的损耗，更要照原价赔偿。周转利用率和损耗率的计算公式如下：

$$\text{周转利用率}=\text{实际使用数}\times\text{租用期内的周转次数}\div(\text{进场数}\times\text{租用期})\times 100\%$$

$$\text{损耗率}=\text{退场数}\div\text{进场数}\times 100\%$$

【例 9-2】　某施工项目需要定型钢模，考虑周转利用率 85%，租用钢模 4 500 平方米，每平方米月租金 5 元；由于施工进度加快，实际周转利用率达到 90%。要求：用差额分析法计算周转利用率的提高对节约周转材料使用费的影响程度。

具体计算如下：

(90%−85%)×4 500×5=1 125（元）

（3）材料储备资金分析。材料储备资金是根据日平均用量、材料单价和储备天数（即从采购到进场所需要的时间）计算的。上述任何一个因素的变动，都会影响储备资金的占用量。对材料储备资金的分析，可以应用因素分析法。

【例 9-3】　某项目部水泥日平均用量、单价、储备天数等资料如表 9-11 所示。

表 9-11　　储备资金计划与实际对比表

项目	计划	实际	差异
日平均用量（吨）	50	60	10
单价（元）	400	420	20
储备天数	7	6	−1
储备金额（万元）	14	15.12	1.12

根据上述数据，分析日平均用量、单价和储备天数等因素变动对水泥储备资金的影响程度。

水泥储备资金实际数比计划数超支了 1.12 万元。运用因素分析法，分析过程及结果如下：

计划数的计算过程：

50×400×7＝140 000（元）

用日平均用量做第一次替换：

60×400×7＝168 000（元）

也就是说，由于日平均用量增加 10 吨导致储备资金增加 28 000 元。

用单价做第二次替换：

60×420×7＝176 400（元）

也就是说，由于单价每吨增加 20 元导致储备资金增加 8 400 元。

用储备天数做第三次替换：

60×420×6＝151 200（元）

也就是说，由于储备天数减少 1 天导致储备资金减少 25 200 元。

总体影响结果：28 000＋8 400－25 200＝11 200（元）。

从以上分析内容来看，储备天数的长短是影响储备资金的关键因素。因此，材料采购人员应该选择运距短的供应单位，尽可能减少材料采购的中转环节，缩短储备时间。

3. 机械使用费分析

由于项目施工具有一次性的特点，施工项目部一般不可能拥有全部的机械设备，而是根据施工的需要，向企业动力部门或外单位租用。在机械设备的租用过程中，存在两种情况：一是按产量进行承包，并按完成产量计算费用，如土方工程，施工项目部只要按实际挖掘的土方工程量结算挖土费用，而不必过问挖土机械的完好程度和利用程度；二是按使用时间或台班计算机械费用，如塔吊、搅拌机、砂浆机等，如果机械完好率差或在使用中调度不当，必然会影响机械的利用率，从而延长使用时间，增加费用。因此，施工项目部应该给予一定的重视。

由于建筑施工的特点，在流水作业和工序搭接上往往会出现某些必然或偶然的施工间歇，影响机械的连续作业；有时，又因为施工进度加快和工种配合的需要，导致机械日夜不停地运转。这样，难免会有一些机械利用率很高，而另一些机械利用率不足，甚至租而不用。利用不足，台班费需要照付；租而不用，则要支付停班费。总之，都将增加机械使用费支出。

因此，在机械设备的使用过程中，必须以满足施工需要为前提，加强机械设备的平衡调度，充分发挥机械的效用；同时，还要加强平时对机械设备的维修保养工作，提高机械的完好率，保证机械的正常运转。

【例 9-4】 某施工项目部当年的机械完好和利用情况见表 9-12。

表 9-12　　机械完好和利用情况统计表

机械名称	台数	制度台班数	完好情况				利用情况			
			完好台班数		完好率（%）		工作台班数		利用率（%）	
			计划	实际	计划	实际	计划	实际	计划	实际
翻斗车	4	1 080	1 000	1 080	92.6	100	1 000	1 000	92.6	92.6
搅拌机	2	540	500	500	92.6	92.6	500	480	92.6	88.98
砂浆机	5	1 350	1 250	1 080	92.6	80	1 250	1 026	92.6	76
塔吊	1	270	250	250	92.6	92.6	250	360	92.6	133.33

其中，完好台班数，是指机械处于完好状态下的台班数，它包括修理不满一天的机械，但不包括待修、在修、送修在途的机械。在计算完好台班数时，只考虑是否完好，不考虑是否在工作。制度台班数是指本期内全部机械台班数与制度工作天的乘积，不考虑机械的技术状态和是否工作。

从上述机械的完好和利用情况来看，砂浆机的维修保养比较差，完好率只达到 80%；利用率也不高，只达到 76%。塔吊因施工需要经常加班加点，因而利用率较高。

4. 其他直接费分析

其他直接费是指施工过程中发生的除上述直接费以外的其他费用，包括二次搬运费、工程用水电费、临时设施摊销费、生产工具用具使用费、检验试验费、工程定位复测费、工程点交费、场地清理费等。

其他直接费的分析，主要应通过预算与实际数的比较来进行。如果没有预算数，可以用计划数代替预算数。

5. 间接费用分析

间接费用是指为施工准备、组织施工生产和管理所需要的费用，主要包括现场管理人员的工资和进行现场管理所需要的费用。间接成本的分析，也应通过预算（或计划）数与实际数的比较来进行。

重要概念

会计报表　　资产负债表　　利润表　　现金流量表　　所有者权益变动表
成本费用报表

复习思考题

一、简答题

1. 什么是会计报表？施工企业会计报表如何分类？
2. 简述资产负债表的含义及其结构。
3. 简述利润表的含义及其结构。
4. 简述现金流量表的含义及其结构。
5. 施工项目成本分析主要包括哪些内容？

二、单项选择题

1. “预付账款”科目明细账中若有借方余额，应将其计入资产负债表中的（　　）项目。

A. “应收账款”　　B. “预收款项”

C. “应付账款”　　D. “预付款项”

2. 资产负债表中的“未分配利润”项目，应根据（　　）填列。

A. “利润分配”科目余额

B. “本年利润”科目余额

C. “本年利润”和“利润分配”科目余额计算后

D. “盈余公积”科目余额

3. 下列各项中，会引起现金流量净额变动的是（　　）。

A. 将现金存入银行

B. 用银行存款购买1个月到期的债券

C. 用固定资产抵偿债务

D. 用银行存款清偿20万元的债务

4. 某施工企业20×5年共发生财务费用30 000元，其中：29 000元为短期借款利息，1 000元为现金折扣。则现金流量表补充资料中的“财务费用”项目应填列的金额为（　　）元。

A. 29 000　　B. 30 000

C. －29 000　　D. －30 000

5. 下列各项中，会影响所有者权益变动表“本年年初余额”项目的是（　　）。

A. 会计政策变更

B. 净利润

C. 会计估计变更

D. 可出售金融资产公允价值变动净额

6. 下列说法中正确的是（　　）。

A. 资产负债表的“长期借款”项目，应根据“长期借款”总账科目的余额填列

B. 资产负债表的“货币资金”项目，应根据“银行存款”和“库存现金”总账科目的借方余额之和计算填列

C. 资产负债表的“应收账款”项目，应根据“应收账款”“预付账款”总账科目所属明细科目的借方余额之和计算填列

D. 资产负债表的“固定资产”项目，应根据“固定资产”总账科目余额直接填列

7. 下列资产负债表项目中，不可以直接根据总分类账户期末余额填列的是（　　）。

A. “资本公积”　　B. “短期借款”

C. “应收账款”　　D. “应付股利”

8. 某企业 20×5 年 1 月 1 日“固定资产”账户余额为 3 000 万元，“累计折旧”账户余额为 1 000 万元，固定资产减值准备账户余额为 100 万元，在建工程账户余额为 200 万元。该企业 20×5 年 12 月 31 日资产负债表中固定资产项目的金额为（　　）万元。

A. 2 100　　B. 2 900

C. 1 900　　D. 2 000

9. 某企业的流动资产为 360 000 元，长期资产为 4 800 000 元，流动负债为 205 000 元，长期负债为 780 000 元，则资产负债率为（　　）。

A. 15.12%　　B. 19.09%

C. 16.25%　　D. 20.52%

10. 在利润表上，利润总额减去（　　）后，得出净利润。

A. 管理费用　　B. 增值税

C. 营业外支出　　D. 所得税费用

三、多项选择题

1. 会计报表至少应当包括（　　）。

A. 资产负债表　　B. 利润表

C. 现金流量表　　D. 所有者权益变动表

E. 附注

2. 利润表中的“营业成本”项目填列的依据有（　　）科目发生额。

A. “营业外支出”　　B. “主营业务成本”

C. “其他业务成本”　　D. “税金及附加”

3. 编制资产负债表时，需根据有关总账科目期末余额分析、计算填列的项目有（　　）。

A. 货币资金　　B. 预付款项

C. 存货　　D. 短期借款

4. 资产负债表中的应付账款项目应根据（　　）填列。

A. 应付账款所属明细账贷方余额合计

B. 预收账款所属明细账借方余额合计

C. 应付账款总账余额

D. 预付账款所属明细账贷方余额合计

5. 下列交易或事项产生的现金流量中，属于投资活动产生的现金流量的有（　　）。

A. 为购建固定资产支付的耕地占用税

B. 转让一项专利技术使用权，取得价款 200 万元

C. 因火灾造成固定资产损失而收到的保险赔款

D. 融资租赁方式租入固定资产所支付的租金

四、判断题

1. 一套完整的财务报告至少应当包括资产负债表、利润表、现金流量表、所有者权益变动表和附注等部分。（　　）

2. 资产负债表的“存货”项目应当根据若干总账科目余额计算填列。（　　）

3. 现金流量表中的投资活动，指的是企业长期资产的购建和包括在现金等价物范围内的投资活动及其处置活动。（　　）

4. 资产负债表中的“长期待摊费用”项目应根据“长期待摊费用”科目的余额直接填列。（　　）

5. 利润表中的“营业成本”项目，反映企业销售产品和提供劳务等主要经营业务的各项销售费用和实际成本。（　　）

五、业务核算题

1. 根据下列“资产负债表”填列表中括号内的空缺数字。

资产负债表

20×5 年 3 月 31 日　　单位：元

资产		负债及所有者权益	
项目	金额	项目	金额
货币资金	380 000	短期借款	200 000
交易性金融资产	450 000	应付账款	176 000

续表

资产		负债及所有者权益	
项目	金额	项目	金额
应收票据	100 000	应交税费	59 000
应收账款	235 000	流动负债合计	（　　）
存货	（　　）	长期负债合计	344 000
流动资产合计	1 860 000	实收资本	4 900 000
固定资产	4 270 000	资本公积	265 000
无形资产	313 000	盈余公积	379 000
		未分配利润	120 000
		所有者权益会计	（　　）
资产总计	（　　）	负债及所有者权益总计	（　　）

2. 资料：某施工企业20×5年12月31日有关账户余额如下（单位：元）：

账户名称		借方	贷方
总分类账户	明细分类账户		
库存现金		5 000	
银行存款		200 000	
其他货币资金		25 000	
应收账款	A公司	5 000	
应收账款	B公司		1 000
预付账款	C公司	1 750	
预付账款	D公司		250
其他应收款		1 000	
坏账准备			3 000
原材料		36 000	
产成品		11 600	
生产成本		2 400	
持有至到期投资	债券投资	60 000	
固定资产		700 000	
累计折旧			250 000
无形资产		89 000	
应付账款			6 000
预收账款	E公司	150	
预收账款	F公司		8 900
本年利润			124 000
利润分配			77 000
实收资本			666 750
合计		1 136 900	1 136 900

要求：根据资料编制一份简易资产负债表。

3. 资料：某施工企业20×5年11月份有关账户发生额如下（单位：元）：

账户名称	借方	贷方
主营业务收入		18 000
主营业务成本	6 500	
销售费用	1 200	
税金及附加	3 000	
其他业务收入		2 800
其他业务成本	800	
管理费用	1 200	
财务费用	800	
投资收益		1 200
营业外收入		1 000
营业外支出	1 500	
所得税费用	2 000	

要求：根据资料编制利润表（只填列本月数）。

复习思考题参考答案

第一章

1．按照企业资质不同，施工企业可分为具有施工总承包资质的企业、具有专业承包资质的企业和具有施工劳务资质的企业。

2．按照合同取费方式不同分为总价承包、单价承包和成本加成承包三种。

按照承包者所处的地位不同分为独立承包、总分包和联合承包三种。

按照材料供应方式不同分为包工包料、包工不包料和包工部分包料三种。

3．建筑产品特点：固定性、多样性、形体大、寿命长。

4．施工生产特点：流动性、单件性、长期性、受自然条件影响大。

5．（1）施工项目部是独立的会计主体；

（2）成本核算是施工项目会计的中心任务；

（3）施工项目需要分段进行工程价款结算、确认合同收入与费用；

（4）施工项目会计方法的选择需要考虑自然环境；

（5）施工项目与公司总部内部往来事项频繁。

6．（1）正确、及时、完整地记录和反映施工项目部的经济活动、财务状况和经营成果情况，为内部经营决策提供准确可靠的会计信息。

（2）反映和监督财产物资的保管、使用情况，做好施工成本核算，节约使用资金，提高经济效益。

第二章

一、简答题

1．（1）职工工资、津贴；

（2）个人劳务报酬；

（3）按国家规定办法给个人的科学技术、文化艺术、体育等各种奖金；

（4）劳保、福利费用以及国家规定的对个人的其他支出；

（5）向个人收购农副产品和其他物资的价款；

（6）出差人员必须携带的差旅费；

（7）零星支出；

（8）中国人民银行确定需要支付现金的其他支出；

2. 实地盘点法，待处理财产损溢。

3. 商业汇票、支票、汇兑、委托收款、托收承付。

4.（1）银行已记作企业存款增加，而企业尚未收到收款通知，因而尚未记账的款项；

（2）银行已记作企业存款减少，而企业尚未收到付款通知，因而尚未记账的款项；

（3）企业已记作银行存款增加，而银行尚未办妥入账手续；

（4）企业已记作银行存款减少，而银行尚未支付入账的款项。

5. 其他货币资金是除库存现金、银行存款以外的其他各种货币资金。施工项目部常用的其他货币资金主要是银行汇票存款和银行本票存款。

二、单项选择题

1. C　2. A　3. C　4. A　5. D　6. C

三、多项选择题

1. ACD　2. ABCD　3. ACD　4. AD　5. BCD　6. ABCDE

四、判断题

1. ×　2. ×　3. ×　4. ×　5. √

五、业务核算题

1.（1）借：库存现金	5 500	
贷：银行存款		5 500
（2）借：工程施工——间接费用	980	
贷：库存现金		980
（3）借：库存现金	1 600	
贷：其他业务收入		1 600
（4）借：银行存款	10 000	
贷：库存现金		10 000
（5）借：银行存款	170 000	
贷：应收账款——应收工程款		170 000
（6）借：应付票据	8 000	
贷：银行存款		8 000

2.（1）①短缺原因查明前：

借：待处理财产损溢——待处理流动资产损溢　900
　贷：库存现金　900

②短缺原因查明后：

借：其他应收款——应收现金短缺款（×× 个人）　300
　　管理费用——现金短缺　600
　贷：待处理财产损溢——待处理流动资产损溢　900

（2）①溢余原因查明前：

借：库存现金　700
　贷：待处理财产损溢——待处理流动资产损溢　700

②溢余原因查明后：

借：待处理财产损溢——待处理流动资产损溢　700
　贷：其他应付款——应付现金溢余（张红）　420
　　　营业外收入——现金溢余　280

3.（1）①取得本票时：

借：其他货币资金——银行本票　116 000
　贷：银行存款　116 000

②报销时：

借：材料采购　116 000
　贷：其他货币资金——银行本票　116 000

（2）①取得汇票时，根据银行盖章退回的委托书存根联：

借：其他货币资金——银行汇票　20 000
　贷：银行存款　20 000

②报销时，根据发票账单等凭证：

借：材料采购——主要材料　16 810
　贷：其他货币资金——银行汇票　16 810

③余款转回时，根据银行转来的汇票第四联（多余款收账通知）：

借：银行存款　3 190
　贷：其他货币资金——银行汇票　3 190

4.

银行存款余额调节表　　单位：万元

项目	金额	项目	金额
企业银行存款日记账余额	432	银行对账单余额	664
加：银行已收，企业未收款	384	加：企业已收，银行未收款	480
减：银行已付，企业未付款	32	减：企业已付，银行未付款	360
调节后的存款余额	784	调节后的存款余额	784

第三章

一、简答题

1. 职工薪酬包括短期薪酬、离职后福利、辞退福利和其他长期职工福利。

2. 计时工资、计件工资、奖金、津贴和补贴、加班加点工资、特殊情况下支付的工资。

二、单项选择题

1. D　2. C　3. A　4. A　5. D　6. D　7. B

三、多项选择题

1. ABCD　2. ABC　3. ABC　4. ABCD　5. ABD

四、判断题

1. ×　2. √　3. ×　4. √　5. ×

五、业务核算题

1.（1）借：库存现金　630 000
　　贷：银行存款　630 000

（2）借：应付职工薪酬——工资　630 000
　　贷：库存现金　630 000

（3）借：应付职工薪酬——工资　5 000
　　贷：其他应收款——代垫医药费　5 000

2.（1）借：工程施工——某合同成本　280 000
　　　　　——间接费用　70 000
　　管理费用　90 000
　　贷：应付职工薪酬——工资　440 000

（2）应提取工会经费＝440 000×2%＝8 800（元）

应提取职工教育经费＝440 000×1.5%＝6 600（元）

借：管理费用——工会经费　8 800
　　　　——职工教育经费　6 600
　贷：应付职工薪酬——工会经费　8 800
　　　　　——职工教育经费　6 600

（3）社会保险费：

施工生产工人：280 000×8%＝22 400（元）

现场管理人员：70 000×8%＝5 600（元）

行政管理人员：90 000×8%＝7 200（元）

应提取社会保险费合计：35 200 元

住房公积金：

施工生产工人：280 000×13%=36 400（元）

现场管理人员：70 000×13%=9 100（元）

行政管理人员：90 000×13%=11 700（元）

应提取住房公积金合计：57 200 元

借：工程施工——某合同成本 58 800

——间接费用 14 700

管理费用 18 900

贷：应付职工薪酬——社会保险费 35 200

——住房公积金 57 200

（4）借：管理费用 10 000

贷：应付职工薪酬——非货币性福利 10 000

借：应付职工薪酬——非货币性福利 10 000

贷：累计折旧 10 000

3.

姓名	工资等级	日工资	出勤工日	计时工资	分配系数	计件工资
职工 A	5	26	20	520	4 140/1 380=3	1 560
职工 B	4	23	20	460		1 380
职工 C	3	20	20	400		1 200
合计			60	1 380		4 140

第四章

一、简答题

1. 施工企业的材料包括主要材料、结构件、机械配件、周转材料、其他材料。

2. 先进先出法；移动加权平均法；月末一次加权平均法和个别计价法。

3. 领料单、定额领料单、大堆材料耗用计算单、集中配料耗用计算单、领料登记簿。

4. 定期盘存法和永续盘存法。

二、单项选择题

1. B 2. B 3. A 4. C 5. C 6. A

三、多项选择题

1. ACE　2. ABCD

四、判断题

1. √　2. √　3. ×　4. √

五、业务核算题

1. 周转材料平均每次摊销额＝8 000×（1－10％）/6＝1 200（元）

周转材料本月摊销额＝2×1 200＝2 400（元）

（1）领用周转材料时：

借：周转材料——周转材料在用　　8 000

　贷：周转材料——周转材料在库　　8 000

（2）摊销周转材料成本：

借：工程施工——合同成本　　2 400

　贷：周转材料——周转材料摊销　　2 400

2.（1）A 原材料的入账价值＝800×4 000＋50 000＋12 000＋13 900

＝3 275 900（元）

A 原材料的单位采购成本＝3 275 900÷（4 000－5）＝820（元/吨）

（2）A 原材料加权平均单价＝（77 905＋3 275 900）÷（100＋3 995）

＝819（元/吨）

（3）购入材料的会计分录：

借：原材料　　3 275 900

　　应交税费——应交增值税（进项税额）　　518 554

　贷：银行存款　　3 794 454

领用材料的会计分录：

借：工程施工——某工程合同成本　　2 948 400

　贷：原材料　　2 948 400

3.（1）先进先出法：

材料明细分类账

材料编号：×××　　　　材料类别：水泥

最高存量：40　　　　材料名称规格：×××

最低存量：5　　　　计量单位：吨

20×9 年		凭证号数	摘要	收入			发出			结存		
月	日			数量	单价	金额	数量	单价	金额	数量	单价	金额
9	1		期初结存							20	200	4 000
	5		领用				10	200	2 000	10	200	2 000

续表

20×9年		凭证号数	摘要	收入			发出			结存		
月	日			数量	单价	金额	数量	单价	金额	数量	单价	金额
	10		收入	30	220	6 600				10 30	200 220	2 000 6 600
	15		领用				25	200 220	2 000 3 300	15	220	3 300
	20		收入	10	240	2 400				15 10	220 240	3 300 2 400
	23		领用				15	220	3 300	10	240	2 400
	30		收入	20	210	4 200				10 20	240 210	2 400 4 200
		本月合计		60		13 200	50		10 600	10 20	240 210	2 400 4 200

（2）加权平均法。

平均单价＝(4 000＋13 200)/(20＋60)＝215(元)

材料明细分类账

材料编号：×××　　材料类别：水泥

最高存量：40　　材料名称规格：×××

最低存量；5　　计量单位：吨

20×9年		凭证号数	摘要	收入			发出			结存		
月	日			数量	单价	金额	数量	单价	金额	数量	单价	金额
9	1		期初结存							20	200	4 000
	5		领用				10					
	10		收入	30	220	6 600						
	15		领用				25					
	20		收入	10	240	2 400						
	23		领用				15					
	30		收入	20	210	4 200						
		本月合计		60		13 200	50	215	10 750	30	215	6 450

4.（1）借：委托加工物资　　200 000

　　贷：原材料　　200 000

（2）借：委托加工物资　　100 000

　　应交税费——应交增值税（进项税额）　　16 000

　　贷：银行存款　　116 000

（3）借：原材料　　300 000

　　贷：委托加工物资　　300 000

第五章

一、简答题

1. 固定资产是企业为生产商品、提供劳务、出租或者经营管理而持有的使用寿命超过一个会计年度的有形资产。固定资产的分类：施工机械、运输设备、生产设、测量及试验设备、其他固定资产。

2. 年限平均法、工作量法、双倍余额递减法和年数总和法等。

3. 后续支出的处理原则为：与固定资产有关的更新改造等后续支出，符合固定资产确认条件的，应当计入固定资产成本，同时将被替换部分的账面价值扣除；与固定资产有关的修理费用等后续支出，不符合固定资产确认条件的，应当计入当期损益。

4. 实地盘点。要求：对盘亏的固定资产，应查明原因，写出书面报告，并根据企业的管理权限，经股东大会或董事会，或经理（厂长）会议或类似机构批准后，在期末结账前处理完毕，在对外提供财务报告时，应按规定进行处理，并在会计报表附注中做出说明，施工项目部应该定期或至少每年年末对所使用的机械设备进行清查盘点。

5. 按照《企业会计准则》的规定，企业应当在资产负债表日判断资产是否存在可能发生减值的迹象，对于存在减值迹象的资产，应当进行减值测试，计算可收回金额。可收回金额低于账面价值的，应当按照可收回金额低于账面价值的金额，计提资产减值准备。

二、单项选择题

1. D　2. C　3. B　4. B　5. B　6. B　7. D　8. B　9. C　10. C

三、多项选择题

1. ABD　2. ACD　3. ABCD　4. BD　5. CD　6. ABD　7. CD

四、判断题

1. √　2. √　3. ×　4. ×　5. √　6. √

五、业务核算题

1. (1) 购入3.5吨自卸汽车的会计分录。

借：固定资产	35 000
应交税费——应交增值税（进项税额）	5 600
贷：银行存款	40 600

(2) 3.5吨自卸汽车月折旧额＝35 000×(1－4%)/(10×12)＝280(元)

5吨汽车式起重机月折旧额＝50 000×(1－3%)/(15×12)＝269.5(元)

项目	原值	月折旧率	月折旧额
房屋、建筑物	240 000元	2‰	480
塔式起重机	160 000元	6‰	960
混凝土搅拌机	60 000元	6‰	360
挖土机	60 000元	6‰	360
其他施工机械	180 000元	6‰	1 080
其他固定资产	20 000元	6‰	120

8月份固定资产折旧＝3 360＋280－269.5＝3 370.5（元）

折旧的账务处理：

借：工程施工——某项目合同成本 3 370.5

　贷：累计折旧 3 370.5

2.（1）搭建工程发生各项支出：

借：在建工程——临时设施 12 000

　贷：原材料 8 000

　　应付职工薪酬 2 000

　　银行存款 2 000

（2）完工交付使用：

借：固定资产——临时设施 12 000

　贷：在建工程 12 000

（3）临时设施每个月摊销：

借：工程施工——间接费用 735

　贷：累计折旧 735

清理临时库房：

借：固定资产清理 975

　累计折旧 11 025

　贷：固定资产——临时设施 12 000

发生清理费用：

借：固定资产清理 300

　贷：库存现金 300

残料回收：

借：原材料 900

　贷：固定资产清理 900

结转清理损失：

借：营业外支出　375

　贷：固定资产清理　375

3.（1）调整增加固定资产记录，做账务处理如下：

借：固定资产　200 000

　贷：以前年度损益调整　200 000

（2）计算应交所得税，做账务处理如下：

借：以前年度损益调整　50 000

　贷：应交税费——应交所得税　50 000

（3）相应调整利润分配，做账务处理如下：

借：以前年度损益调整　150 000

　贷：利润分配——未分配利润　150 000

借：利润分配——提取法定盈余公积　15 000

　贷：盈余公积——法定盈余公积　15 000

4.（1）盘亏固定资产，做账务处理如下：

借：待处理财产损溢——待处理固定资产损溢　28 000

　　累计折旧　12 000

　贷：固定资产　40 000

（2）报经批准转销，做账务处理如下：

借：营业外支出——盘亏损失　32 480

　贷：待处理财产损溢——待处理固定资产损溢　28 000

　　　应交税费——应交增值税（进项税额转出）　4 480

第六章

一、简答题

1.（1）按成本计算的标准，可分为预算成本、计划成本和实际成本；

按成本计算的范围，可分为全部工程成本、单项工程成本、单位工程成本、分部工程成本和分项工程成本；

按各项工程施工发生的实际成本，可分为人工费、材料费、施工机械使用费、其他直接费、间接费用等。

（2）费用作为会计要素和会计报表构成要素的内容，是和收入相配比对应的。《企业会计准则》将费用定义为：费用是指企业为销售商品、提供劳务等日常活动所发生的经济利益的流出。将成本定义为：成本是指企业为生产产品、提供劳务而发生的各种耗费。施工成本就是指施工企业在施工生产过程中发生的各种耗费。费用和成本是两个并行使用的概念，两者之间既有联系，也有区别。费用是资产的耗费，有广义和狭义之分，广义的费用泛指企业各种日常活动发生的所有费用；狭义的费用仅指与本期营业收入相配比的那部分消耗。会计中的费用确认是对狭义费用的确认，即费用与一定的会计期间相联系，而与生产的产品品种无关。施工成本按照工程承包合同的计算对象对当期发生的费用进行归集而形成，是对象化了的费用，它仅与一定种类和数量的建筑施工产品相联系，而不论费用发生在哪一个会计期间。

2. 按成本计算的标准，可分为预算成本、计划成本和实际成本；

按成本计算的范围，可分为全部工程成本、单项工程成本、单位工程成本、分部工程成本和分项工程成本；

按各项工程施工发生的实际成本，可分为人工费、材料费、施工机械使用费、其他直接费、间接费等。

3. 归集在“辅助生产”科目及其明细科目借方的辅助生产费用，由于辅助生产部门所生产的材料（或产品）和劳务的种类不同，其分配、转出的程序也有所不同。

（1）形成材料物资的辅助生产成本转出。辅助生产部门生产完成验收入库的各种自制材料、结构件等，应按实际成本借记“原材料”“周转材料”等科目，贷记“辅助生产”科目。当施工单位或其他有关部门领用这些材料、结构件时，再从“原材料”“周转材料”等科目的贷方转入“工程施工”等有关科目的借方。

（2）形成劳务的辅助生产成本转出。辅助生产部门提供水、电、风、气、设备维修和施工机械的安装、拆卸等劳务所发生的辅助生产费用，一般应于月末根据辅助生产明细账的记录，编制辅助生产费用分配表，采用适当的方法在各受益对象之间进行分配。

（3）辅助生产部门之间的相互分配。如果在一个施工企业内部有若干个辅助生产部门之间相互提供劳务、作业，为了正确地计算辅助生产的成本，还需要在各辅助生产部门之间进行辅助生产费用的交互分配。在实际工作中，施工项目部涉及的辅助生产费用可以采用直接分配法和一次交互分配法。

4. 机械台班分配法、作业量分配法、预算分配法。

二、单项选择题

1. C 2. A 3. A 4. C 5. D 6. A 7. B 8. B 9. A 10. A 11. A 12. A 13. A

三、多项选择题

1. ABCD 2. BD 3. AB 4. BCE 5. AE

四、业务核算题

1. 借：机械作业——掘进机　　1 000
　　贷：原材料　　1 000
借：机械作业——掘进机　　300
　　应交税费——应交增值税（进项税额）　　48
　贷：库存现金　　348
借：机械作业——掘进机　　800
　　应交税费——应交增值税（进项税额）　　128
　贷：银行存款　　928
借：机械作业——掘进机　　1 200
　贷：累计折旧　　1 200
借：机械作业——掘进机　　3 000
　贷：应付职工薪酬　　3 000
借：机械作业——掘进机　　1 280
　贷：应付职工薪酬　　1 280

项目部财会部门根据上述会计分录，即可登记“机械作业明细账”。

机械作业明细账

机械类别或名称：掘进机　　单位：元

20×9年		摘要	借方	贷方	余额	成本项目				
月	日					人工费	燃料及动力费	折旧及修理费	其他直接费	间接费用
		分配工资	3 000			3 000				
		提取职工福利费	1 280			1 280				
		支付劳动保护费								
		耗用燃料	1 300				1 000		300	
		提取折旧	1 200					1 200		
		领用机械配件								
		支付维修费	800					800		
		支付养路费								
		结转成本								
		本月合计	7 580	7 580	0	4 280	1 000	2 000	300	

机械台班实际成本$=\frac{7\,580}{10+15}=303.2$（元）

甲工程应分配机械使用费＝303.2×10＝3 032（元）

乙工程应分配机械使用费＝303.2×15＝4 548（元）

2. ①以银行存款支付工地燃料费 2 600 元，支付劳保用品修理费 500 元：

借：工程施工——间接费用	3 100	
应交税费——应交增值税（进项税额）	496	
贷：银行存款		3 596

②计提工地现场固定资产折旧费 5 000 元：

借：工程施工——间接费用	5 000	
贷：累计折旧		5 000

③根据工资分配表，应付项目部管理人员工资 55 000 元：

借：工程施工——间接费用	55 000	
贷：应付职工薪酬		55 000

④报销项目管理人员差旅费 3 000 元，以现金支付：

借：工程施工——间接费用	3 000	
贷：库存现金		3 000

⑤领用一次性摊销的工具 300 元，劳保用品 100 元：

借：工程施工——间接费用	400	
贷：周转材料		400

⑦交通车领用油料 1 300 元：

借：工程施工——间接费用	1 300	
贷：原材料		1 300

间接费用明细账略。

间接费用分配率＝(3 100＋5 000＋55 000＋3 000＋400＋1 300)/2 900 000＝0.023 4

101　隧道＝1 000 000×0.023 4＝23 400（元）

102　路基＝800 000×0.023 4＝18 720（元）

103　大桥＝600 000 ×0.023 4＝14 040（元）

104　线路＝500 000×0.023 4＝11 700（元）

第七章

一、简答题

1. 第一步，识别与客户订立的合同；第二步，识别合同中的单项履约义务；第三步，确定交易价格；第四步，将交易价格分摊至各单项履约义务；第五步，履行各单项履约义务时确认收入。

2. 企业与同一客户（或该客户的关联方）同时订立或在相近时间内先后订立的两份或多份合同，在满足下列条件之一时，应当合并为一份合同进行会计处理：

（1）该两份或多份合同基于同一商业目的而订立并构成一揽子交易，如一份合同在不考虑另一份合同的对价的情况下将会发生亏损；

（2）该两份或多份合同中的一份合同的对价金额取决于其他合同的定价或履行情况，如一份合同如果发生违约，将会影响另一份合同的对价金额；

（3）该两份或多份合同中所承诺的商品（或每份合同中所承诺的部分商品）构成单项履约义务。

3. 企业向客户承诺的商品同时满足下列两项条件的，应当作为可明确区分的商品：（1）客户能够从该商品本身或从该商品与其他易于获得资源一起使用中受益，即该商品本身能够明确区分；（2）企业向客户转让该商品的承诺与合同中其他承诺可单独区分，即转让该商品的承诺在合同中是可明确区分的。

4. 企业计算履约进度的方法包括产出法和投入法。其中，产出法是根据已转移给客户的商品对于客户的价值确定履约进度；投入法是根据企业为履行履约义务的投入确定履约进度。对于类似情况下的类似履约义务，企业应当采用相同的方法确定履约进度。

二、单项选择题

1. D　2. B　3. D　4. C　5. B　6. D　7. D

三、多项选择题

1. AB　2. CD　3. CD　4. AD　5. ABD　6. ABC　7. ABDE

四、判断题

1. √　2. √　3. √　4. √　5. √　6. √

五、业务核算题

1.（1）确认和计量第一年的工程承包合同收入，并登记入账：

第一年确认的工程承包合同收入＝1 000×30％＝300（万元）

借：合同结算——收入结转　　3 000 000

　贷：主营业务收入　　3 000 000

（2）确认和计量第二年的工程承包合同收入，并登记入账：

第二年确认的工程承包合同收入＝(1 000×80％)－300＝500（万元）

借：合同结算——收入结转　　5 000 000

　贷：主营业务收入　　5 000 000

（3）确认和计量第三年的工程承包合同收入，并登记入账：

第三年确认的工程承包合同收入＝1 000－(300＋500)＝200（万元）

借：合同结算——收入结转　　2 000 000
　贷：主营业务收入　　2 000 000

2.（1）20×5 年履约进度＝600/1 500＝40％

20×6 年履约进度＝1 470/(1 470＋630)＝70％

（2）20×5 年：

收入＝2 000×40％＝800（万元）

20×6 年：

收入＝2 000×70％－800＝600（万元）

20×7 年：

收入＝2 300－800－600＝900（万元）

（3）20×5 年：

借：合同结算——收入结转　　800
　贷：主营业务收入　　800
借：主营业务成本　　600
　贷：工程施工——某铁路项目合同成本　　600
借：银行存款　　660
　贷：合同结算——价款结算　　600
　　应交税费——应交增值税（销项税额）　　60

20×6 年：

借：合同结算——收入结转　　600
　贷：主营业务收入　　600
借：主营业务成本　　870
　贷：工程施工——某铁路项目合同成本　　870
借：银行存款　　550
　贷：合同结算——价款结算　　500
　　应交税费——应交增值税（销项税额）　　50
借：资产减值损失　　30
　贷：合同资产减值准备　　30

20×7 年：

借：合同结算——收入结转　　900
　贷：主营业务收入　　900
借：主营业务成本　　630
　贷：工程施工——某铁路项目合同成本　　630
借：银行存款　　1 320

贷：合同结算——价款结算　1 200
应交税费——应交增值税（销项税额）　120
借：合同资产减值准备　30
贷：资产减值损失　30

3.（1）开出销售发票，确认销售收入时：
借：应收账款——应收销货款（×单位）　27 556
贷：其他业务收入　25 200
应交税费——应交增值税（销项税额）　756
银行存款　1 600

（2）收到货款时：
借：银行存款　27 556
贷：应收账款——应收销货款（×单位）　27 556

第八章

一、简答题

1. 施工项目的应收账款一般可分为应收工程款和应收销货款。

2. 内部往来款是指施工企业与所属内部独立核算单位之间，或其他各内部独立核算单位之间，由于工程价款结算，产品、作业和材料销售，提供劳务等业务所发生的应收、应付、暂收、暂付款项等。

3. 包括增值税、消费税、所得税、资源税、土地增值税、城市维护建设税、房产税、土地使用税、车船税、教育费附加等。应交税费核算规定如下：

（1）“应交税费”科目核算企业按照税法规定计算应缴纳的各种税费，包括增值税、消费税、所得税、资源税、土地增值税、城市维护建设税、房产税、土地使用税、车船税、教育费附加等。

（2）按规定计算确定的应交房产税、车船税、土地使用税、印花税，借记“税金及附加”科目，贷记本科目。

（3）本科目应当按照应交税费的税种进行明细核算。

二、单项选择题

1. A　2. B　3. B　4. B　5. A

三、多项选择题

1. ABCDE　2. ABC　3. ABD　4. ABCD

四、判断题

1. × 2. × 3. √ 4. ×

五、业务核算题

1. （1）根据《工程价款结算账单》，做会计分录如下：

借：工程施工　181 818.18

　　应交税费——应交增值税（进项税额）　18 181.82

　贷：应付账款——应付工程款　200 000

（2）扣回预付的工程款和备料款，做会计分录如下：

借：应付账款——应付工程款　80 000

　贷：预付账款——预付分包单位款　80 000

（3）11 月 2 日支付剩余工程价款：

借：应付账款——应付工程款　120 000

　贷：银行存款　120 000

2. （1）借：银行存款　300 000

　　贷：短期借款　300 000

（2）借：原材料　500 000

　　应交税费——应交增值税（进项税额）　80 000

　贷：预付账款　580 000

（3）借：原材料　90 000

　　应交税费——应交增值税（进项税额）　14 400

　贷：应付票据　104 400

借：应付票据　104 400

　贷：银行存款　104 400

（4）20×5 年 5 月 6 日企业以银行存款支付上述购买木材的款项：

借：预付账款　530 000

　贷：银行存款　530 000

第九章

一、简答题

1. 会计报表是反映企业某一特定日期财务状况和某一会计期间经营成果、现金流量的报告文件。

按照报送对象不同，会计报表分为对外报送的报表和对内报送的报表。

按照经济内容不同，会计报表分为财务报表和成本报表。

按照编制时期不同，会计报表分为月度、季度、半年度和年度报表。

2. 资产负债表又称财务状况表，是反映企业在某一特定日期资产、负债、所有者权益的总量、构成及其相互关系的财务报表。资产负债表的结构有：报告式资产负债表；账户式资产负债表。

3. 利润表是反映企业在一定会计期间经营成果的报表。利润表也称损益表、收益表。利润表多步式结构，即通过对当期的收入、费用、支出项目按性质加以归类，按利润形成的主要环节列示一些中间性利润指标，分步计算当期净损益。

4. 现金流量表是反映企业一定会计期间现金流入量、现金流出量和现金净流量的财务报表。根据企业业务活动的性质和现金流量的来源，将企业一定期间产生的现金流量分为三类：经营活动产生的现金流量、投资活动产生的现金流量和筹资活动产生的现金流量。

5. 人工费分析、材料费分析、机械使用费分析、其他直接费分析、间接费用分析。

二、单项选择题

1. D 2. C 3. D 4. A 5. A 6. A 7. C 8. C 9. B 10. D

三、多项选择题

1. ABCD 2. BC 3. AC 4. AD 5. ABC

四、判断题

1. √ 2. √ 3. × 4. × 5. ×

五、业务题

1. 存货＝1 860 000－380 000－450 000－100 000－235 000＝695 000（元）

资产合计＝1 860 000＋4 270 000＋313 000＝6 443 000（元）

流动负债合计＝200 000＋176 000＋59 000＝435 000（元）

所有者权益合计＝4 900 000＋265 000＋379 000＋120 000＝5 664 000（元）

负债及所有者权益总计＝435 000＋5 664 000＋344 000＝6 443 000（元）

2.

资产负债表（简易）

20×5 年 12 月 31 日　　　　单位：元

资产		负债及所有者权益	
项目	金额	项目	金额
货币资金	230 000	应付账款	6 250
应收账款	2 150	预收账款	9 900
预付账款	1 750	流动负债合计	16 150
其他应收款	1 000	实收资本	666 750

续表

资 产		负债及所有者权益	
项目	金额	项目	金额
存货	50 000	未分配利润	201 000
流动资产合计	284 900	所有者权益合计	867 750
持有至到期投资	60 000		
固定资产	450 000		
无形资产	89 000		
资产总计	883 900	负债及所有者权益总计	883 900

3.

利润表（简易）

编制单位：××企业　　20×5 年 11 月　　单位：元

项目	本月数	本年累计数
一、营业收入	20 800	
减：营业成本	7 300	
营业税金及附加	3 000	
销售费用	1 200	
管理费用	1 200	
财务费用	800	
资产减值损失		
加：公允价值变动收益（损失以“－”号填列）		
投资收益（损失以“－”号填列）	1 200	
其中：对联营企业和合营企业的投资收益		
二、营业利润（损失以“－”号填列）	8 500	
加：营业外收入	1 000	
减：营业外支出	1 500	
其中：非流动资产处置损失		
三、利润总额（损失以“－”号填列）	8 000	
减：所得税费用	2 000	
四、净利润（损失以“－”号填列）	6 000	

参考文献

1. 李志远. 施工项目会计核算［M］. 北京：中国市场出版社，2013.

2. 李志远. 施工项目会计核算与成本管理［M］. 3版. 北京：中国市场出版社，2017.

3. 俞文青. 施工企业会计［M］. 上海：立信会计出版社，2007.

4. 黄毅勤. 施工企业会计［M］. 北京：中国市场出版社，2007.

5. 徐佳芳. 建筑施工企业会计［M］. 2版. 北京：中国建筑工业出版社，2008.

6. 宋本强. 新编施工企业会计［M］. 上海：立信会计出版社，2008.

7. 李跃珍. 工程财务与会计［M］. 2版. 武汉：武汉理工大学出版社，2008.

8. 曹锡锐，李志远，王磊. 施工企业执行新会计准则讲解［M］. 北京：中国财政经济出版社，2007.

9. 国家税务总局网站，http://www.chinatax.gov.cn/.